한국사 시민강좌

제44집

일조각

Number 44 FEBRUARY 2009

The Citizens' Forum on Korean History

ILCHOKAK

독자에게 드리는 글

일찍이 영국의 문명사가 아널드 토인비Arnold Toynbee는 명저 『역사의 연구』에서 유럽의 어떤 나라의 경우에도 자국사自國史만으로는 이해가 충분하지 않고, 보다 큰 전체의 일부로 파악할 때만 비로소 진정한 이해가 가능하다고 역설한 바 있습니다. 이는 우리 역사의 경우에도 그대로 들어맞는 지적이라고 생각됩니다. 이를테면 백제의 역사는 고구려와 신라를 포함한 삼국시대 역사의 전체적인 틀 속에서 서로 유기적으로 파악할 때 그 올바른 위상을 부여할 수 있기 때문입니다. 나아가 한국사의 전개가 그 자체로 동아시아사의 커다란 흐름에서 분리하여 파악할 수 없는 것이라면 백제의 역사 또한 고구려·신라·가야는 물론 중국·일본과의 국제관계사 속에서 그 온전한 모습이 드러나게 된다고 할 수 있습니다.

이번 호 특집의 주제를 한국고대사에 등장하는 여러 왕조국가 중 하필 백제로 선정한 데는 그 나름의 까닭이 있습니다. 백제사는 바로 얼마 전까지만 해도 고구려·신라·가야 등 여러 동료국가들에 대한 관심에 비하면 열세를 면하지 못한 채 가장 불우하고 연구가 부진한 상태에 놓여 있었습니다. 문헌자료나 당대의 금석문 등 비문헌자료는 삼국 중 가장 빈약한 편이었고, 고고학적 조사발굴 또한 상대적으로 저조하여 물질자료 역시 크게 부족한 실정이었습니다. 더욱이 백제를 대하는 일반인의 역사인식 면에서도 신라나 고구려와 비교할 수 없을 만큼 퇴영적이랄까 부정적이었습니다. 신라는 삼국을 통일한 빛나는 위업으로 중천 아래 위광威光을 자랑하는 존재였고, 한편 고구려는 끊임없이 외세의 침략에 맞서 싸운 한민족의 방파제 노릇을 한 그 헌신성과 더불어 혁혁한 불굴성不屈性으로 해서 민족주의자들 사이에서 경이로운 존재로까지 각인되었습니다. 하지만 백제는 중국·일본(왜국)과의 수교에 열중한 나머지 문화교류에 일정한 공헌이 있다는 것 외에는 달리 내세울 만한 것이 없는 듯이 비쳤던 게 사실입니다.

그러나 1971년 무령왕릉 발견을 계기로 오랜동안 침체상태에 빠져 있던 백제의 역사와 문화는 비로소 새로운 전기를 맞아 바야흐로 소생하기 시작했습니다. 정부 당국에 의해서 이른바 백제문화권 개발계획이 장기간 지속되면서 고고학과 미술사 분야에서 잇따라 주목할 만한 성과를 거두었고, 문헌사학 쪽에서는 이에 크게 고무·추동되어 연구가 급속도로 진전되었습니다. 그 결과 이제야말로 백제사는 신라사·고구려사와 비교할 때 연구상의 불균형을 어느 정도 극복하여 함께 보조를 맞출 정도가 된 것이 아닌가 하는 느낌이 들 정도입니다. 이번 특집에서는 지난 3, 40년간에 걸쳐 고고학과 미술사 분야에서 이룩한 백제사·백제문화에 대한 학계의 연구성과를 중점적으로 검토해보기로 했습니다.

그간의 고고학적 발굴조사에서 거둔 성과는 백제사를 둘러싼 여러 가지 의문점에 대해 해명의 실마리를 제공했습니다. 그중 무엇보다도 주목되는 것은 백제왕국의 모태가 되는 마한사회 성립의 역사적 배경이 어느 정도 밝혀진 점입니다. 또한 비록 고고학 자료의 한계가 없는 것은 아닙니다만 마한사회 북쪽에서 탄생한 백제가 남쪽으로 마한 여러 소국들을 차츰 병합하여 남해안에 이르기까지의 과정과 한편 그 기간 중에 조정이 채택한 지방 지배방식을 어렴풋이나마 짐작할 수 있게 된 것도 큰 성과라고 하겠습니다. 모든 것이 수도에 집중되어 있는 고대국가에서는 도성都城제도야말로 국가의 역량이랄까 위상을 가장 압축적으로 잘 드러내고 있습니다. 지금까지의 백제시대 유적에 대한 발굴조사가 한성(서울), 웅진성(공주), 사비도성(부여) 등 역대 수도를 중심으로 진행된 까닭도 바로 그 때문이었습니다. 하기야 발굴조사는 도성 밖의 산성이나 일반인의 주거지에까지 미치고 있고, 이를 통해서 백제의 고분·사찰 가람·산성·제방 축조기술이나 무기 제조기술 등 과학기술 전반을 엿볼 수 있는 데까지 진전했습니다. 본 특집에서는 그중 가장 흥미를 끄는 농업기술 분야를 다루어보고자 합니다.

한편 미술사 방면에서도 그간 커다란 성과를 거뒀습니다. 공주에서 우연히 발견된 무령왕릉은 웅진시대 백제의 역사와 문화를 한눈에 보여주는 일종의 박물관과 같은 존재라고 할 수 있고, 실제로 여기서 나온 4,687점 이상의 유물은 현재 국립공주박물관 소장품의 거의 대부분을 차지하는 실정입니다. 그로부터 20여 년이 지난 뒤 이번에는 부여 능산리 절터에서 현란하기 짝이 없는 금동제 대향로가 발견되어 또 한 번 세상을 놀라게 했습니다. 이 대향로의 발견으로 7세기 전반경 백제가 적어도 공예 부문에서는 동아시아 최고 수준의 예술적 경지에 도달했음을 알게 되었습니다. 그 뒤에도 능산리 절터에서는 돌로 만든 사리감을 비롯하여 특히 다량의 목간木簡이 출토되었습니다만, 2년 전 금강을 사이에 두고 부소산성과 마주하고 있는 왕홍사 목탑터에서 577년에 만든 황금사리병과 은사리병, 청동제 사리함 등 사리장엄구와 많은 귀금속 유물이 발견되어 불교미술의 황금시대를 실감할 수 있었습니다. 또한 이 글을 구상하고 있던 지난 1월 해체·보수과정 중인 익산 미륵사지석탑에서 639년 정월에 만든 금제 사리호와 은제 사리합 등 많은 유물과 더불어 금판에 새겨진 한자 194자로 된 사리봉안기가 나온 것은 아직도 기억에 생생합니다. 흔히 한 시대의 문화는 정치를 비추는 거울이라고 합니다만, 이 같은 미술품을 놓고 본다면 사비시대야말로 진정 정치적으로도 활력에 넘친 시대였다는 느낌을 떨쳐버릴 수가 없습니다. 다만 본 특집에서는 사리함의 미술사적 가치보다도 사리봉안이라는 의례를 통해서 백제불교의 특징과 그 왕권과의 관계를 살펴보고자 했습니다. 이상 역사학, 고고학, 미술사 부문에 걸친 다양한 주제에 대해 집필해주신 여러분은 각자 이 방면에 정통한 전문가들임을 부기해두고 싶습니다.

다음으로 고정 칼럼에 대해 말씀드린다면 5개 칼럼 중 4개를 백제와 직접 관련되는 것으로 선정했습니다. '한국의 역사가'는 전통시대의 역사가들 중 백제사 연구에 가장 큰 업적을 남긴 다산 정약용을 다루었습니다. 그는 정조의 총애를 받은 모범관료였습니다만, 왕이 죽은 뒤로는 천주교 신자로 몰려서 20년 가까이 귀양살이를 했습니다. 마치 이탈리아 르네상스시대의 만능인을 연상케 할 정도로 다재다능했던 그는 백제를 마한의 후계세력으로 정당히 파악했고, 백제의 탄생지를 천안시 직산읍에 비정比定해온 낡은 견해를 타파하고 이를 현재의 서울로 바로잡는 등 획기적인 업적을 남겼습니다. 또한 그가 도덕적 요인보다도 지리적 조건을 중시하여 역사를 해석하려 한 점도 주목되는 점입니다. '나의 책을 말한다'는 『목간이 들려주는 백제 이야기』로 결정했습니다. 저자 윤선태 교수는 목간 연구의 최일선에서 활약하는 이 방면의 보기 드문 전문가입니다. 그간 역사학계에서는 금석문을 비非문헌자료로 활용해왔습니다만, 최근에는 그보다 더욱 생생한 목간이 발견되기 시작하여 바야흐로 제1차사료로 각광을 받고 있는 중입니다. 새해 벽두에는 부여 능산리 절터에서 목간을 재활용하기 위해 손칼로 얇게 깎아낸 껍질과 부스러기 129점이 세상에 최초로 공개되어 목간자료의 중요성이 다시 한 번 입증되었습니다.

'역사의 진실을 찾아서'는 서울과 구리시의 경계를 이루는 아차산보루에 고구려 유적이 밀집분포하고 있는 사실이 흥미 있을 듯하여 지난 10여 년간 직접 발굴을 맡은 최종택 교수께 부탁드렸습니다. 이들 유적은 종래 막연히 백제의 것이 아닐까 생각했습니다만, 정작 발굴조사가 진행되면서 고구려 계통의 토기라든가 철제 무기-농공구류가 출토되어 세상을 놀라게 한 바 있습니다. 그러니까 고구려가 475년 한성을 함락시킨 뒤 어느 시기에 백제의 반격을 받아 한강 북쪽으로 철수하면서 아차산 일원에 보루를 구축한 것이 분명히 드러나게 된 것입니다.

'역사학 산책'은 고고학 부문에서는 영산강 유역 장고분의 실체를, 문헌사학 쪽에서는 일본의 고대국가 형성에 영향을 끼친 백제라는 주제를 각기 선정했습니다만 두 편 모두 직접, 간접으로 한·일관계사와 관련되어 있습니다. 근래의 발굴조사에 따라 대략 웅진시대에 영산강 유역에서 일본의 전방후원분前方後圓墳과 매우 비슷한 14기의 장고분이 축조된 사실이 확인되었습니다만, 이 독특한 무덤을 만든 주인공의 정치·사회적 성격을 둘러싸고 여러 가지 추측이 제기되고 있습니다. 또한 종래 학계에서는 백제가 일본열도로 기술자집단을 보내어 선진문물을 전파한 사실에 대해서는 관심을 기울여왔습니다만, 이들 기술자집단이 야마토大和정권의 성장에 끼친 영향에 대해서는 그다지 주목하지 못했습니다. 이번 논문은 이 같은 점에 유의하여 쓰여진 것입니다.

끝으로, '한국사학에 바란다'는 작가이며 사회평론가로 영명令名이 높은 복거일 선생께 부탁드렸던바, 바람직한 한국사 개설서의 모습을 구체적으로 제시하는 등 매우 자상하게 고견을 피력하셨습니다. 즉 아무리 사회변화의 주요 동력이 내적 요인들이라 할지라도 외부로부터의 영향에서 자유로울 수 없으므로, 한국사상의 사건들을 적어도 동아시아의 맥락에서 살펴볼 필요가 있다는 취지입니다. 이 같은 견지에서 우리 학계가 고대의 낙랑군에 대해

'의도적'으로 외면하려는 태도라든지 근대화에 성공한 일본에 대한 관심을 오로지 한국 침략과 지배라는 한 측면에만 고정시키는 데서 오는 시야의 협애狹隘함을 문제점으로 지적하고 있습니다.

본 시민강좌 창간을 발의하여 별세할 때까지 17년간 책임편집을 맡았던 이기백 선생은 1984년 5월 하순 충남대학교 백제연구소가 주최한 백제연구 국제학술대회에서 백제에 대한 연구가 "결코 지역사·향토사의 문제가 아니라 실로 한국의 역사와 문화를 체계적으로 이해하는 데 있어서 필수적인 일부"라고 지적한 바 있습니다. 사실 백제사에 대한 연구가 마한·백제의 고토故土에 사는 사람들의 애향심을 만족시켜 주는 선에서 그친다면 곧 한계에 부닥칠 것이 틀림없는 일입니다. 우리는 이 같은 사실에 대한 인식과 자각을 잠시라도 소홀히 할 수 없다고 생각합니다.

2009년 2월 5일

편집위원 이기동

| 차례 |

소생하는 백제의 역사와 문화

이기동

1. 머리말

한국 역사학계에서는 한국에서 근대적 의미의 역사학이 탄생한 시기를 대체로 20세기 초의 애국적·계몽적 역사학이 등장하던 무렵으로 잡고 있다. 그 뒤 일본이 한국을 강점한 식민지시대에 실증주의 역사학이 본격적으로 도입되면서 한국사 중에서도 특히 고대사에 연구자들의 관심이 집중되었다. 그렇지만 대체로 1960년대까지만 해도 백제의 역사와 문화에 대한 연구는 삼국 중 경쟁국가였던 고구려나 신라에 비하면 매우 뒤떨어진 상태였다. 그

李基東 동국대학교 문과대학 사학과 석좌교수.
저서로는 『비극의 군인들-일본 육사 출신의 역사』(일조각, 1982), 『한국사강좌-고대편』(공저, 일조각, 1982), 『신라골품제사회와 화랑도』(일조각, 1984), 『백제사연구』(일조각, 1996), 『신라사회사연구』(일조각, 1997), 『전환기의 한국사학』(일조각, 1999), 『백제의 역사』(주류성, 2006)가 있다. 역서로는 『광개토왕릉비의 탐구』(일조각, 1982), 『일본인의 한국관』(일조각, 1983) 등이 있으며, 그밖에 한국고대사와 한국사 전반에 관한 논문이 다수 있다.

것은 주로 문헌사료의 부족과 역사인식의 편향성 때문이 아니었을까 생각한다. 실제로 삼국시대에 대한 기본적 문헌자료인 『삼국사기』와 『삼국유사』는 모두 신라에 관한 내용이 가장 풍부한 편이고 또한 역사인식에서도 신라가 삼국을 통일한 최후의 승리자라는 강력한 유인誘引이 유형·무형으로 작용하였다. 그 반면 백제는 고구려와 견주어 보더라도 문헌자료가 빈약한 편인 데다가 한민족의 방파제로서 북방민족이나 중국의 왕조국가를 상대로 끊임없이 항쟁한 그 혁혁한 불굴성不屈性 또는 민족에 대한 헌신성이 부각될 처지가 못 되었다.

마침내 1971년 7월 충남 공주 송산리의 웅진시대 백제왕릉 계곡에서 마치 기적처럼 무령왕릉이 전혀 도굴된 흔적이 없는 처녀분의 상태로 발견되었다. 이로써 실로 오랫동안 침체 상태에 빠져 있던 백제의 역사와 문화에 대한 연구가 크나큰 자극 속에 비로소 새로운 전기를 맞게 되었다. 그 이래 주로 고고학과 미술사 등 인접 학문 분야에서 잇따라 주목할 만한 연구성과를 거두었고, 문헌사학 쪽에서도 이에 크게 고무·견인牽引되어 급속도로 연구가 진전되어왔다. 그 결과 이제 바야흐로 고대 삼국 간 연구상의 균형을 어느 정도 맞출 수 있게 된 것이 아닌가 하는 느낌이 든다.

이 글에서는 백제의 역사와 문화 연구에 일대 서광曙光을 던진 무령왕릉 발견 이후 현재에 이르기까지 지난 40년 가까운 세월 속에서 한국 고고학과 미술사 그리고 역사학 부문에서 성취한 백제 연구의 성과를 대강 추려 소개하고자 한다. 다만 1970년대를 논의의 출발점으로 하기 위해서는 그 이전까지의 백제 연구 흐름을 개관할 필요가 있다고 생각하여 한 장章을 할애하기로 하였다. 이 점 독자 여러분의 양해를 바라며 아울러 친절한 교시와 엄정한 비판을 바라 마지않는다.

2. 전통시대 및 근대 역사학 성립기의 백제에 대한 인식

(1) 고려 · 조선시대의 백제에 대한 인식

백제왕국이 7세기 후반 신라와 당의 연합세력에게 멸망된 뒤 백제의 존재는 한국역사에서 차츰 잊혀져간 듯하다. 통일신라가 백제의 역사를 편찬한 흔적을 찾아볼 수 없고, 그 위대한 문화유산 또한 정리하지 않은 채 방치한 듯싶다. 그간의 사정은 신라 말기의 대문장가요 학자였던 최치원崔致遠의 글을 통해서 어렴풋이나마 짐작할 수 있다. 그가 지금은 전문이 남아 있지 않은 『상태사시중장上太師侍中狀』에서 "고구려와 백제가 전성시기에 강병 100만으로 (중국) 남쪽으로는 오월吳越지방을 치고, (북쪽으로는) 유幽 · 연燕 · 제齊 · 노魯를 뒤흔들어 중국의 큰 두통거리였다"라고 기술하여 주목되기도 하지만, 바로 이 대목에 앞서 삼한과 삼국의 관계를 "마한은 고구려요, 변한은 백제이며, 진한은 신라"라고 간주하는 등 마한에서 백제로 이어지는 상고사의 기본체계를 깡그리 망각한 것으로 미루어볼 때 백제의 존재는 정복자인 신라 사람들의 뇌리에서 어느덧 잊히고 말았음을 짐작할 수 있다.

이는 통일신라시대에 일본에서 편찬된 역사서에 백제가 큰 비중을 갖고 등장하는 것과는 자못 대조되는 사실이다. 즉 720년 편찬이 완료된 『일본서기日本書紀』에는 『백제기百濟記』, 『백제신찬百濟新撰』, 『백제본기百濟本記』 등 명백히 백제 계통의 역사서로 짐작되는 이른바 '백제삼서百濟三書'가 주기注記로 아주 빈번하게 인용되어 있다. 이 3서는 비록 일본사를 위한 주기로 인용되었으나, 그중에는 백제의 내부사정을 말해주는 기사가 적지 않다. 가령 『백제신찬』은 성왕의 아버지인 무령왕의 혈통을 비롯하여 웅진시대(현 공주) 역대 왕의 계보 및 왕위 계승을 연구하는 데 있어서 『삼국사기』에서는 볼 수 없는 매우 유익한 정보를 제공하고 있다. 또한 『백제본기』는 무령왕 때로부터 성왕시대에 걸쳐 이른바 임나任那(즉, 가야)문제를 둘러싼 가야와 백제 · 왜국 그리고 신라의 국제관계를 이해하는 데 거의 독점적인 기사를 제공하고 있다.

물론 신라 말기의 전국적인 내란기에 옛 백제 땅을 무대로 나라를 세운 견훤甄萱이 백제 계승의식을 국내외에 천명하는 등 백제를 자신의 정치적 목적에 이용하기도 하였다. 그런데 그가 신라의 무진주武珍州(현 광주)를 습격하여 왕이 된 뒤 서기 900년 본거지를 완산주完山州(현 전주)로 옮겨 정식으로 후백제의 국왕임을 선언했을 때 우쭐하여 주위 사람들에게 하였다는 말 속에는 백제사를 크게 오해한 대목이 있다. 즉 『삼국사기』 권50 「견훤전」에 따르면 그는 이때 "내가 삼국의 기원을 자세히 고찰해보니, 마한이 먼저 일어났고 뒤에 (신라의) 혁거세가 발흥했으며 진한 · 변한이 뒤따라 일어났다. 이에 백제는 금마산金馬山에서 개국하여 600여 년이 지난 뒤 …… 멸망하였다" 라고 했는데, 그는 927년 공산전투 직후 고려 태조에게 보낸 국서에서도 이 같은 말을 되풀이하였다. 백제가 마한의 후신이며 나아가 이 마한의 발상지가 금마산(전북 익산)이라고 말하였다면 반박하기 어려울 터이지만, 백제가 곧바로 금마산에서 개국하였다는 것은 견훤의 착각임이 분명하다. 이는 견훤이 전주 · 익산 일대 현지 주민들의 지역감정을 자극하려는 심산에서 고의로 백제사를 왜곡한 것이 아닐까 생각하는데, 만약 그렇지 않다면 백제의 역사는 이미 백제 고토故土에 사는 사람들에게까지 잊혔음을 보여주는 실례라고 하겠다.

고려시대에도 백제의 역사와 문화에 대한 인식은 매우 저조하였다. 이를테면 『삼국유사』에는 백제 건국의 발상지인 위례성慰禮城을 안성천安城川에 면한 충남 직산현稷山縣(현 천안시 직산읍)에 비정比定하는 등 중대한 착오를 범하였다. 또한 백제의 많은 문화유산 가운데 선운산 · 무등산 · 정읍사 등 몇몇 속악俗樂의 명칭만이 조선 초에 편찬된 『고려사』 「악지」 백제조에 열거되어 있는 것으로 미루어볼 때 백제문화에 대한 인식이 역시 빈약했음을 짐작할 수 있다.

조선시대에 들어오면 앞선 시대의 백제사에 대한 무관심이 조금 변화를 보였다. 세종 16년(1434)에 편찬된 『삼강행실도三綱行實圖』에서는 개로왕 때 벽촌의 소민小民이었던 도미都彌의 아내를 한국 역사상 열녀의 귀감으로 상찬했는데, 당시 성리학의 덕목을 고취하는 데 열성이었던 조정이 그 사례를 잊혀진 백제의 역사에서 찾으려 한 노력이 매우 돋보인다. 또한 『동국통감東國通鑑』에서는 『삼국사기』「백제본기」 초기 기사에 자주 보이는 말갈이 옥저와 예맥(동예) 사이에 거주한 종족이 아닐까 제대로 추측하였고, 이미 온조왕 27년(9) 백제에 의해 멸망된 마한이 고구려 태조대왕 70년(122) 고구려·예맥과 더불어 요동(요하 동쪽, 현 남만주지방)을 침략하였다는 기사에 대해 의문을 제기하는 등 백제사 이해에 전향적인 태도를 보여주었다.

물론 이 마한세력의 요동 출정 기사에 대해서는 이미 『삼국사기』「고구려본기」 태조왕 70년 조의 기사 뒤에 상세한 주석을 달아 의문을 표시한 바 있으므로 새로운 문제제기라고 할 수는 없으나, 어쨌든 마한·백제사에 대해 관심을 나타낸 것은 전에 없던 일이었다.

백제사에 대한 관심은 그 전신이라고 할 마한의 영역과 백제 최초의 도성인 위례성의 위치문제에 대한 논의로 확대되었다. 조선 초에 나온 권근權近의 『동국사략東國史略』에서는 마한을 백제의 모태母胎로 옳게 보았으나, 『동국여지승람東國輿地勝覽』에서는 황해·경기·충청도 지역이 마한의 땅인데 이를 고구려와 백제가 분거分居했으며, 전라도 지역은 변한이었다고 하여 약간의 오류를 보였다. 그런데 조선후기 실학운동이 일어나면서 백제의 역사지리에 대한 이해가 한층 깊어짐에 따라 지난날의 오류들이 말끔히 시정되었다. 한백겸韓百謙은 『동국지리지東國地理誌』에서 마한의 영역을 경기·충청·

전라도 지역으로 보는 등 처음으로 올바른 견해를 제시했고, 정약용丁若鏞은 『아방강역고我邦疆域考』에서 위례성의 위치를 한양·광주 일대로 보아 『삼국유사』 이래의 잘못을 비로소 바로잡았다. 비록 정약용의 혁신적인 견해는 대한제국시대에 나온 『증보문헌비고增補文獻備考』 등 관찬 역사서에는 반영되지 않았으나, 김정호金正浩의 『대동지지大東地志』에서 그의 견해를 충실하게 따른 바 있다.

한편 당시 백제사에 대한 이해에서 단연 이채異彩를 띠는 것이 한진서韓鎭書의 견해이다. 그는 『해동역사海東繹史』의 저자인 한치윤韓致奫의 조카로 이 책의 지리지 부분을 보충하면서 백제의 최초 도읍지를 한강 북쪽으로 보았고 또한 백제가 공주로 천도한 뒤 한강 이북 지역은 고구려에 대부분 편입되었으나 그 이남 지역만은 여전히 백제가 영유하였다고 보았다. 다만 그는 백제가 중국 남북조시대의 혼란기에 요서지방에 군郡을 설치하였다는 『송서宋書』·『양서梁書』 등 중국 정사 백제전에 보이는 기사를 부정하였다.

(2) 1960년대까지의 백제사 연구

앞에서 19세기 말까지 전통시대 지식인들의 백제사에 대한 인식 또는 몇 가지 연구성과를 간단히 살펴보았다. 20세기에 들어와 한국에서 근대적 역사학이 성립되어가는 가운데 백제사에 대한 연구도 시작되었으나, 일본 강점시대에는 한국인 연구자의 수효가 매우 적어 일본인들의 독무대였다. 일본에서의 한국사 연구를 개척하였다는 평가를 받고 있는 이마니시 류今西龍는 이미 대학원에 적을 두고 있던 1906년 가을에 경주에 와서 고고학적 조사를 시작했는데, 1932년 경성제국대학 교수로 재직 중에 죽을 때까지 한국고대사에 관한 많은 연구논문을 발표하였다. 그가 죽은 뒤 백제사 논문을 모아 편집 출간한 것이 『백제사연구』(1934)인데, 여기에는 백제의 기본이 되는 부제

部制라든가 역사·지리문제에 대한 뛰어난 논문들이 수록되어 있는 한편, 장편인 「백제사 강화講話」처럼 백제의 일본 야마토大和정권과의 교섭사를 주로 다루어 한국인들의 의식을 바꾸려 한 글이 큰 비중을 차지하고 있다. 그런 까닭에 고故 이기백李基白 선생이 생전에 어떤 학술회의에서 "이 책을 보면 마치 백제가 일본과 외교만 한 나라가 아닌가 하는 인상을 받게 된다"라고 평한 적이 있을 정도이다.

문헌사료가 매우 부족한 백제사 연구에 큰 힘을 보태주는 것이 고고학 부문인데, 일제시대에 이는 문헌사학 부문 이상으로 철저하게 일본인들의 독무대였다. 한국을 강제로 병합하기 직전인 1909년에 유명한 건축사가인 세키노 다다시關野貞는 부여 능산리고분군 조사에 착수했으며 식민지시대 초창기에는 전남 나주 반남면 신촌리·덕산리·대안리고분을 조사하여 그것이 일본 고분시대의 독특한 묘제인 전방후원분前方後圓墳과 비슷하다는 것을 근거로 왜인의 무덤이라고까지 주장할 정도로 관심을 보였다. 또한 1930년대 공주고등보통학교 교사인 가루베 지온輕部慈恩이 송산리고분을 비롯하여 절터를 조사한 바 있다.

이 같은 일본인들의 연구에 맞서 신채호申采浩·정인보鄭寅普 등 민족주의 역사가들은 일찍이 한진서가 부정한 바 있는 백제의 요서지방 진출을 긍정적으로 다룬 글을 발표하기도 하였다. 그 학문적 유산이 해방 후 학계에 일정한 영향을 끼친 것도 사실이다. 그러나 일본인과 마찬가지로 실증주의적 연구방법에 입각하여 백제의 모태가 되는 동시에 뒤에 병합대상이 된 마한을 포함한 삼한 전체를 연구대상으로 하여 기본사료인 중국 『삼국지』「위서동이전魏書東夷傳」 한전韓傳 기사를 철저하게 비판한 이는 이병도李丙燾였다. 그는 자신이 중심이 되어 조직한 진단학회의 학술잡지 『진단학보震檀學報』(1, 3~8호)에 「삼한문제의 신고찰(1~7)」(1934~1937)이라는 장편논문을 발표하여 삼한의 위치 비정, 백제의 건국문제 등에 새로운 견해를 제시하였다. 비록 『삼국지』 한전에 마한 소속으로 되어 있는 임진강-한강 하류 지역의 8개국을 진한으로 고쳐 보아야 한다는 그의 견해는 현재 학계의 지지를 받지 못하고 있으나, 백제 건국의 실제적 연대를 일본인 연구자들이 주장한 4세기 중엽 근초고왕 때보다 약 100년 이전인 고이왕 때로 간주한 그의 견해는 현재 고고학계의 연구성과와도 부합되어 거의 정설로 굳어지고 있는 실정이다. 이는 『삼국사기』 「백제본기」 초기 기사에 대한 일본인 연구자들의 극단적으로 부정적인 사료비판과는 달리, 보다 긍정적인 입장에서 백제국가의 성립을 추구한 것으로 평가할 수 있다. 또한 그는 위례성의 위치를 서울 동소문東小門 밖 10여 리 지점으로 단정한 정약용의 견해를 일부 수정하여 처음에는 한강 북쪽 서울 지역에 있었으나 4세기 초두에 낙랑군·예맥(동예)으로부터 군사적 압력을 받은 끝에 남한산 기슭 경기도 광주의 옛 읍터(현 하남시 춘궁동·교산동) 일대로 천도하였다고 보았다. 이 견해 역시 해방 후 연구의 출발점이 되었다가 최근에 이르러 도전을 받게 되기까지 오랜 세월 학계의 가장 유력한 가설로 군림했었다.

1945년 해방을 맞아 주권을 회복하면서 비로소 한국사 연구의 자유를 누리게 된 이래 현재까지 한국사 연구의 책무가 우리에게 부여되어 연구에서 많은 진전이 있었던 것은 엄연한 사실이다. 처음에는 연구자의 수효도 매우 적었고 또한 계승해야 할 학문상의 축적도 충분치 않았으며, 더욱이 일본의 식민사학이 남긴 나쁜 유산을 청산하는 일이 급선무였다. 우리의 선학들은 이 같은 온갖 악조건을 극복하면서 백제사 연구의 토대를 구축하기 시작하였다. 1948년 봄, 일제 말기 총독부 당국이 부여에 신궁을 지을 목적으로 각지에서 공출해 쌓아둔 돌무더기 속에서 기적적으로 백제 말기의 대좌평大佐平 사택지적砂宅智積이 발원하여 만든 당탑堂塔 비석의 단편이 발견되었다. 이로써 중국 육조시대 사륙변려체四六騈驪體의 우아하고도 격조 높은 기풍의 문장과 매우 세련되고 수준 높은 경지에 이른 서예를 접할 수 있게 되어 백제문화 연구를 자극하는 청신한 자극제가 되었다. 특히 건탑의 주인공인 사택지적이 『삼국사기』 등 한국 역사서에는 전혀 보이지 않고 오직 『일본서기』 642년 2월 및 7월조 기사에만 등장하는 인물이라는 점에서 크게 주목을 받았다. 이 일본 측 역사서에는 그가 전년 11월에 죽었다거나 혹은 그가 이 해 7월 처자를 거느리고 일본에 사신으로 왔다는 등 서로 모순된 기사가 보이는데, 이는 그의 정계 은퇴와 더불어 가뜩이나 갖가지 의혹으로 뒤덮여 있는 의자왕 초의 백제정치사 또는 한일관계사 연구의 귀중한 자료가 되었다.

그로부터 1971년 무령왕릉이 발견되기까지 백제사 연구는 이렇다 할 큰 진전 없이 대체로 저조한 편이었다. 이병도는 1952년 『역사학보歷史學報』 창간호에 논문을 발표하여 『삼국유사』에 무왕과 결부되어 실려 있는 '서동설화'가 실제로는 동성왕의 신라 왕족 출신 여인과의 혼인 사실을 소재로 꾸며낸 것이라는 견해를 제시하면서 동同 설화에 등장하는 익산 미륵사 창건이라든지 익산에 있는 쌍릉雙陵의 주인공을 모두 동성왕이라고 주장하는 등 평소 득의得意로 하는 사료비판의 한 표본을 보여주었다. 하지만 그의 견해는 학계의 별다른 호응을 받지 못한 듯하다. 그럼에도 그가 1959년 종래의 연구성과를 총정리하여 『한국사-고대편』을 세상에 내놓은 것은 한국고대사 연구에 한 획을 긋는 중요한 의미를 지닌다.

이 시기 백제사에 대한 노작을 여러 편 발표한 것은 이홍직李弘稙이었다. 그가 백제의 건국설화라든지 혹은 일본으로의 백제문화 전파를 논한 것은 흔한 연구주제이기에 특별한 의미를 갖는 것은 아니라고 하더라도, 한·일 양국 역사서와 금석문 자료에 나타난 백제 인명을 총괄적으로 점검하여 중국 역사서에 보이는 백제의 8대 성姓 귀족의 실태를 구체적으로 확인하려 한 논문은 의미 있는 작업이었다고 할 수 있다. 1960년 중국 김유락金維諾이 고고학 잡지 『문물文物』에 『양직공도梁職貢圖』를 소개함으로써 처음으로 학계에 그 실물이 알려진 동백제 국사國使조의 기사를 전면적으로 검토한 것도 그였다. 다 아는 것처럼 이 직공도 기사에는 중국 정사 중의 하나인 『양서』「백제전」에는 보이지 않는 이른바 방소국旁小國들의 명칭이 보여 주목할 만하다. 그중 사라斯羅(신라를 가리킴), 반파叛波(대가야를 가리키는 것으로 짐작됨) 등이 포함되어 당시 백제의 대국의식을 엿볼 수 있다. 이밖에도 이기백은 1959년 『역사학보』(제11집)에 백제의 왕위계승을 다룬 논문을 발표하여 『삼국사기』에 백제 초기의 왕위계승이 부자상속으로 일관된 듯이 기록되어 있는 것과는 달리 실제로는 형제상속이 행해졌을 개연성이 높다는 견해를 제시하였다. 이로써 『삼국사기』「백제본기」 초기 기사에 대한 사료비판의 필요성이 제기된 셈이었으나, 그 뒤 본격적으로 시도되지 않은 채 현재에 이르고 있는 실정이다.

한편 해방과 동시에 일본인들이 본국으로 돌아간 뒤 전문인력의 부족과 정치·경제적인 불안정 등의 요인으로 고고학적 발굴조사는 한동안 중단되었다. 1960년대에 들어와 백제시대 고분이나 절터·석탑 또는 산성에 대한 조사연구가 조금씩 실시되었다. 즉 전남 영암군 시종면 내동리 옹관묘와 광산군 비아면(현 광주광역시 광산구) 신창리의 집단을 이룬 소규모 옹관묘 그리고 서울 강남의 가락동고분에 대한 발굴조사가 이루어졌다. 절터로는 부여 금강사지나 전북 익산 미륵사지, 동 왕궁지 5층석탑 주변에 대한 발굴조사가 행해졌으며 또한 토성유적으로는 1964년 서울 송파구 풍납동토성 안 포함층에 대한 시굴조사가 부분적으로 이루어졌다. 하지만 이는 발굴조사가 요망되는 전체 유적에 견주어볼 때 문자 그대로 빙산의 일각에 지나지 않았다.

3. 새로이 밝혀지고 있는 백제의 역사와 문화

(1) 백제 건국의 역사적 배경

1970년의 무령왕릉 발견 이래 40년 가까운 기간 중에 백제사 연구에서 가장 뚜렷한 진전을 보인 것은 무엇보다도 백제의 무대가 되는 한반도 중부에서부터 그 서남부 지역 일대에서 거둔 고고학적 발굴조사의 성과라고 할 수 있다. 이로써 서남한 지역 중에서도 특히 금강 유역과 안성천 지역이 한국 금속문화가 동틀 무렵 남한 지역 전체를 놓고 볼 때 가장 선진적인 지대였으며, 바로 이런 사실을 배경으로 뒤에 54개 소국을 망라하는 마한의 중심세력도 이곳에서 대두했음이 분명히 드러나게 되었다. 한국 청동기시대의 개막을 알리는 요녕식(비파 모양) 동검문화의 한반도 내 양대 중심지가 청천강 이북 지방과 금강 유역인 것은 잘 알려진 사실이다. 1970년대 중반 부여군 초촌면 송국리의 한 석관묘에서 전형적인 요녕식 동검이 정식 발굴조사를 거쳐 처음으로 출토됨으로써 청동기문화 여명기에 남한 지역의 사정이 비로소 밝혀지기 시작하였다. 청동기시대는 생업면에서 보면 농경문화가 확대·보급된 시대인데, 송국리유적은 바로 이 시기 도작稻作(벼농사)과 집터 및 취락 연구에 긴요한 자료를 제공하였다. 1990년대 이후 고고학이나 고건축 연구자들 사이에서 청동기시대 집터의 복원을 목표로 한 다양한 시도가 이루어져서 이미 상당한 수준으로까지 진척되었는데, 이때 기준이 되는 것이 다름 아닌 39기나 발견된 송국리집터이다. 더욱이 이곳에서는 환호環濠와 목책木柵, 토루土壘 등으로 둘러싸인 방어촌락을 볼 수 있어 청동기시대 사회상을 살피는 데 빼놓을 수 없는 보고寶庫가 되었다.

1970년대까지만 해도 고고학계에서는 당시의 유물 출토상황에 비추어 남한 지역에서의 초기 철기시대 중심지로 영암·광산(현 광주광역시 광산구) 등 영산강 유역과 대구·경주 일대를 지목하였다. 그러나 1990년대로 들어오면서 사정이 크게 바뀌어 남한에서 철기가 최초로 등장하는 지역도 청동기의 경우와 마찬가지로 금강 유역과 그 북쪽의 삽교천 유역인 것이 분명해졌다. 즉 서기전 2세기 무렵으로 짐작되는 금강 상류 전북 장수군 천천면 남양리와 부여군 규암면 합송리 그리고 당진군 합덕면 소소리 등지의 토광목관묘유적에서 평북 영변 세죽리에서 나온 것과 같은 계통의 주조鑄造된 철제품이 나온 것이다. 남양리·합송리 등 유적에서 나온 철제유물의 출토상황은 공주시 장기면 봉안리와 익산시 춘포면 신동리의 그것과 서로 통하는데, 이 같은 주조 철제품은 기술적인 면에서 볼 때 위씨조선衛氏朝鮮 단계의 단조鍛造 철제품보다 앞선 시기에 속하고 있어 주목된다.

주지하듯이 남한 지역의 사정이 중국 역사서에 처음으로 등장하는 것은 서기전 2세기 초 고조선의 준왕準王이 연燕의 땅에서 망명해온 위만衛滿에게 속아서 수도 왕검성을 빼앗긴 뒤 좌우의 몇몇 신하를 거느리고 바다에 나아가 한韓의 땅에 이르러 망명정권을 세운 후부터이다. 전통시대에는 준왕의 망명지를 흔히 익산 금마金馬로 보았으나 근대 역사학이 성립된 뒤로는 이를 경기도 광주 경안(현 광주시 경안동) 혹은 천안 직산, 홍성 금마천 일대로 보는 설들이 제기되기도 하였다. 그런데 위씨정권은 손자인 우거왕右渠王 때 한나라의 침략을 받아 서기전 108년에 멸망하고, 위씨조선의 지배영역에는 낙랑군을 비롯한 4개의 군이 설치되었다. 이는 남한 지역에 있던 진국辰國의 운명에 영향을 미쳤다. 왜냐하면 위씨정권이 멸망하자 요동과 서북한 지역에 살고 있던 고조선 주민들이 중국의 군현통치를 피해서 남쪽으로 끊임없이 이주한 결과 남한 지역에 3한 78개의 작은 나라들이 형성되는 광범위한 세력 재편성이 진행되었기 때문이다. 이에 따라 예성강·임진강 이남에서부터 서남해안에 이르는 한반도 서남부 지역의 54개 소국은 마한의 세력권으로 편입되고, 그 뒤 마한 출신의 진왕辰王이 등장하여 목지국目支國(『후한서』에는 월지국月支國으로 되어 있음)을 치소治所로 삼아 삼한을 대표하여 군현 당국과 이해관계를 조절하는 역할을 수행하게 되었다.

종전에는 삼한시대 유적에 대한 고고학적 발굴조사가 영산강 유역과 낙동강 유역에 편중된 까닭에 중서부 지방은 일종의 학문적 공백상태로 남아 있었다. 일찍이 1930년대에 이병도가 목지국의 위치를 천안 직산을 포함한 그 서북쪽의 성환·평택 일대로 비정한 선구적인 견해를 발표했으나, 당시는 아직 고고학의 뒷받침을 받지 못하였다. 그러던 중 1990년 이래 천안시 청당동 유적에 대한 기획발굴을 계기로 안성에서부터 천안·아산을 거쳐 서해안 아산만으로 통하는 안성천 일대와 그 동쪽 내륙의 진천·청주 그리고 남쪽의 공주·서산·태안(안면도)·보령·서천 등지에서 발굴조사된 집터와 무덤 양식이 지역 간에 일정한 공통점이 있다는 사실이 밝혀졌다. 즉 목관 또는 목곽을 내부의 주체로 하는 토광묘에 외부시설로 주구周溝를 설치하는 것이 보편화되어 있는 현상이 바로 그것이다. 이 같은 전통은 이 지역의 토착집단인 마한 세력의 특징으로 볼 여지가 있다. 근래 천안시 백석동유적을 중심으로 그 남쪽의 불당동유적, 서쪽의 아산 음봉면 명암리유적에 걸쳐서 청동기시대의 대규모 취락의 존재가 확인되고 있고, 특히 명암리유적의 주변부에서는 부여 송국리유적에서 발굴된 취락터보다도 이른 시기의 것이 추가로 확인되고 있어 이 일대를 청동기시대의 개막 이래 남한에서 최선진 지역으로 볼 수 있는 개연성이 한층 더 커지고 있다.

(2) 백제 최초의 도성지와 마한 '병합'의 실태

백제는 한반도 북부로부터 예성강과 임진강을 건너 남쪽으로 이동해온 부여족 계통의 한 갈래가 마한사회 북방에 해당하는 현재의 서울시 강남 일원에서 지배권을 확립한 나라이다. 동서양을 막론하고 나라를 만드는 작업은 토성이나 목책을 쌓는 일에서부터 시작된다. 아무리 고졸古拙한 국가라도 외부의 침략에 대비하여 왕궁과 주민을 보호할 수 있는 최소한의 방어시설이 필요한 법이다. 송국리유적에서 보듯 식량 생산단계에 이른 무문토기시대(청동기시대)에 이미 마을의 방어시설로 환호와 토루·목책이 등장했는데, 본격적인 국가 형성단계에 도달한 철기시대에 들어와서는 여기서 한 단계 더 발전하여 평지성平地城으로서의 토성을 축조할 필요가 생겼다. 옛 기록에 보이는 한성시대 백제의 수도인 위례성은 일찍이 정약용이 지적한 것처럼 '울'·'우리'(柵)를 한자로 표기한 것이 분명하다고 생각한다. 즉 백제가 수도에 목책을 세우고 흙을 쌓아 광곽匡廓을 만든 역사적 사실에 연유하여 이름 붙여진 것으로 보인다. 그러니까 멀리서 바라다보면 수도의 성곽시설이 마치 나무 혹은 토루로 울타리를 친 것처럼 보이는 데서 생겨난 말일 것이다.

이 한성시대 왕궁을 비롯한 도성지의 위치를 추정하는 데 하나의 기준이 되는 것이 바로 고분이다. 이를테면 이집트 나일강 중류 동안東岸의 도시 룩소르Luxor에 밀집해 있는 고분이 테베에 수도를 정하고 있던 이집트 고왕국시대를, 중국 하남성 안양安陽 소둔小屯 대안의 후가장侯家莊에서 대사공촌大司空村에 이르는 일대 또는 무관촌武官村에 밀집한 많은 무덤들이 은殷왕조의 도성지임을 증언하듯 압록강 유역 집안集安 일대의 적석총 무덤 떼는 고구려 왕국을, 형산강兄山江이 흐르는 경주 분지에 밀집한 적석목곽분은 신라왕국의 초기 상태를 각기 웅변으로 말해주고 있다. 사실 일본이 한국을 강점한 뒤 총독부 관계당국이 1916년 서울 강남 석촌동 일대에 산재한 적석총(돌무지무덤) 23기, 봉토분 66기를 확인한 일이 있고, 1925년 한강 하류 지역을 강타한 이른바 을축년乙丑年 대홍수 때 풍납동에 위치한 토성의 서북쪽이 일부 유실되면서 그 밑에 있던 한성시대 백제유물이 약간 발견되어 풍납동·석촌동 일대를 백제의 도성지로 추정할 수 있는 고고학적 근거는 더욱 확고해졌다. 1964년 김원룡金元龍은 풍납토성 안 포함층 일부를 시굴한 뒤 토성의 연대를 늦게 잡아도 김해 패총시기(서기 1세기)와 거의 맞먹는다고 하면서 기원전 18년으로 되어 있는 『삼국사기』「백제본기」 건국 기사를 3세기로 내려야 할 이유가 없다고 주장하였다. 그러나 몇 해 뒤 그는 이 주장을 철회하여 백제의 '실질적인 왕국'으로서의 발전연대를 기원후 250년, 다시 300년으로 잇따라 수정한 바 있다.

그러던 중 1970년대에 들어와 이른바 강남 대개발로 석촌동 일대의 고분이 적석총 몇 기를 남긴 채 모두 사라지고 말았다. 1981년에 서울이 1988년 하계올림픽 개최지로 선정되자 정부 당국은 방이동 일대에 대규모 체육관계 시설을 만들 목적으로 1983년부터 몽촌토성 발굴조사에 착수하였다. 그 결과 해자垓子(외호外濠)와 더불어 일부 유물이 출토되었고 이곳을 위례성의 주성으로 지목하게 되었다. 한편 풍납토성 일대에 대한 정식 발굴조사는 이미 민가를 비롯한 각종 건축물이 꽉 들어찬 상태에서 1997년 벽두에 재건축을 추진하던 아파트 터파기공사 중에 백제토기가 발견된 것이 언론에 크게 보도됨으로써 비로소 착수하여 갖가지 악조건 속에서 현재에 이르고 있다. 지금까지의 발굴성과를 갖고 보더라도 이곳이 몽촌토성을 훨씬 능가하는 핵심적 위치를 차지하고 있었음이 분명해졌다. 특히 이곳에서는 건물터와 더불어 수백 점이 넘는 다양한 와당을 비롯하여 5,000여 점의 평기와류가 출토되고 있으므로 도성유적의 분위기가 물씬 풍긴다. 그리하여 위례성이 바로 풍납토성이며, 이 토성 안에 왕궁이 있었을 것이라는 심증이 한층 굳어지고 있는 실정이다. 다만 아직 왕궁의 흔적이 확실하게 입증된 단계는 아니다. 이는 비단 백제만 그러한 것이 아니며, 실은 고구려의 홀본성忽本城은 물론이고, 불멸의 제국이라고 하는 로마의 경우도 예외가 아니다. 로마의 건국전설에 따르면 서기전 753년에 로물루스와 레무스 형제가 도시국가 로마를 세웠다고 하지만, 지금까지 이를 입증할 만한 유적은 발견되지 않았다. 4년 전에 로마 시내의 고대 유적지인 포로 로마노Foro Romano의 345m²(104평)의 건물 잔해와 105m²(32평)짜리 정원에서 나무와 진흙으로 만든 벽, 출입문, 정교한 가구와 도자기, 잔디 흔적 등이 발견되었다. 조사를 담당한 로마 소재 사피엔자 대학 고고학 조사단은 이 유적의 연대를 서기전 8세기 무렵으로 추정하면서 아마도 로마 건국 초기의 왕궁터가 아닐까 주장했으나, 아직은 하나의 가설 수준에 머물고 있는 듯하다.

백제사에서는 『삼국사기』「백제본기」의 초기 기사에 대한 사료비판을 둘러싸고 여러 가지로 견해가 엇갈리고 있다. 특히 건국시기라든가 마한 병합의 시기 문제, 그 구체적인 과정 등이 아직도 모호하다. 초기 백제의 발전은 곧 마한의 잠식과정이기도 한데, 그 구체적인 정황을 전혀 알 수 없다. 비록 『삼국사기』에는 시조 온조왕 때인 기원후 9년 마한을 멸망시켰다고 했으나, 이는 삼한사의 체계, 나아가서는 한국고대사 발전의 대세에 비추어볼 때 도저히 수긍할 수 없다. 현재로서는 이병도와 천관우千寬宇가 『일본서기』의 관련 기사에 의거하여 이를 근초고왕 24년(369) 무렵으로 본 것이 가장 유력한 견해라고 생각한다. 다만 근래 고고학 연구의 성과에 따르면 백제의 마한 영역에 대한 지배는 대체로 5세기 전반 무렵까지도 재지세력在地勢力의 수장층을 매개로 한 이른바 '간접' 지배에 그치고 있었음이 거의 확실하다고 하겠다. 1980년대 이래 영산강 유역 옹관묘에 대한 발굴조사가 꾸준히 진행되어 백제에 정복되기 이전 시기 마한의 역사와 문화를 복원할 수 있는 실마리를 얻게 되었다. 특히 1985년 해남 북일면 방산리 장고산고분이 세상에 알려진 이래 이 지역에서 13기 정도 발견된 전방후원형(장고형) 고분은 전형적인 왜식倭式인 데다가 일본의 하니와埴輪와 같은 성격의 것으로 볼 수 있는 원통형

토기까지 출토되었다. 그런 까닭에 전남 지역과 일본열도, 특히 기타큐슈北九州 지역과의 문물교류에 대한 관심이 높아지는 한편, 이 같은 무덤을 만든 주인공이 과연 어떤 사람인지를 둘러싸고 한국과 일본 양국의 연구자들 사이에 엇갈린 견해가 제기되고 있다.

(3) 웅진 · 사비시대 백제사의 전개

375년 근초고왕이 죽은 뒤 줄곧 고구려의 군사적 압박을 받아온 끝에 결국 475년 한성이 함락되었다. 이에 백제는 웅진(공주)으로 수도를 옮겨 국가 재건에 착수하였다. 1971년 이곳 송산리에서 무령왕릉이 발견된 뒤 백제문화권 개발사업에 힘입어 공산성公山城에 대한 발굴조사가 수년간 진행되어 웅진시대 피난수도의 모습이 일부 드러난 것은 큰 수확이었다. 웅진도성은 금강가에 쌓은 공산성을 중심으로 하여 공주 지역 주변에 배치되어 있는 모든 산성을 포괄한 듯하며, 왕궁은 공산성 내의 협소한 장소에 마련한 것으로 짐작된다. 본디 한 시대 도성과 궁궐의 크기라든지 모양은 그 시대 정치권력의 행방과 깊이 연관되어 있고, 어떤 의미에서는 국가 발달단계의 지표가 된다. 실제로 야영도시의 성격을 벗어나지 못한 웅진시대 궁도宮都야말로 당시 백제조정이 처했던 어려운 형편을 잘 보여준다. 다만 무령왕릉은 웅진 천도 후 50여 년이 지난 뒤에 만들어진 것인 만큼 무덤의 양식이나 4,687여 점에 이르는 출토 유물을 보더라도 바야흐로 조정이 상당한 여유를 되찾고 있었음을 암시한다.

새삼스레 언급할 필요도 없이 무령왕릉은 백제 미술사 또는 문화사 연구의 일대 자료적 보고寶庫이다. 그중 왕과 왕비에 관한 2개의 지석誌石은 능지陵誌로서는 너무나 소략한 반면 뒷면에 방위도와 능역도陵域圖 그리고 묘지 매입에 대한 기사가 매우 구체적인 데서 이를 오히려 매지권買地券으로 볼 수 있는 등 웅진시대 백제사를 여러 방면에서 구명하는 데 귀중한 단서를 제공해주고 있다. 지석은 연구사의 입장에서 볼 때 다음과 같은 몇 가지 사항이 주목된다.

첫째로, 무령왕이 지석에 523년 5월 7일에 붕어崩御하였다고 밝힘에 따라 이를 523년 5월이라고 한 『삼국사기』 본기 기사의 정확성이 입증된 점이다. 이로써 그간 일본학계 일부에서 제기되어온 6세기 전반기에 있어서 한·일 양국 역사서의 연대기에 대한 기년조정론이 한꺼번에 그 근거를 잃게 되었다. 이는 1995년 부여 능산리 절터유적에서 나온 위덕왕威德王 때(567) 돌로 만든 사리감舍利龕 입구 양쪽에 새겨진 명문이라든지, 2007년 부여 왕흥사 목탑터에서 나온 역시 위덕왕 때(577) 만들어진 청동사리함 바깥 면에 새겨진 명문에 의해서 다시금 입증된 바 있다.

둘째로, 지석에 왕의 향년享年이 62세라고 밝힘에 따라 그의 출생에 얽힌 『일본서기』에 인용된 『백제신찬』 기사를 긍정적으로 재검토해야 할 필요성이 제기되고, 나아가 개로왕으로부터 무령왕에 이르기까지의 백제왕실 계보에 대한 『삼국사기』 기록들 중에 특히 동성왕과 무령왕을 부자관계라고 한 것이 실제로는 이복형제간인 것이 분명해진 점이다.

셋째로, 무령왕과 왕비의 사망한 날짜라든가 안장安葬에 관한 역일曆日이 확인됨에 따라 이를 통해서 당시 백제의 상장제喪葬制는 물론 백제가 중국 남조 송宋의 원가력元嘉曆(443년 하승천何承天이 제작함)을 채용하여 '인월寅月로써 세수歲首를 삼았다'고 한 『주서周書』 「백제전」의 기록이 입증된 점이다.

넷째로, 지석에 보이는 '부종율령不從律令'(율령에 따르지 않는다는 뜻)이란 글귀가 중국 남조의 능묘陵墓에서 발견되는 돌에 새겨진 매지권에 흔히 보이는 '여율령如律令'을 모방한 듯하면서도 정작 '부종율령'이라 하여 차이를 보이는 데서 백제의 독자성을 엿볼 수 있다는 점이다.

무령왕의 아들 성왕 때인 538년 백제는 웅진에서 서남쪽으로 30Km쯤 떨어진 역시 금강가의 사비(부여)로 천도하여 660년 신라와 당의 연합군에 멸망될 때까지 120여 년간 전성기를 누렸다. 지난 30여 년간 사비도성의 진산인 부소산성을 비롯하여 정림사지, 능산리 절터, 왕흥사지 등에 대한 발굴조사가 이루어졌고 동시에 익산 지역에서는 미륵사지와 왕궁리 5층석탑 주변에 대한 정밀한 발굴조사가 행해져서 사비시대의 역사와 문화를 복원하는 데 귀중한 물질자료를 많이 확보하였다. 그 결과 현재 학계에서는 사비도성에 대해 어렴풋이나마 윤곽을 그릴 수 있게 되었다. 사비도성은 기본적으로 부소산성을 배후에 두고 외곽의 요해지要害地에 부분적으로 나성을 쌓아 방어체제를 이중으로 견고하게 다졌는데, 이로써 한성이나 공산성과 같은 금성탕지金城湯池가 된 것은 아니었으나 역시 지세의 취약점은 크게 극복하였다고 볼 수 있다. 그런 다음 부소산성 남쪽 기슭 현재의 관북리에 왕궁을 지은 듯한데, 아직 뚜렷한 유구遺構가 발견된 것은 아니다. 중국의 정사인 『수서隋書』「백제전」을 보면 시가지는 크게 5부部로 구획되고, 각 부는 다시 5항巷으로 나뉘는 등 정연한 체제를 갖추어 백제의 역사상 가장 잘 짜여 있었음을 짐작할 수 있다. 현재 연구자들 사이에 왕경王京의 도시계획을 둘러싸고 논쟁이 벌어지고 있을 정도로 연구가 활발한 실정이다.

부여지구에서 진행된 고고학적 발굴조사에서 목간木簡이 발견된 것도 문헌사료의 부족에 허덕이는 학계의 사정에 비추어볼 때 매우 고무적인 사실이다. 주지하듯 목간은 어디까지나 실용적인 목적에서 일체의 가감 없이 기록된 당해當該 시대의 생생한 문자자료인 까닭으로 제1차사료 중에서도 일등사료라고 할 수 있다. 비문과 같은 금석문은 대개 국왕을 비롯한 지배층의 공적을 기리기 위한 송덕문頌德文의 성격을 띠고 있으므로 과장되거나 때로는 왜곡된 사실이 포함되기 마련인 점을 생각할 때 목간은 금석문보다도 더 믿

음직한 문자자료이다.

백제시대의 목간은 최초로 1983년 부여 관북리에서 두세 점이 발견된 이래 1998년까지 모두 사비도성 내의 궁남지, 쌍북리 등지에서 몇 점이 나온 데 불과하였다. 이 중 1995년 궁원宮苑 유적인 궁남지에서 나온 1점은 부部 아래 항巷제도의 실재를 입증함은 물론 조정의 호구戶口 파악방식의 한 면을 강력히 시사하는 등 백제 말기 사회경제사 연구에 실로 귀중한 자료이다. 그러던 중 2000년 4월부터 능산리 절터 배수로에서 간헐적으로 수십 점의 목간이 출토되었다. 여기에는 사비도성의 주요 시설물인 동나성東羅城 축조공사 때의 역역力役 동원과 관련하여 말단 지방행정관인 도사道使의 존재, 지방민에 대한 식미食米 지급을 비롯한 관리 상황뿐만 아니라, 사원 이름과 불교적 용어 등 매우 다양한 내용이 포함되어 있어 크게 주목을 받았다. 작년 쌍북리 백제도로 유구와 인근 건물지 유구 주변에서는 백제의 내관內官 12부 중 하나인 외경부外椋部의 이름이 쓰여진 목간과 일종의 색인용 카드에 해당하는 이른바 제첨축題籤軸 비슷한 것이 발견되어 흥미를 끌었다. 이 제첨축이야말로 문서행정의 수준을 가늠하는 지표가 되기 때문이다. 이 밖에도 작년 나주 복암리 고분군 주변 제철 관련 수혈竪穴유구에서 한솔扞率·나솔奈率 등 백제 관등 명칭이 쓰인 목간이 출토되는 등 추후 도성 이외에 지방에서도 목간이 발견될 가능성이 높아지고 있다.

(4) 백제미술의 독특한 의장意匠과 국제성

최근의 고고학적 발굴조사로 백제시대의 농경기술이나 제철기술 그밖에 과학기술 전반에 걸쳐 많은 새로운 점이 밝혀졌으나, 이 글에서는 지면 사정으로 생략하기로 하고 다만 미술 분야 중에서 건축·공예 부문에 국한하여 간단히 다루기로 한다. 실제로 미술작품은 한 시대의 문화와 정신을 이해하는

데 매우 긴요하다. 종전에는 삼국시대 미술에 대해 패기의 고구려, 웅혼과 비약의 신라, 화려와 명랑의 백제라는 식으로 다분히 통속적인 견지에서 각각의 특징을 부여하는 데 만족해왔다. 하지만 현재 비교적 많은 미술작품을 확보하게 된 마당에 백제미술의 형성과 발달과정을 총평한다면 '최초 마한시대 이래의 주술적·신비주의적인 애니미즘의 전통을 계승하면서 출발하여 그 뒤 중국문화의 직접적인 영향 아래 사비시대에 이르면 이윽고 세련된 고전주의 단계를 성취하여 나라가 멸망하는 마지막 순간까지 전성을 구가하였다'라고 할 수 있다.

백제시대의 건축물로 지상에 남아 있는 것은 석탑뿐이며, 그 밖에 절터나 고분을 통해서 간접적으로 그 모습을 헤아려볼 수 있다. 무령왕릉은 터널 모양의 전축분塼築墳으로, 중국 남조로부터의 압도적인 영향 아래 만들어졌음이 밝혀졌다. 그렇다고 중국과 똑같은 구조는 아니며, 윤무병尹武炳이 지적하듯 특히 아치 천정을 벽돌로 쌓은 예는 중국에서는 찾아볼 수 없는 무령왕릉만의 특징이다. 실로 이는 전인미답의 새로운 경지를 개척한 것으로, 백제인의 독자적인 창의성을 보여준다. 또한 무덤의 연도羨道 입구에 놓인 석수石獸 역시 중국 6조시대(남조)에 유행한 진묘수鎭墓獸의 영향을 받은 것이 확실하면서도 중국의 그것이 토도제土陶製인 데 비해 무령왕릉의 그것이 석제인 점이 독특하며, 아울러 석수의 머리에 철판을 오려서 만든 뿔을 부착한 것도 백제 고유의 착상이라고 할 수 있다. 이 밖에 왕과 왕비의 목관에서 관재棺材의 길이를 양단에서 동일하게 체감遞減함으로써 사절斜截한 것 같은 효과를 노리고 있는 관뚜껑(棺蓋)은 달리 유례를 찾기 어려운 백제만의 독특한 형식이다.

한편 백제사원의 가람伽藍제도는 그간 여러 절터의 발굴조사를 거쳐 많은 것이 밝혀졌다. 특히 1980년부터 1995년까지 본격적인 조사가 이루어진 익산 미륵사는 3개의 탑이 동서축을 맞추어 나란히 열을 지어 있었던 것으로 밝혀져 절터 연구의 큰 성과로 손꼽히고 있다. 지난 1월 서탑西塔 해체 보수 과정 중에 정교한 당초唐草무늬의 금으로 만든 높이 13cm의 사리호를 비롯하여 은제 사리합, 은제 관식冠飾, 금제 소형판, 유리구슬 460개 등 도합 500여 점의 유물이 발견되었는데, 함께 나온 금판으로 된 사리봉안기에 의하면 이는 왕후 사택씨沙宅氏의 희사에 의해 639년 정월에 조성되었음을 알 수 있게 되었다. 이보다 앞서 2007년 금강을 사이에 두고 부소산성과 마주하고 있는 부여 규암면 신리 소재 왕흥사王興寺 목탑지에서는 위덕왕이 577년 2월 15일 죽은 왕자를 위해 절을 세우고 사리舍利를 묻었다는 내용의 명문이 새겨진 청동사리함을 비롯하여 그 안에 들어 있던 황금사리병과 은사리병 등 사리장엄구와 8,000여 점에 이르는 옥구슬을 포함하여 금귀고리, 목걸이, 팔찌, 비녀 등 금은동제 귀금속이 다량으로 출토되어 큰 화제가 되었다. 발굴현장에 들러 탑의 구조라든지 출토품, 기와의 문양 등을 검토한 일본 와세다早稻田대학 불교미술사 교수 오하시 가즈아키大橋一章는 일본에서 가장 오래된 아스카데라飛鳥寺는 아마도 이 왕흥사를 본떠 지었을 가능성이 크다고 추정하였다. 그는 "같은 계통의 기술자가 두 절을 모두 지은 것으로 보인다"라고까지 지적하였다. 이는 문헌자료와도 그대로 부합된다. 『일본서기』에는 552년 10월 백제 사신이 왜국(일본)에 석가상과 번개幡蓋 경론을 보냈다고 했으며 그 뒤 584년 9월 왜국 사신이 백제에서 불상과 미륵석상을 각각 1구씩 갖고 왔다고 하였다. 한편 『부상약기扶桑略記』에는 588년 3월 백제 사신이 불사리와 사공寺工 2인(『일본서기』에는 4인으로 되어 있음), 누반鏤盤박사 1인, 조와사造瓦師(『일본서기』에는 와박사로 되어 있음) 1인, 화공 1인을 거느리고 왜국에 왔다고 하여 백제에서 불교가 전래된 뒤 바야흐로 절을 짓는 기술자들까지 떼를 지어 도일했음을 알 수 있다. 급기야 『일본서기』에는 593년 정월 법흥사法興寺(일명 아스카데라) 찰주刹柱를 세워 그 초석 가운데 불사리를 안치하였다는 기사가 보이는데, 이를 보다 상세히 기술한 『부상약기』에는 당시의 권세가인 소가 우마코蘇我馬子의 발원으로 아스카 땅에 법홍사 찰주를 세워 불사리를 안치하던 날 소가 대신大臣을 비롯한 100여 명이 모두 백제 복장을 착용하고 기뻐하였다고 되어 있다. 이 같은 일본 측의 문헌기록을 보면 아스카데라가 백제의 기술자집단에 의해 만들어진 것은 분명하다고 하겠다.

근래 새로이 발견된 유물로 미루어볼 때 백제미술의 우수성은 무엇보다도 공예 부분에서 유감없이 발휘된 듯한 느낌이 든다. 서양미술사에서는 건축·회화·조각을 대미술, 일용품 등 공예를 소미술로 분류하여 차별하기도 하지만, 백제에서는 뛰어난 재능을 지닌 공장工匠, 즉 공예기술자들에게 와박사 또는 누반박사(혹은 노반박사라고도 함) 등의 전문박사 칭호를 부여했을 뿐만 아니라 관등까지 주어 특별히 우대하였다. 1993년 말 능산리 절터에서 나온 금동대향로는 백제 공예기술의 최고 수준을 보여주는 것으로 큰 주목을 받았다. 이 향로는 지금까지 중국이나 낙랑군유적에서 나온 박산로博山爐들 중에서 가장 완벽한 조형성을 보여준다. 일찍이 한국미술사 연구의 선구자였던 고유섭高裕燮은 한국 고대 미술공예품이 공상적인 점과 장식상의 번욕성繁縟性·현란성을 그 특징으로 한다고 강조한 바 있는데, 이는 실로 백제 대향로에서 유감없이 발휘된 느낌이다. 더욱이 이 향로는 세공술細工術보다 한 단계 발전된 주조식鑄造式 제작기법을 자랑하고 있다. 이 밖에도 1995년 10월 같은 장소에서 출토된 석제 사리감 역시 백제공예의 독창성을 잘 보여준다. 명문에 따르면 이 사리감은 567년 위덕왕의 여동생이 발원해 만든 것으로, 본디 사리감을 따로 만들어 사리를 봉안하는 것은 중국에도 없던 백제만의 독특한 방식이다. 그런데 삼국시대 사리장치 연구에 획기적 자료를 제공한 것은 앞에서 보았듯이 2007년 세상에 공개된 왕홍사 목탑지와 2009년 벽두 미륵사 석탑에서 나온 사리장엄구라고 할 수 있다. 왕홍사 목탑에서는 심초석

心礎石 주변에 사리기를 안치한 데 비해 미륵사 석탑에서는 1층 심주석心柱石에 사리기를 안치한 것이 하나의 특징이라고 하겠다. 이와 관련하여 익산 왕궁리 5층석탑에서 발견된 사리장엄구를 고려시대가 아닌 백제 때의 것으로 보는 연구자도 있음을 덧붙여둔다.

4. 맺음말

고대 삼국 중 백제의 역사와 문화에 대한 연구는 그 동료국가였던 고구려와 신라에 비하면 오랫동안 열세를 면하지 못한 채 매우 불우·부진한 상태에 놓여 있었다. 남아 있는 문헌자료는 가장 빈약한 편이었고 또한 고고학적인 발굴조사 성과도 저조한 실정이었다. 삼국을 통일한 신라의 경우 문헌자료와 금석문자료가 고구려·백제에 비해 훨씬 많이 남아 있을 뿐 아니라 1천 년간 천도하지 않고 그 발상지인 경주를 고수했던 까닭에 고분과 사찰을 비롯한 문화재가 한 곳에 집중되어 후대에까지 잘 보존되는 행운을 누렸다. 한편 고구려는 현재 그 영역을 차지하고 있는 북한 당국의 각별한 배려 아래 연구상 일정한 진전을 보장받았다고 할 수 있다. 북한 사회과학원 역사연구소는 시대별로 연구실을 두고 있는데, 그중 고대사 연구실을 고구려 연구실이라 하여 백제와 신라를 이에 종속시켜 마치 부록처럼 다루고 있다. 공교롭게도 한국에서는 3년 전 중국 사회과학원 변강사지연구중심邊疆史地硏究中心이 추진하는 이른바 동북공정에 맞서 대응할 필요에서 '고구려연구재단'을 만들어 고구려사 연구에 자본과 인력을 집중 투입한 바 있다. 이 재단의 사업은 2006년 가을 신설된 '동북아역사재단'이 승계하여 현재에 이르고 있다. 이처럼 고구려사는 남북한 양쪽에서 중점 연구과제가 되어 일종의 학문적 경쟁을 벌이고 있을 만큼 연구가 활발하다.

다행히 백제사도 1971년 무령왕릉 발견을 계기로 관심이 고조되면서 오랜 침체에서 벗어날 수 있었다. 1978년부터 정부 관계당국에 의해 장기간에 걸쳐 백제문화권 개발사업이 추진되었고, 한편 백제유적으로 뒤덮여 있는 충청남도와 전라남북도 현지에 위치한 충남대학교 백제연구소를 비롯하여 공주대학교 백제문화연구소, 원광대학교 마한·백제연구소 등에 의한 지속적인 백제사 관련 유적 발굴조사와 학술발표회 개최 및 학술잡지 발간이 연구 분위기를 조성하여 이끌어가는 데 크게 기여하였다. 정부는 2005년 3월 '고도古都 보존에 관한 특별법'을 공포하여 경주·부여·공주·익산을 고도로 지정했는데, 이 중 경주를 제외한 세 곳이 백제의 고도인 것을 보더라도 그간 백제시대 유적에 대한 발굴조사가 동시다발적으로 이루어졌음을 충분히 짐작할 수 있다. 그동안 학계에서 거둔 연구성과는 국사편찬위원회에서 발간한 신편 『한국사』 총서 제6권 『삼국의 정치와 사회 II-백제』(1995)에 정리되어 있으며, 특히 문화 부문은 동 제8권 『삼국의 문화』(1998)에 대개 망라되어 있다. 이를 국사편찬위원회 간행의 구판 『한국사』 총서 제2권 『민족의 성장』(1977)의 백제 관련 기술 내용과 대조해보면 그간의 지식이 얼마만큼 쇄신되고 충실해졌는지를 잘 알 수 있을 것이다. 이와 더불어 신편 『한국사』 발간 이후 10여 년간 백제사 연구가 크게 활성화되어 백제문화개발연구원이 3개년(2003~2005) 기획사업으로 『백제역사문고』 33권을 간행, 종전의 연구성과를 주제별로 정리하였다. 이는 일반 국민을 대상으로 한 교양서적의 성격을 띤 것이지만, 충청남도역사문화연구원에서 역시 3개년(2005~2007) 계획으로 추진한 『백제문화사대계』 24권 편찬사업은 더욱 전문적인 학술서적 성격을 띤 것이다. 즉 이 대계大系는 연구총서 15권을 비롯하여 문헌자료집(원문편 및 역주편) 6권, 고고·미술자료집 2권, 백제사 개설 1권으로 되어 있다. 이를 신편 『한국사』와 비교해보면 백제사 연구가 최근 들어 급진전하였음을 깨

닫게 된다. 이제 삼국 간 연구상의 불균형은 어느 정도 해소되었다고 보아도 좋을 듯하다. 작년 7월 백제의 역사, 고고학, 미술사, 어문학, 설화, 민속 등 여러 부분의 연구자를 총망라한 '백제학회'가 발족되어 장차 한 단계 높은 수준의 연구를 추동해나갈 것으로 전망된다.

끝으로 최근의 백제사 연구에서 우려되는 현상이 전혀 없는 것도 아닌 듯하여 한마디 덧붙이고 싶다. 바야흐로 지방화시대에 즈음하여 백제 혹은 마한의 전통이 살아 숨 쉬는 뛰어난 문화유산을 발굴하고 나아가 이를 정립함으로써 시민·구민·도민·군민들의 자긍심을 높이는 일은 필요할 것이지만, 그것이 단지 백제·마한의 고토故土에 사는 사람들의 애향심을 만족시켜주는 차원에서 그친다면 곧 한계에 부딪힐 것이 분명하다는 점이다. 왜냐하면 백제에 대한 연구는 결코 지역사·향토사의 문제에 그치는 것이 아니라 실로 한국의 역사와 문화를 체계적으로 이해하는 데 필수적인 일부이기 때문이다. 그런 만큼 백제사 및 백제문화에 대한 연구가 궁극적으로 한국사·한국문화 전체를 파악함에 있어 긴요한 연결고리라는 사실에 대한 인식과 자각을 잠시라도 소홀히 해서는 안 된다고 생각한다.

풍납토성 발굴의 성과와 의미

이남규

1. 머리말

최근 한국 고고학이 거둔 최대 성과 중의 하나가 풍납토성風納土城에 대한 조사연구 활동이라 할 수 있다. 이 토성에 대한 본격적인 발굴조사는 이제 겨우 10년을 약간 넘긴 정도이기는 하나 상당수의 지점들에서 확인된 유구遺構나 유물들을 통해 한성漢城시기 백제의 역사와 문화가 서서히 밝혀져나아가는 추세에 있다.

이 토성 내에서 고대 신전급 시설과 당시의 제의와 관련된 유구 등이 확인되었으며, 토기를 위시한 각종 유물들은 선사나 원사시대를 뛰어넘어 고대적

李南珪 한신대학교 국사학과 교수.
저서 『고대 중국인 이야기』(솔출판사, 1998)와 「중국 철사용개시기의 제문제」(『역사학보』 제125집, 1990), 「한성백제기 철기문화의 특성」(『백제연구』 제36집, 2002), 「고구려 국가형성기 철기문화의 전개양상」(『고구려의 국가형성』, 고구려연구재단 연구총서 01, 2005) 등 다수의 논문이 있다.

수준으로 발전해가는 모습을 보일 뿐만 아니라 중국, 일본 및 가야 등과 관련된 국제적 활동양상을 직간접적으로 설명해주고 있다. 그러한 그동안의 조사성과에 힘입어 최근 한성백제에 대한 연구가 보다 활성화되어가고 있다는 사실은 대단히 고무적인 일이 아닐 수 없다.

그러면 먼저 이 토성에 대한 그동안의 조사와 연구의 연혁을 간단히 소개하고, 중요 지점의 최근 조사결과들을 일별해본 후, 그것들이 갖는 중요한 역사적 의미에 대하여 살펴보도록 하자.

2. 토성 조사와 연구의 연혁

이 토성은 일제시대부터 그 존재가 이미 알려져 있었으며, 1925년 '을축년 대홍수'에 의해 남쪽 성벽 가까운 곳에서 청동제 초두鐎斗 2개가 들어 있는 항아리가 노출되었고 과대금구銙帶金具와 유리구슬 등의 중요 유물들이 함께 확인되어 주목을 받게 되었다.

그에 따라 아유가이 후사노신鮎貝房之進은 1934년에 이곳을 『삼국사기』에 기록된 하남위례성河南慰禮城으로 판단하면서 그 중요성을 부각시켰고, 그에 따라 1936년에는 고적(제27호)으로 지정되기에 이르렀다.

하지만 1939년 이병도는 풍납토성=하남위례성이라는 아유가이의 견해를 반박하면서, 『삼국사기』「백제본기」의 책계왕 원년(286)과 개로왕 21년(475) 기록에 보이는 사성蛇城의 우리말인 '배암드리'의 음이 변화하여 '바람드리(風納)'가 되었다는 불합리한 언어학적 해석에 기초하여 풍납토성이 사성이라는 설을 피력하였다. 그러한 견해는 상당기간 정설화되었고 이는 이 성의 중요성에 대한 인식이 크게 줄어드는 결과를 낳고 말았다.

이후 장기간에 걸쳐 이 토성은 방치되다시피 하여왔는데, 1964년 서울대학교 고고인류학과 3학년 야외실습의 일환으로 시굴조사가 이루어져 몇 군데의 피트pit조사로 성내 지하의 층위 상태와 그에 포함된 일부 유물들을 파악하게 되었다.

예를 들어 H피트의 조사에서는 지하 280cm와 220cm에 존재하는 문화층을 주거면으로 인식하고 이를 각각 풍납리 I 과 풍납리 II 문화층으로 명명하였다. 이 층위들에서는 토기류, 어망추, 기와 및 철기류 들이 출토되었는데 이들 중 풍납리무문토기, 조질유문토기粗質有文土器, 김해식유문토기, 신라식토기, 풍납리흑도 등으로 분류된 토기들은 현재의 원삼국시대 및 한성백제의 토기명칭과 상당한 차이가 있다. 그리고 조사자는 이를 도성으로 인식하지 못하고 반민반군半民半軍의 읍성으로서 한성백제 멸망 시 고구려군이 먼저 공격한 것으로 문헌에 기록되어 있는 북성北城으로 추정하였다.

이러한 최초의 고고학적 조사를 통해 풍납토성의 지하 상태를 일부나마 알게 된 것은 중요한 성과였으나, 그 초축初築시기에 대해서는 『삼국사기』의 기록에 의존하면서 막연히 서기 1세기경의 위례성의 그것과 비슷한 시기였을 것으로 추정하는 수준이었고, 토기의 성격과 계통에 대해서도 아직 제대로 이해하지 못하였다는 데 한계가 있었다.

그리고 당시 우리 고고학계에서의 무엇보다 큰 실책은, 이병도의 사성설蛇城說에 영향을 받고 있었던 당시의 연구자들이 이 성의 중요성을 깊이 인식하지 못하고 장기간 방치하여 1980년대 이후 성 내외가 상당한 유구들의 파괴와 함께 무분별하게 급속히 개발되고, 현재와 같이 주택과 상가의 밀집지역이 되도록 한 사실이다.

그나마 다행히 1997년에 평소 풍납토성에 각별한 관심을 갖고 있던 선문대학교의 이형구 교수가 성의 남측(풍납동 231-3번지)에 위치한 아파트(신우연립 재건축 부지, 풍납현대연합주택조합) 건설현장의 지하 2.5m 이하에서 다량의 토기편들이 소토燒土, 목탄과 함께 출토되는 사실을 목격하고 이를 문화재청에 신고하여 긴급 발굴조사가 이루어질 수 있었으며, 이를 통해 이 성의 중요성이 대대적으로 재인식되게 되었다.

주택의 난립으로 인해 풍납토성의 내부 유구들이 모두 훼손되었을 것으로 생각하면서 크게 낙담하고 있었던 고고학자들에게 이곳의 수많은 연립주택 기초 밑 2.5~4m의 지하에 원삼국~한성백제의 문화층이 제대로 남아 있다는 정보는 너무도 큰 낭보였으며, 그래서 일부 학자는 이를 폼페이에 비유하기도 하였다.

풍납동 내 몇 개소에서 아파트 건설계획이 추진 중이고 일부 지점에서는 공사가 진행되고 있던 1997년 여름, 고故 한병삼을 단장으로 하는 풍납토성 긴급발굴조사단(국립문화재연구소, 서울대학교박물관, 한신대학교박물관 합동)이 긴급히 편성되어 당시 아파트 건설이 허가된 두 지점에 대한 조사를 실시하였다(이하 〈표 1〉 참조). 당시 성의 서쪽에 해당하는 남양연립 지점에서는 순수 모래층들만 노출되어 서쪽 성벽의 상당 부분은 홍수 등에 의해 이미 유실되었던 것으로 판단되었으며, 한신대학교박물관이 담당한 삼화연립 지점에서는 다중의 구溝와 폐기장 등이 확인되고 이들 유구에서 원삼국시대~한성백제의 유물들이 다량 출토되었다.

이어서 1999년에는 국립문화재연구소에서 토성 동벽의 2개 지점에 대한 절개조사를 통해 그 규모와 축조방식을 상세히 밝혔고, 같은 해 가을부터 다음 해 봄까지 발굴이 진행된 토성 중앙부의 경당지구(삼화연립지구 바로 북쪽)에서는 제사구덩이(9호 유구), 신전으로 추정되는 유구(44호 유구) 및 다양한 성격의 유구들에서 다종다량의 유물들이 출토되어 전 국민의 관심을 모았다. 이 당시 개발의 지연에 불만을 품은 주택조합장이 중장비로 유적을 파괴하는 전대미문의 사건이 발생하여 전 국민을 경악시켰고, 그것이 계기가 되

〈표 1〉 풍납토성의 주요 발굴조사 성과

조사지점	연도	조사기관	중요 유구	중요 유물	비고
신우연립 외 (231-3번지)	1997	국립문화재 연구소	3중 환호, 가마(?), 주거지 11	토기, 기와, 방추차 어망추, 철기 등	『풍납토성 I』 (2001)
남양연립 (122-1번지)	1997	서울대학교	없음	없음	풍납토성긴급발굴조사단
삼화연립 (172번지 외 2)	1997	한신대학교	구상유구, 폐기장	경질무문토기 일괄, 백제토기 다수	『풍납토성III』 (2003)
제1지구 (246-3번지 외)	1997	국립문화재 연구소	주거지 8, 3중 환호	토기, 기와, 철기 등	『풍납토성 I』
토성 동벽 (236번지 외)	1999	국립문화재 연구소	판축성곽	발, 난형호	『풍납토성II』 (2002)
경당연립 (136번지 외)	1999 ~2000	한신대학교	제사유구, 주거지 다수, 각종 수혈 등	회유도기, 토기, 자기, 기와, 철기, 구슬 등	『풍납토성IV』 (2004)
외환은행 부지 (281-1)	2000	국립문화재 연구소		삼족기, 대옹	사적 지정
미래마을 부지 (297번지 외)	2000	〃	기와무지, 도로, 주거지 등	토기, 기와 등	사적 지정 (2001. 4. 28.)
삼표산업 사옥 부지 (309-6번지 외)	2002	〃	성곽 및 해자(?)	경질무문토기 등	
경당지구	2008	한신대학교	우물지, 주거지, 수혈 등	토기, 회유도기, 기와류, 어망추 등	
소규모 건축예정지 다수	2001 ~2008	국립문화재 연구소	우물, 주거지 등	대호 및 각종 토기	

어 풍납토성 보존의 문제가 크게 대두되었다.

이러한 경당지구의 조사를 통해 풍납토성의 중요성이 연구자들에게는 물론 국민들에게도 재인식되면서, 성 내부의 개발 시에는 소규모라도 필히 조사를 실시하는 조치가 본격적으로 취해지기 시작하여 현재에도 착실히 시행되고 있으며, 그러한 조사를 통해서도 목제木製로 결구結構한 우물 등이 확인되는 등의 성과를 올리기도 하였다.

2000년의 발굴조사 가운데 성의 서남측 경계지점에 해당하는 삼표산업 부지에서는 서측 성벽의 존재 여부가 논란이 된 바 있고, 그 북측의 미래마을 부지에서는 도로, 대형의 기와폐기장, 저장시설 등 다양한 유구와 유물들이 속속 확인되어 당시 문화에 대한 이해의 폭이 점차 넓어지고 있다. 그리고 2008년에 실시된 경당지구에 대한 재발굴조사에서는 백수십 점의 토기가 매납埋納된 대형의 우물이 발견되어 또 한 번 학계와 국민들의 관심을 모은 바 있다. 이 발굴은 1999~2000년의 기간에 마무리하지 못한 부분을 최종적으로 확인하기 위한 조사였지만, 그러한 새 유구의 확인을 통해 이곳이 풍납토성 내에서도 제사·제의와 관련된 핵심지점임을 재인식하게 되었다.

이렇듯 지속적인 조사에 의해 풍납토성의 성격이 조금씩 밝혀져나아감에 따라 이를 주제로 한 학술대회가 자주 개최되어왔고, 국내외 전공자들은 물론 주민 대표자까지 함께 참석한 가운데 그 보존과 향후의 대책문제를 다루는 국제심포지엄이 열리기도 하였으나, 아직까지 바람직한 대책이 제대로 세워져 있지 않은 안타까운 상황이다.

3. 각 지점별 발굴조사 성과

(1) 초기 발굴의 성과—토성 남측 조사

1997년 공사 중 유적이 확인된 신우연립(현대아파트) 부지 및 그 남측에 대한 발굴에서부터 대단히 중요한 사실들이 밝혀지기 시작하였다. 먼저 하층에서 원삼국시대에 방어용으로 축조된 것으로 보이는 3중의 환호環濠가 확인되었으며, 그 이후 환호의 상부나 주변에 평면 6각형 형태의 삼국시대 초기 주거지들이 축조되었음이 파악되어 이 토성 내부에 누층적인 문화층이 형성

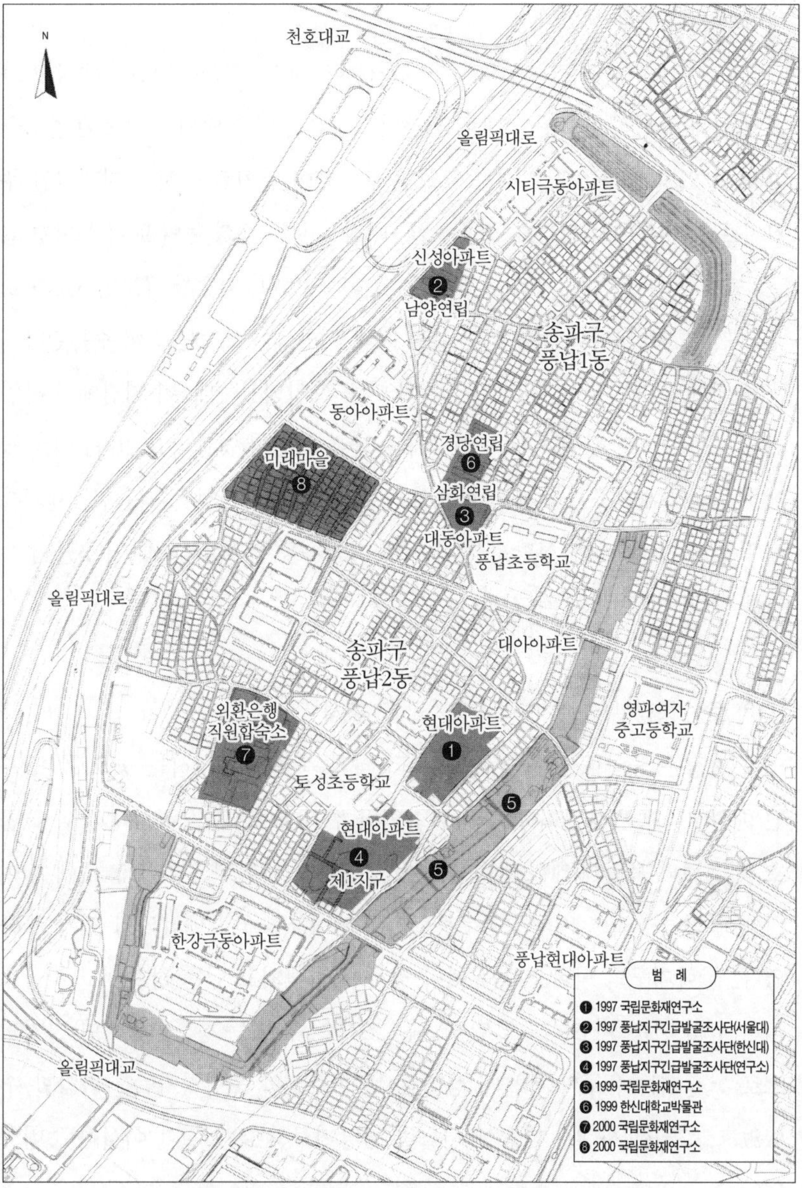

| 그림 1 | **풍납토성 발굴지점**(한신대학교박물관, 『풍납토성III』, 2003)

되어 있음을 알게 되었다.

삼국시대 초기의 주거지 19기 중 대형(길이 10여m, 폭 7m 정도)에 속하고 화재에 의해 완전히 탄화된 상태로 노출된 2, 3호는 남쪽 단벽에 돌출된 출입구가 붙어 있고 동북쪽 단벽에는 터널형 부뚜막이 설치된 당시의 전형적인 주거지로서, 내부에서 단경호·대옹·발·대접·시루·뚜껑 등의 토기, U자형 삽날·도자 등의 철기 및 기타 토제품 등이 출토되었다. 비슷한 규모인 5호의 경우는 기둥구멍 바닥에 돌을 깐 초보적 형태의 초석이 보이는 점이 주목된다.

그 외에도 폐기장 및 기타 유구들이 다수 확인되었는데, 이 지점에서 확인된 유구들의 시기에 대해서는 연구자들 간에 의견이 엇갈리고 있다. 예를 들어 국립문화재연구소의 경우 환호와 일부 주거지의 상한을 기원전 1세기까지 올려 보는 데 비해, 상당수의 이 시대 전공자들은 원삼국시대 유구들의 시기를 상대적으로 늦게 보고 있다.

(2) 토성 중앙부(삼화지구 · 경당지구)의 조사

이 지점은 풍납토성의 중앙으로부터 약간 북측에 해당하는 곳으로, 1997년 한신대학교 박물관이 발굴한 삼화연립 부지에서는 원삼국시대의 삼중 환호 및 소토와 목탄이 채워진 수혈 등이 조사되었는데, 얕고 긴 구溝 내에 20여 점에 달하는 완형完形의 경질무문토기硬質無文土器들이 매납되어 있기도 하였다. 삼화지구의 발굴조사는 이미 공사가 시행되고 있는 상황에서 시작되어 지구의 서북측 모서리 일부 밖에는 조사할 수 없는 상황이었지만 밀집적으로 노출되는 유구와 유물의 상태로 보아 토성의 중심지역임을 파악할 수 있었고, 그러한 사실은 다음에 서술할 경당지구의 조사 결과 여실히 증명되었다.

1960년대의 조사부터 이 시기까지의 조사내용을 종합해볼 때, 성내 거의

| 그림 2 | **경당지구 9호, 44호 유구**(한신대학교박물관, 『풍납토성III』, 2003)

대부분의 지역에 원삼국시대부터 다중의 환호를 두른 취락이 존재하고 있었고, 백제로 발전해가던 어느 시점에 성벽이 축조되었다는 추정이 가능하게 되었다.

한편 경당지구는 삼화지구에서 북측으로 길 하나 건너에 위치한다. 역시 한신대학교박물관에 의해 이루어진 이 지점의 발굴은 1999년 9월~2000년 5월의 기간 동안 실시되었는데, 현지 여건상 전체 부지 약 2,300평 가운데 중앙 부분의 1,100평 정도에 대해서만 조사를 실시할 수 있었다.

이곳의 층위는 상·중·하로 구분된다. 상층에는 9호 유구·주거지·각종 폐기장·구·옹관묘 등이 분포하고, 중층에서는 44호 유구·주거지·저장공·각종 수혈 등이 확인되었으며, 경질무문토기의 비중이 높은 하층에서는 주거지·구·수혈 등이 조사되었다. 이 지점에서 윤곽선이 확인된 유구들은 모두 220여 기에 달하는데, 그 가운데 가장 대표적인 9호와 44호(그림 2)에 대해 상세히 소개하고 나머지는 개괄적으로 설명하고자 한다.

1) 9호 유구(대형 수혈)

길이 1,350cm×폭 520cm×깊이 300cm 규모의 장타원형 수혈로서 고배高杯 78점, 개배蓋杯 19점, 삼족기 56점, 뚜껑 241점, 직구단경호直口短頸壺 91점, 광구단경호廣口短頸壺 34점, 호류壺類 321점, 심발형토기深鉢形土器 207점, 장란형토기長卵形土器 74점, 시루 및 동이 121점 외에 직구유견반형호直口有肩盤形壺, 세洗, 기대器臺, 이배형토기耳杯形土器, 완碗, 대부호臺付壺, 파수把手, 대옹, 경질무문토기 등 다종다량의 토기류, 중국도자기(시유도기편 16점, 흑유자기편 2점, 청자편 1점), 와전瓦塼류 113점, 원반형 토제품 57점, 토제품 130여 점, 송풍관送風管 6점, 철기 10여 점 및 철재鐵滓와 단조박편鍛造薄片, 석기류 10점, 토제 어망추 13점, 토제 방추차紡錘車 4점, 유리 및 광물류(옥, 유리재, 운모, 탄정炭精 등), 동식물 유체(말이나 소머리 10점, 멧돼지 치아 3점, 어류와 조류의 뼈, 매실과 견과류 등) 등 다종다량의 유물이 출토되었다.

그 규모와 유물 면에서 현저한 차이를 보이는 이 9호 유구는 다음과 같은 사실들에서 종교적 제의행위와 관련된 것으로 판단되고 있어 특히 주목된다. 첫째, 말과 소의 뼈로 보이는 상악골과 하악골 10개체분이 수회에 걸쳐 폐기된 점이다. 이러한 사례는 해외에서도 신에 대한 제사, 장송의례, 토목공사의례, 전쟁의례 등에서도 보이는 것으로서 토기 등 다른 제의 관련 유물과 함께 두 세대 정도의 기간 동안 폐기된 것으로 추정된다.

둘째, 일본에서 기우제 등의 제사에 사용되는 마형馬形 토제품 및 소형 모조품(토제 및 석제와 옥류玉類)이 다수 출토되었으며, 마형 토제품은 제의과정에서 인위적인 훼손행위가 있었던 것으로 보인다.

셋째, 도교에서 선약仙藥으로 인식되는 운모와 도교와 관련될 가능성이 있는 탄정이 출토되었다.

넷째, '대부大夫'와 '정井'이라는 명문이 새겨진 직구단경호(그림 3)들이 출토되었는데, 대부는 도교의 대표적 선인인 팽조彭祖와 관련된 것으로, 정은 벽사辟邪의 의미를 갖는 것으로 보는 견해가 있다.

다섯째, 고배·삼족기·뚜껑과 같은 소형의 토기들은 일부분이 훼손된 채 출토되었다. 이것들은 대부분 석제 방망이와 같은 도구로 때리는 인위적 행위에 의한 것으로서, 모종의 제의과정에서 신이나 죽은 자의 기물이라는 의미가 부여된 결과로 해석되고 있다.

이와 같은 종교적 속성이 보이는 사실들 외에도 소가야계 토기, 중국의 도자기, 일본의 하니와埴輪로 보이는 토기 등이 출토되어 한성백제의 국제성이 파악되는 점과 수공업적 생산과 관련된 슬랙slag·단조박편·송풍관편·노벽편 등도 출토되었다는 점도 주목된다.

그리고 이 9호 유구는 발굴로 인해 개발이 지연되는 데 불만을 품은 주택

| 그림 3 | **경당지구 9호 유구 출토 대부명토기**(한신대학교박물관, 『풍납토성III』, 2003)

조합장에 의해 굴삭기로 파괴되는 수모를 당하였고, 이 사건이 계기가 되어 경당지구 유구들은 물론 풍납토성의 상당 부분이 보존되는 결과를 낳았다는 점에서도 그 의미가 크다.

2) 44호 유구

9호 유구보다 층위적으로 아래에 위치하는 이 유구는 동서 16m, 남북 14m 이상의 규모로서, 평면 방형에 출입구가 붙어 있어 여呂 자형을 이루고 있다. 유구의 주위는 바닥에 두 겹의 판석(薄石)을 깐 도랑이 둘러져 있으며, 그 내부는 사질토가 일부 포함된 목탄이 충전되어 있었다. 점토를 두껍게 바른 유구의 바닥은 심한 화재로 경화되어 있었고, 내부에서는 유물이 거의 출토되지 않았다.

이 유구는 입구를 좁게 한 특수한 평면 형태로서, 벽사의 의미를 갖는 숯을 도랑 내에 깔았고 유물은 거의 보이지 않는 점 등으로 볼 때 당시 신전과 같은 기능을 갖고 있었던 것으로 판단되고 있다. 9호 유구와 함께 이 유구도 그 중요성이 인정되어 경당지구가 보존되게 되었다.

3) 기타 유구

220여 기의 경당지구 유구 중 주거지는 대략 20여 기에 달하나 파괴가 심하여 대부분 평면 형태를 제대로 파악할 수 없는 상태였다. 상층(5세기 중후반)에 주로 집중되어 있는 폐기장은 타원형, 말각방형抹角方形, 원형 및 부정형의 형태로서, 그 가운데 127호에는 다량의 호류가 집중 매납되어 있어 주목된다. 그리고 중층에서 다수의 원형 저장고, 상층과 하층에서 구 3기(상층 1, 하층 2)가 발굴되었으며, 다종다량의 유물이 출토된 3세기 후반~4세기 전반의 101호 유구와 각종 파수만 집중 매납된 204호 유구도 9호와 마찬가지로 제사갱祭祀坑으로 판단된다.

한편, 2000년의 발굴에서는 대규모 저수시설로 추정되었던 206호 유구는 2008년도 조사를 통해 저부底部의 목제결구 위에 석축을 한 우물로 판명되었다. 이 유구는 내부 바닥에 백수십 점의 토기가 중첩적으로 매납되어 있어, 그 기능이 단순히 물을 긷는 데 한정되지 않고 주변에 분포한 제사용 유구와 관련된 특수한 목적을 갖고 있었던 것으로 보여진다.

그 외에 옹관묘 14기(상층), 토기제작시설(상층), 중국 시유도기가 집중된 196호 유구, 피뿔고둥과 동물뼈 등이 출토되어 음식 저장창고의 가능성을 보이는 46호 유구 및 조선시대의 삼가마와 유사한 성격을 보이는 18호 유구 등이 조사되었다.

(3) 동측 성벽의 조사

1999년 여름부터 가을까지 국립문화재연구소가 풍납토성의 동측 성벽(235~244번지) 400m 구간 중 A(북측), B(남측) 두 지점을 성 내외를 관통하는 방식으로 절개하여 성벽의 규모가 대략적으로 폭 43m, 높이 11m 정도인 점과 다양한 축조방식이 구사된 사실을 파악할 수 있었다.

이 성벽의 축조방식은 다음과 같다. 먼저 정지整地한 생토층 위에 50cm 정도 두께의 뻘흙을 깔고, 그 위에 판축板築방식으로 사다리꼴의 중심부(하부 폭 7m, 높이 5m)를 쌓은 후, 안쪽과 바깥쪽에 비스듬하게 덧붙여 판축토루를 쌓았다. 안쪽의 경우는 사질토, 모래, 점토다짐흙, 뻘흙을 위주로 쌓았으며 상면에는 토사의 흘러내림을 방지하기 위하여 강돌과 할석割石을 깔았다.

A지점의 경우에는 김제 벽골제, 부여 나성 등에서 확인된 바 있는 부엽공법敷葉工法(뻘흙에 나뭇잎이나 나뭇가지 등의 식물 유기체를 겹겹이 까는 방식)이 구사되었고, 부분적으로 가로 방향의 각재목에 수직목을 결구시킨 구조물이 설치되어 있었다.

성벽 내부에서 출토된 유물은 주로 토기편들로서, 하단부에서 심발형토기, 판축토에서 경질무문토기·회(흑)색연질토기·타날문토기, 상단부에서 동이와 장란형토기의 편들이 출토되어 3세기를 전후한 시기에 축조가 완료된 것으로 보기도 하나, 연대 결정에 있어 토성 내부 출토품은 아무래도 2차적 참고자료라는 점을 명심할 필요가 있다.

(4) 서측 지역의 조사

1925년의 을축년 대홍수로 인해 성벽이 유실되어버린 풍납토성의 서측 지역에 대한 조사는 다른 지역에 비해 상대적으로 늦게 시작된 셈이다. 2000년에 외환은행 부지와 미래마을 부지에 대한 시굴조사가 이루어졌으며, 2002

| 그림 4 | **풍납토성 동측 성벽 단면**(국립문화재연구소, 『풍납토성II』, 2002)

년에는 (주)삼표산업 사옥 부지에 대한 시굴조사가 실시되었다.

건물 5개동과 테니스장이 남아 있던 외환은행 직원합숙소 재건축 부지에서는, 시설물들 사이에 모두 11개의 트렌치를 설치하여 조사를 진행한 결과 평균 깊이 2.5~3.5m의 지하에 원삼국시대~백제의 유물포함층이 잔존하고 있음이 확인되어 본격적인 발굴로는 이어지지 않은 채 사적 11호에 추가되는 조치가 이루어졌다.

서측 중앙부의 주택지와 도로변 상가가 포함된 미래마을 재건축 부지는 총 6,400평 정도의 면적으로, 2000년의 시굴조사에서 지하 2m부터 백제의 유구 및 유물포함층이 확인되어 국립문화재연구소가 전면적인 발굴을 실시하기 시작하였으며, 기와 집중폐기장, 도로유구, 주거지, 저장시설 및 각종 폐기장 등이 속속 발굴되어 현재에 이르고 있다. 그리고 2002년에 실시된 (주)삼표산업 사옥 부지에 대한 시굴조사를 통해 토성 성벽으로 보이는 층위와 그 바깥쪽의 해자로 보여지는 유구가 확인되어 그 진위 여부를 놓고 논란이 있었는데, 같은 해 문화재위원회 심의를 거쳐 사적으로 지정되었다.

4. 유적의 성격과 역사적 의미

(1) 중요 유구의 성격과 의미

풍납토성은 1963년의 최초 조사 이후 장기간 방치되었으나, 1997년 이후 10여 년간에 걸쳐 여러 지점에서 다양한 유구들이 조사됨으로써, 현재 밝혀진 것과 같이 둘레 약 3.5km, 내부면적 약 26만평에 달하는 대규모 유적이라는 사실이 새롭게 인식되었을 뿐만 아니라 지하 2.5m~4m의 깊이에 여러 시기의 유구들이 중첩되어 있어 원삼국시대에서 백제로 이행되는 고대국가 형성과정을 보다 상세히 밝힐 수 있게 되었다. 이러한 데 기초하여 하남위례성과 백제왕성의 위치 및 한성백제의 도성체제에 대하여 이제와는 다른 시각에서 검토해야 하는 상황이 되었다.

다만 누층양상을 보이는 성내 문화층과 성벽의 축조시기에 대하여는 연구자에 따라 견해를 달리하고 있어 조속히 해결해야 할 중요 과제가 되고 있다. 예를 들어 성벽과 다수의 지점들을 조사한 국립문화재연구소에서는 채취된 목탄, 목재 및 토기에 대한 방사성탄소연대측정과 열발광연대측정 결과에 기초하여 기원전에 주민들이 이 지역에 정착하였고 늦어도 3세기를 전후한 시기에 성벽의 축조가 완료된 것으로 보고 있으나, 대부분의 지점들에서 확인된 원삼국시대의 주거지 및 기타 유구들은 시기가 그렇게 올라가지 않는 것들이라는 데 문제가 있다.

그렇다 하더라도 한신대학교에서 발굴한 경당지구 101호 유구에서 유물상이 원삼국시대에서 백제로 점진적인 변화를 보이는 점이 파악되고, 같은 지구 196호 유구에서는 중국 남부 지역에서 제작된 3세기 중후반의 시유도기가 다수 출토되어 당시에 이미 중국과의 교섭이 활발히 이루어지고 있었던 사실이 확인되는 등, 원사시대에서 고대사회를 향해 나아가던 백제의 계기적인 발전상이 보다 구체적으로 속속 밝혀지고 있는 점은 최근의 발굴조사가 올린 중요한 성과라 하겠다.

이제까지 조사된 이후의 4~5세기 유구들 중 가장 중시되는 것은 역시 같은 경당지구 내의 두 제사 관련 시설(9호와 44호)이라 할 수 있다. 여呂 자형의 44호 유구는 그 규모나 특이한 구조로 보아 신전이나 사祠로 추정되고, 제의 행위 후 폐기물을 버리던 타원형의 수혈인 9호 유구는 그 내부에서 다수의 말 머리뼈, 도교와의 가능성이 지적되고 있는 '대부大夫' 및 '정井' 자 명문의 토기, 운모와 탄정, 인위적으로 파손시킨 소형 제의용 토기들, 말 모양 토우, 등자, 생선뼈, 매실 등 다종다량의 유물들이 출토되어 그러한 기능의 유구였다는 사실에는 의문의 여지가 없다. 층위적으로 상층에 해당하는 이러한 유구들의 존재를 통해 이 토성의 중심부 지역에서 국가적 차원의 제사행위가 이루어지고 있었음을 알게 되었다는 점이 경당지구의 발굴에서 얻은 최대의 성과라 할 수 있다.

그리고 2008년에 발굴된 우물(206호 유구)도 그 규모, 구조 및 매납된 다수의 토기들이 경당지구 일원이 단순 생활공간이 아니고 제의나 특수기능을 갖는 곳이었음을 말해주고 있어 대단히 중요한 의미를 갖는다.

그 외에 성벽의 절개를 통해 그 규모가 저부 폭 40m 이상, 높이 10여m에 달하고, 판축에 의해 축조되었다는 사실 등이 밝혀졌다. 이에 대해 그러한 규모의 역사役事는 막대한 인력과 물자의 동원이 필요한 것이고, 이는 곧 이 토성이 왕성임을 말해주는 것이라는 견해가 제시되고 있다.

이러한 각종 유구들에 대한 발굴조사를 통해 풍납토성의 세부적 성격이 하나둘씩 밝혀지면서 남측에 위치한 몽촌토성에 비교되지 않을 정도로 그 중요성이 크다고 하는 인식이 보다 확실히 자리잡아가고 있는 상태이며, 당시 백제의 중앙과 지방을 총체적으로 이해할 수 있는 시각의 폭도 점차 넓어지고 있다는 점에서 이 토성에 대한 최근의 조사는 한성백제 역사문화 연구에서 획기적으로 중요한 의미를 갖는 셈이다.

(2) 출토 유물들의 중요 시사점

무엇보다도 이 유적 각 지점에서 출토된 각종 유물들은 그 위격位格이 백제지역 전체에서 가장 높은 수준이라는 점에 특징이 있다. 그 가운데에서도 토기는 당시의 지방에 해당하는 지역의 그것들보다 성형이나 소성燒成의 기술이 보다 우수한 수준의 것들이라는 점이 주목된다.

토제품 가운데는 토기 다음으로 와전류가 중요한 위치를 차지하고 있다.

이러한 사실은 당시 수많은 가옥들이―비록 부분적이라고는 생각되나―지붕에 기와를 사용했고 바닥에 넓은 전돌이 깔린 도로 등이 존재하였음을 말해주는 것으로서, 당시 도성의 각종 구조물들이 가장 선진적 수준의 시설이었음을 말해준다는 데 중요한 의미가 있다.

그리고 앞서 설명한 시유도기 외에 청자, 오수전五銖錢 및 북조 계통의 연화문와당과 같은 중국 유물들이 여러 유구들에서 상당수 출토되고, 극소수이나마 일본의 원통형 하니와로 보여지는 토기나 소가야 계통의 고배뚜껑이 확인된 점 등은 당시 백제의 국제적 위상을 설명해주는 중요한 자료들로 평가된다. 뿐만 아니라 5세기 이후의 여러 유구들과 2008년에 발굴된 우물(206호 유구)에서 출토된 충청권 이남의 토기들은 이 시기에 한성백제의 중앙세력이 보다 광범위한 지역을 지방으로 편입하여 지배하고 있었음을 보여주는 것으로 해석되고 있다.

한편 토성의 중앙부에서도 용범鎔范이나 슬랙 등 수공업과 관련된 유물들이 출토되어 당시 중요한 생산시설들이 성의 중심부에 존재하였을 것으로 추정되었으며, 그러한 점은 중국 고대의 성들에서 보이는 관영적 수공업공방의 양상과 유사하다고 하겠다.

5. 맺음말

풍납토성은 한성백제의 역사를 밝히는 데 있어 가장 중요한 유적임에도 불구하고 초기의 잘못된 인식으로 장기간 방치되어 오다가 1997년의 우연한 발견 이후부터 획기적인 전환기를 맞게 되었다. 그동안의 약 10년간 성내의 10개소에 달하는 주요 지점들과 그 외의 수십 군데에 달하는 소규모 건축행위 지점들에 대한 조사를 통해 토성의 성격이 서서히 밝혀져 왔다.

그 가운데에서도 중심부에 해당하는 경당지구와 동측의 성벽 등에 대한 조사 결과, 이 토성의 축조시기와 당시 백제의 고대국가적 위상 등이 보다 상세히 파악되면서 이 성이 한성백제의 왕성이라는 설이 보다 힘을 얻게 되었다.

아울러 그러한 발굴과정과 결과에 대한 분석을 통해, 우리나라 고대의 역사와 문화를 복원하고 해석하는 데 있어 고고학적 조사와 연구가 보다 중요한 중심적 역할을 해야 하고, 할 수밖에 없다는 사실을 통감하게 되었다는 데도 중요한 의미가 있다.

여하튼 이 토성의 성격 구명究明을 위한 조사사업에 있어 아직 부족한 부분이 많기는 하지만, 차후 이 토성에 대한 지속적 조사사업을 통해 한성백제 역사의 베일을 하나둘씩 벗겨나아가야 할 것이고, 그 중요성에 걸맞게 이 유적에 대한 합리적이고 체계적인 보존대책도 조속히 수립해야 할 것이다.

고고학 자료로 본 초기 백제의 성장

김기섭

1. 백제역사와 고고학 자료의 특징

한국고대사에서 백제사 연구는 아직도 외곽에 속한다. 문헌자료의 절대부족이라는 굴레에 단단히 매여 있기 때문이다. 다행히 근래 다양한 연구방법론이 제시되고 고고학·인류학·미술사학 등 인접학문과 교류가 긴밀해지면서 연구성과가 급증하였다. 특히 고고학 분야의 영향이 컸다. 1980년대부터 도시개발 바람을 타고 각종 유적에 대한 발굴조사가 급격히 늘어난 덕택이다.

金起燮 서울역사박물관 한성백제박물관건립추진반 학예연구팀장.
저서로는 『주제별로 풀어쓴 한국사강의록』(가람기획, 1998), 『백제와 근초고왕』(학연문화사, 2000), 『백제 지방세력의 존재양태』(공저, 한국학중앙연구원, 2005), 『사료를 보니 백제가 보인다』(주류성, 2006), 『한성백제의 역사와 문화』(공저, 서경문화사, 2007), 『부여사와 그 주변』(공저, 동북아역사재단, 2008) 등이 있고, 편역서로는 『고대한일관계사의 이해-왜倭』(이론과 실천, 1994)가 있다. 논문은 「백제 전기도성에 관한 일고찰」(『청계사학』 7, 1990), 「한성시대 백제의 왕계에 대하여」(『한국사연구』 83, 1993) 등 40여 편이 있다.

고고학이란 사람이 남긴 물질적 흔적을 통해 그 문화와 역사를 밝히는 학문이다. 옛사람이 남긴 물질흔적은 대개 무덤 · 집자리 · 성곽 · 절터 · 공방 · 논밭 · 제사터 · 도로 · 쓰레기장 등의 유적과 그곳에서 출토된 유물들인데, 어느 시기에 어떤 사람들이 어디에서 무엇을 먹고 입고 사용했는지를 잘 보여준다. 다만, 물질흔적은 어느 한 시점의 외형적 산물이므로 그것이 '왜' 생겼으며 '어떻게' 이런 모습으로 남게 되었는지에 대해서는 전혀 알려주지 않는다. '언제' '누가' 이런 흔적을 남겼는지 분명치 않은 경우도 많다. 그저 연구자의 합리적 추측으로 옛 모습을 재구성할 뿐이다. 그러다 보니 연구자의 추측이 저마다 다른 경우도 생긴다. 예를 들면, 어떤 이들은 풍납토성을 서기전 1세기경에 처음 쌓았으며 늦어도 2세기 중엽에는 지금과 같은 모습이 되었다고 추측하지만, 어떤 이들은 일러도 3세기 중엽 이후에야 지금의 성벽을 쌓기 시작했다고 추측한다. 어떤 이들은 방이동고분군을 백제 사람들의 무덤이라고 추측하고, 어떤 이들은 신라 사람들의 무덤이라고 추측하며, 어떤 이들은 원래 백제 사람들의 무덤이던 것을 나중에 신라 사람들이 다시 사용했다고 추측한다. 이처럼 고고학자들의 해석이 서로 엇갈린 사례는 이루 셀 수 없을 정도로 많다.

언제 어디서 누가 무엇을 어떻게 왜 했는지 분명하고 자세하게 전하는 것은 역시 문헌자료이다. 특히 역사기록은 보통 사건이 일어난 배경과 이유, 전개과정, 결과 등을 일목요연하게 정리하므로 설득력과 공신력이 매우 강하다. 다만 문헌자료, 역사기록은 대개 상당히 주관적이고 감정적이며 정치적인 인간이 특수한 목적을 띠고 일정한 형식과 제약 속에서 만들고 남기는 것이므로 사실을 잘못 알리거나 속일 수 있다는 단점이 무섭다. 기록을 통해 접근하고 복원한 역사적 사건들이 대개 정치사가 되는 것도 그 때문이다.

앞뒤의 전개과정이 생략된 결과로서의 물질을 연구대상으로 삼는 유물론의 고고학, 그리고 다분히 주관적이며 추상적인 기호로 구성된 옛 기록을 다루는 문헌사학은 서로의 강점과 약점이 상호보완적이다. 가령 한국고대사의 경우, 정치사는 주로 문헌자료를 통해 재구성하고 생활·문화사는 고고학 자료를 많이 이용해 복원하는 방법이 좋다. 물론 몇몇 고고학 자료는 정치사를 복원하는 데에도 매우 유용하다. 이유와 배경 설명이 생략된 단순 증거물이므로 자칫 어느 특정 역사관 내지 역사해석의 부수적 물증에 머물 여지가 많지만, 문헌사료의 공백이 큰 경우에는 그 자체로 매우 강력한 추론 근거가 될 수 있다.

백제사는 사료의 공백이 많은 분야이다. 그만큼 백제역사를 재구성하는 일은 어렵고 위험하다. 건국시기와 세력기반, 왕위계승과 통치체제, 강역疆域과 대외관계 등 논란거리도 유독 많다. 그러므로 백제 초기의 국가 성장 과정을 몇몇 고고학 자료로 추측하고 복원하려는 것은 고고학의 한계를 넘는 시도일 수 있다. 여기에서는 단지 여러 고고학 자료를 모아 비교·검토함으로써 백제 초기사에 대한 해석의 기반을 튼튼히 하고 싶다.

2. 백제의 국가형성과 문화기반

『삼국사기』「백제본기」에 실린 건국설화에 의하면, 백제는 고구려 시조 주몽朱蒙의 아들인 온조溫祚가 남쪽으로 내려와 한수漢水 남쪽에서 서기전 18년에 세운 나라이다. 같은 이야기가 『삼국유사』를 비롯해 『고려사』·『동국여지승람』 등 이후의 역사·지리서에도 실려 있다. 옛 이야기의 내용에 따라 고고학 분야에서는 ① 고구려와의 문화적 연관성, ② 한강 남쪽에 건설한 왕도王都, ③ 서기전 18년에 해당하는 관련유적 등을 찾으려 노력하였다.

가장 주목받은 유적은 지금의 서울시 송파구 석촌동·가락동·방이동 일대에 밀집 분포하던 수많은 고분들이다. 석촌동 일대가 한강 남쪽인데다 고구려의 대표적 묘제墓制인 돌무지무덤(積石塚)이 무리를 이루었기 때문인데, 1916년경까지만 해도 석촌동의 강변 둔치에는 돌무지무덤 66기, 봉토분封土墳 23기가 남아 있었다고 한다. 고구려에서 돌무지무덤은 1~5세기에 왕과 귀족들의 무덤이었던 만큼 특별한 의미를 지니는 문화요소이다. 석촌동의 돌무지무덤도 마찬가지다. 석촌동 3호분의 경우 3단 이상의 계단식 돌무지무덤으로서 동-서 길이 50.8m, 남-북 길이 48.4m이며, 높이는 대략 4.5m 이상으로 추정되는데, 고구려의 왕릉급 돌무지무덤과 비교해도 매우 큰 편이어서 백제의 영걸 근초고왕의 무덤일 것이라는 견해가 우세하다. 이처럼 한강 유역에서 발견되는 돌무지무덤은 백제 시조왕(온조)이 고구려 시조왕(주몽)의 아들이라는 건국설화를 자연스럽게 뒷받침한다.

그렇다면 온조가 한강 남쪽에 건설했다는 왕도는 지금의 어디일까? 지금 우리 사회에서는 대개 도심에서 멀리 떨어진 구릉이나 산에 무덤을 만들지만, 교통이 불편하고 거주지도 마음대로 옮길 수 없었던 고대에는 그렇지 않았다. 산 사람들과 죽은 사람들의 영역 구분이 분명하지 않아서 집·마을과 무덤의 거리가 매우 가까웠던 것이다. 심지어 마을 안에 무덤을 만들기도 하였다. 이러한 사실은 신라의 왕도였던 경주에 가면 당장 알아챌 수 있다. 신라왕성인 월성月城 가까이에 오릉五陵을 비롯한 초기 왕릉구역이 자리 잡고 있으며 나머지 왕·귀족들의 무덤도 도심 주변 평지 이곳저곳에 분포하기 때문이다. 고구려도 크게 다르지 않았다. 한때 고구려의 왕성이던 지안集安의 국내성·환도산성 주변과 평양의 안학궁성安鶴宮城 주변에는 수백·수천 기의 무덤 떼가 조영되어 있다. 중국의 경우에는 춘추전국시대 연燕나라 도성이던 하도下都가 대표적 사례인데, 성안의 궁궐구역 바로 옆에 왕족·귀족들의 공동묘지를 조성해놓았다.

석촌동에 백제왕릉이 분포했다는 사실을 전제로 백제의 왕성·도성을 인근에서 찾아보면, 동북쪽으로 약 1.6km 떨어진 곳에 몽촌토성이 있고, 북쪽으로 약 2.2km 떨어진 곳에 풍납토성이 있다. 둘 다 한강변에 위치하지만, 풍납토성은 성벽이 제방을 겸할 정도로 강물과 바로 접하는 평지성이며, 몽촌토성은 강물로부터 1km 가까이 떨어진 야트막한 자연구릉에 쌓은 일종의 산성이다. 두 성벽 사이의 거리는 약 700여m이다.

몽촌토성의 성벽 둘레는 2,285m이다. 구릉의 높은 곳은 깎아서 다듬고 낮은 곳은 다져 쌓아올려 성벽을 만들었으므로 하늘에서 내려다보면 성벽 모양이 마름모꼴에 가깝지만 구불구불 일정하지 않다. 남쪽 성벽과 북쪽 성벽 사이의 직선거리는 최대 730m이고, 동쪽 성벽과 서쪽 성벽 사이의 가장 먼 거리는 540m이다. 동문과 북문 사이의 성벽 바깥에 위치한 작은 구릉 능선에서도 둘레 약 270m의 외성 흔적이 발견되었다.

풍납토성의 성벽 둘레는 약 3.5km로서, 남쪽 성벽 길이 200m, 동쪽과 서쪽 성벽 길이 각각 1,500m, 북쪽 성벽 길이 300m 정도인데, 하늘에서 내려다보면 마치 한강변에 정박한 옛날 한식韓式 나룻배처럼 생겼다. 홍수와 도로·주택공사로 인해 서쪽 성벽 대부분이 파괴되고 불과 300m 정도만 흔적이 남았으며, 동쪽 성벽도 300m 정도가 주택과 도로 때문에 끊기고 말았다. 1999년에 국립문화재연구소가 동남쪽의 성벽 두 곳을 발굴조사하여 성벽의 폭은 약 43m이고, 높이는 약 11m 이상으로 추정되며, 오늘날의 댐공사를 연상시킬 정도로 매우 과학적이고 복잡한 방법으로 쌓았다는 사실을 알아냈다.

몽촌토성은 1980년대에 내부를 여러 차례 부분적으로 발굴조사하였고, 풍납토성은 1997년부터 지금까지 연차적으로 발굴조사해오고 있다. 그 사이 성벽 안팎에서 많은 유구와 유물이 발견·출토되었는데, 특히 풍납토성 안에서는 성벽보다 앞선 시기의 초보적 방어시설인 3중 환호環濠와 범상치 않은 크기·모양의 각종 건물지, 그리고 자갈로 곱게 포장한 도로 등이 발견되었다. 세 겹의 환호는 한강 남쪽에서 백제 사람들이 가장 먼저 밀집 거주한 지역이 풍납동 일대일 가능성을 보여주며, 대형 지상·수혈 건물지와 포장도로는 국가적 규모의 공공시설이 풍납토성 안에 있었음을 시사한다. 그중 일부는 백제 궁궐의 일부라고 믿는 이가 적지 않다. 기록 속의 백제왕성인 하남위례성河南慰禮城과 남성南城·북성北城으로 이루어진 한성漢城이 오늘날의 풍납토성과 몽촌토성에 해당한다는 것이다.

그렇다면 백제의 국가형성에 관한 『삼국사기』의 기록은 모두 정확한 것일까? 서울 송파구 일대의 무덤과 성곽을 통해 ① 고구려와의 문화적 연관성과 ② 한강 남쪽에 건설한 왕도는 확인한 셈이지만, ③ 서기전 18년에 해당하는 백제 유적은 아직 찾지 못하였다. 지금까지 몽촌토성에서 출토된 유물들은 대개 4~5세기에 만들어진 것이며, 풍납토성에서 출토된 유물들은 대체로 3~5세기에 해당하기 때문이다. 물론 일부에서는 풍납토성의 3중 환호를 기원 전후에 만든 방어시설, 그 바깥의 풍납토성은 늦어도 2세기경에 쌓은 성벽이라고 해석하기도 한다. 그러나 다른 연구자들은 3중 환호에서 3세기 중엽에 만들어진 토기들이 출토된 점을 근거로 3세기 중엽 이후에야 풍납토성을 쌓았을 것이라고 추측한다. 이러한 추측은 석촌동고분군 조사결과와도 대체로 부합한다. 고구려와의 문화적 연관성을 보여주는 돌무지무덤들이 대개 4~5세기에 만들어졌을 것으로 보이며, 그 축조시기를 조금 앞당겨 보더라도 3세기 중엽 이후이기 때문이다. 석촌동고분군에서 가장 이른 시기에 만들어진 무덤은 1986년에 석촌동 3호분 동쪽에서 조사된 움무덤(土壙墓) 무리인데, 무덤의 층위와 출토 유물을 감안할 때 축조시기는 대체로 3세기경이거나 2세기 후반까지 거슬러 올라갈 수 있다. 고구려와의 문화적 연관성을 무시하고서 백제 초기 중심지에서 가장 이른 시기의 무덤을 찾는다 해도 지금으로서는 2세기 후반이 추정의 최대치인 것이다.

그런데 고고학 자료의 이러한 편년은 묘하게도 중국 역사서 『삼국지三國志』 한전韓傳의 기록과 대략 일치한다. 『삼국지』는 진晉나라의 진수陳壽가 3세기 후반에 지은 책으로서 3세기 초·중엽의 한반도 상황도 간략히 묘사하였는데, 백제에 대한 기록이 전혀 없다. 그 대신 한반도 남부에 위치한 삼한三韓 중 마한馬韓을 구성하는 54개 소국의 하나로서 여덟 번째에 백제국伯濟國을 적어두었을 뿐이다. 이에 학자들은 대개 백제국이 성장해서 뜻이 더 좋은 한자로 나라이름을 바꾼 것이 바로 백제百濟라고 믿는다. 3세기 초·중엽까지 백제가 마한의 작은 구성원 중 하나에 지나지 않았다면, 백제의 국가형성시기도 2세기경을 거슬러 올라가기 어렵다.

고구려가 성장한 압록강 유역에 비해 백제가 성장한 한강 유역에서 국가형성이 많이 늦어진 이유는 무엇일까? 무엇보다 한漢나라가 설치한 낙랑군樂浪郡의 영향이 컸기 때문이다. 서기전 2세기 말에 설치된 낙랑군은 초기의 고압적인 정벌론을 버리고 점차 유화적인 기미책羈縻策을 사용하여 토착사회의 저항을 최소화하면서 400여 년이나 유지되었다. 그 사이 낙랑군은 선진문물을 바탕으로 주변 토착세력과 교역하거나 여러 가지 벼슬을 줌으로써 삼한의 작은 나라들을 회유하고 통제한 것으로 알려져 있다.

주변지역에 미친 낙랑군의 문화적 영향을 가장 잘 보여주는 것은 역시 무덤인데, 낙랑 덧널무덤(木槨墓)의 영향이 한반도 중·남부 지역에서 확인된다. 가평군 달전리에서는 기원전후 무렵에 만든 낙랑계통의 널무덤(木棺墓)·덧널무덤 5기가 발견, 조사되었다. 한쪽 단벽에 부장칸을 설치한 구조였으며, 화분형토기·단경호短頸壺, 주조철부鑄造鐵斧 등 대부분의 유물이 낙랑 지역에서 제작되었을 것으로 추정된다. 은반지가 출토된 원주 법천리 24호분도 낙랑의 영향을 받은 덧널무덤으로 분류되며, 천안 청당동, 청주 송절동의 널무덤도 낙랑과의 연관성이 지적되고 있다. 특히 청주 송절동의 B지구 4호묘는 이혈합장묘異穴合葬墓로서 평양 지역의 합장 덧널무덤과 유사하다.

남한 지역에서 지금까지 낙랑 계통 무덤이 가장 많이 발견된 곳은 대구·경주·울산·김해 등지이다. 대표적인 낙랑 계통 덧널무덤으로서 울산 하대 1호묘, 울산 중산리 Ⅶ-4호묘, 김해 양동리 162·332호묘 등이 널리 알려져 있으며, 널무덤으로는 대구 팔달동 5호묘, 경주 조양동 38호묘, 울산 다운동 나-9호묘, 김해 양동리 70·427호묘, 창원 다호리 1호묘, 함안 도항리 23호묘 등이 손꼽힌다. 특히 김해 양동리의 해발 90m 야트막한 능선 위에 조성된 양동리고분군은 널무덤(木棺墓)→덧널무덤(木槨墓)→돌덧널무덤(石槨墓)으로의 묘제 변화과정이 잘 나타나 변한弁韓에서 가야加耶로의 사회발전을 시사하는 것으로 평가받는다. 양동리고분군에서는 세형동검(427호묘), 청동거울(銅鏡)·쇠솥(鐵鍑, 162호묘)을 비롯한 낙랑 계통 유물 외에도 일본 야요이彌生시대 유물까지 출토되었다. 이는 변진弁辰 지역에서 생산하는 철鐵을 구하려 한韓·예濊·왜倭로부터 사람들이 왔으며 낙랑·대방군에도 공급했다는 『삼국지』의 기록을 뒷받침한다. 또, 창원 다호리에서는 부장갱이 있는 장방형의 깊은 움 안에 통나무를 파서 만든 구유형의 널이나 상자형 널을 안치한 널무덤 44기가 발굴조사되었다. 칠기세트를 비롯한 다양하고 화려한 유물은 대개 낙랑군을 통해 유통된 것으로 추정된다.

생활유적을 살펴보면, 충주 하천리의 주거지에서 수습된 유견철부有肩鐵斧가 낙랑군과 관련이 있으며, 춘천 중도의 주거지에서 출토된 주걱형 화살촉도 낙랑문화에 속하는 것으로 알려진다. 춘천 중도中島와 가평 마장리, 양양 가평리 등지에서 출토된 회흑색 민무늬토기 역시 낙랑토기의 영향을 받은 것이라고 한다. 화성 기안리의 제철유적에서도 다양한 형태의 낙랑 계통 토기가 다량 출토되었다. 그리고 백제의 풍납토성 내부에서도 낙랑 계통 기와와 토기가 발견되었다.

낙랑과 관련된 유적 · 유물의 분포범위를 통해 한 가지 흥미로운 사실이 드러났다. 서기전 2세기 말부터 서기 1세기경까지에 해당하는 낙랑 계통 유물은 북한강 상류 지역과 영남 내륙 지역, 동부 남해안 지역에서 집중 출토되며, 지리적으로 중국·낙랑과 가장 가까운 한반도 중서부 지역에서는 오히려 2세기경까지 관련 유적·유물을 찾기 어렵다는 점이다. 낙랑군이 인근 토착사회의 정치적 성장을 억누르고 원거리의 정치세력을 회유하는 기미책을 썼기 때문이라는 것이 일반적인 해석이다. 이로 인해 한강 하류 지역에서 백제의 국가형성도 늦어질 수밖에 없었다.

3. 백제의 국가성장과 영역확장

풍납토성 안에서 초보적 방어시설인 3중 환호가 발견된 것은 백제역사가 소규모의 읍락국가 단계에서 대규모의 영역국가 단계로 계기적 발전을 이루었다는 뜻이 된다. 처음부터 3.5km 둘레의 거대한 성벽을 쌓았는지는 알 수 없지만, 3세기 중·후반경에 3중 환호를 폐기하고 토성으로 전환할 정도로 정치·경제적 성장을 이루었으며 국가체제를 정비하였던 것이다.

국가성장의 바탕에는 아이러니하게도 낙랑 · 대방군의 문화적 영향이 크게 작용하였다. 백제토기의 특징인 회백색 및 회흑색 태토, 승문타날繩文打捺 기법, 마연磨研 기법, 사절絲切 기법, 강한 회전조정 기법 등은 모두 낙랑토기의 영향이라 할 수 있으며, 특히 흑색마연토기黑色磨研土器는 낙랑의 칠기漆器 제작기법을 토기에 응용한 사례이다. 이처럼 백제와 낙랑·대방군 사이의 특별한 관계가 백제는 '마한에 속한 부여夫餘의 별종으로서 구태仇台라는 사람이 대방帶方의 옛 땅에 세운 나라'[1]라는 건국설화와 제9대 책계왕(286~298)이 대방왕帶方王의 딸을 부인으로 맞았다는 이야기[2]를 만들어낸 듯하다.

여하튼 백제의 국가성장은 필연적으로 마한을 구성하던 50여 개 소국의 몰락을 의미한다. 최초의 희생자들은 아마도 한강 유역에 분포하던 읍락국가들이었을 것이며, 뒤이어 임진강·안성천 유역의 나라들이 백제에 흡수되었을 것이다. 특히 비류왕(304~344) 때와 근초고왕(346~375) 즉위 초엽에 세력확장이 더욱 빨라졌는데, 그 결과가 4세기를 전후한 무렵의 각종 유적에 반영되어 있다. 대표적인 사례로서 화성 기안리·마하리·백곡리, 용인 수지·죽전리·구갈리·마북리, 이천 효양산·설봉산성, 파주 주월리, 포천 자작리 등의 경기 지역 유적들을 들 수 있다. 여기에서는 다양한 형태의 백제토기와 철기들이 출토되었다. 풍납토성·몽촌토성에서 출토된 토기들과 같은 기종, 같은 형태, 같은 재질의 토기들이 다량 출토된다는 것은 그만큼 백제의 정치영역 내지 문화영역이 크게 확장되었다는 뜻이다.

그리하여 늦어도 4세기 후반에는 백제의 영역이 경기 지역을 벗어나 황해·강원·충청 지역으로 확대되었다. 황해도 지역은 유적조사 결과가 잘 알려져 있지 않으나, 황주黃州 토성리에서 출토되었다는 백제토기들이 서울대학교박물관에 소장되어 있어 주목된다. 굽다리접시(高杯) 완형完形을 포함하여 서울대학교박물관 소장품 등록번호 1008호로 등록된 30점의 토기편 가운데 고구려 토기편 2점을 제외한 나머지가 백제토기인데, 굽다리접시(3점)·뚜껑(3점)·시루(3점)·장란형토기(3점)·항아리(15점)·반盤(1점) 등 모두 한강

1 『주서周書』「이역전異域傳」; 『수서隋書』「동이전」; 『북사北史』「백제전」.

2 "고구려가 대방帶方을 치자 대방이 우리에게 구원을 요청하였다. 이에 앞서 왕이 대방왕帶方王의 딸 보과寶菓에게 장가들어 부인夫人으로 삼았으므로 '대방과 우리는 장인과 사위의 나라이니 그 요청에 응하지 않을 수 없다' 고 말하고 마침내 군사를 내어 구원하니 고구려가 원망하였다" (『삼국사기』「백제본기」 책계왕 즉위년).

유역의 생활유적에서 흔히 출토되는 전형적인 백제토기이다. 제작연대는 분명치 않으나 대략 4세기 중엽에서 4세기 후반에 걸친 시기로 추정된다. 토기는 얼마든지 들고 다닐 수 있는 물품이므로 그 의미를 단언하기 어렵지만, 근초고왕 때 백제군사가 패하浿河·평양성平壤城에서 고구려군과 싸웠다는 『삼국사기』 기록을 감안하면 백제가 한때 대동강의 남쪽, 황해도 일대를 장악했다고 볼 수 있다.

강원 지역에서는 춘천의 중도 돌무지무덤이 주목된다. 서쪽의 북한강과 동쪽의 소양강이 만들어낸 충적대지의 강변 낮은 구릉에서 2기가 조사되었는데, 모래와 점토로 4m 이상 바닥을 다진 뒤 강돌로 한 변 15m의 원추형에 가까운 돌무지무덤을 만들었다. 매장주체시설은 주곽主槨과 부곽副槨으로 나뉘는데, 바닥에 잔자갈을 깔고 사이사이에 황갈색의 고운 염토를 채워넣었다. 유물은 주로 부곽에서 출토되었다. 토기는 경질무문토기와 타날문의 직구호直口壺·심발형토기·원저단경호·평저단경호 등이 있으며, 금속기는 철도자鐵刀子·철정·철촉 및 청동제 귀고리가 출토되었다. 보고자는 인근에서 조사된 주거지와의 관계를 감안하여 1~2세기로 편년하였지만, 직구호와 심발형토기를 기준으로 3세기로 추정하는가 하면 구연口緣이 좁고 경질이며 문양이 없는 단경호가 출토된 점에 주목하여 석촌동의 즙석봉토분과 같은 4세기 초엽으로 편년하기도 한다.

충남 지역에서는 근래 도시개발로 인해 많은 유적을 조사하였는데, 특히 천안에서 청동기시대부터 백제시대에 이르기까지 정치적 변화를 시사하는 유적들이 발견되어 관심을 끌었다. 백석동에서 확인된 좁고 긴 장방형 주거지는 청동기시대에 해당하며, 청당동의 주구토광묘周溝土壙墓와 수신면 장산리의 장방형 주거지는 원삼국시대의 지역문화를 대표한다. 백제문화는 대체로 4세기 이후에 조성된 유적에서 나타난다. 야트막한 구릉 위에서 주거지와 토광묘·옹관묘·석실분이 발견된 두정동유적은 4세기 무렵이 중심연대인데, 원저단경호, 평저직구호, 철제 말 재갈과 등자鐙子·교구鉸具 등이 특징적이다.

천안 화성리에서 조사된 널무덤과 덧널무덤에서도 역시 흑색마연토기, 직구단경호, 심발형토기, 은상감 환두대도環頭大刀가 출토되었다. 이곳에서는 예전에 동진東晋에서 만든 것으로 보이는 청자青磁가 수습된 적이 있으며, 그 밖에 광구호廣口壺, 손잡이 달린 바리(鉢), 원저단경호, 살포, 철부鐵斧, 철정, 도자, 꺾쇠 등 흔히 4세기 중·후반으로 추정되는 유물들이 수습된 바 있다. 화성리의 청자는 청주시에서 출토되었다고 전하는 청자 천계호天鷄壺, 강원도 원주시의 법천리에서 수습된 청자 양 모양 그릇(羊形器) 등과 함께 백제의 중앙세력이 휘하의 지방세력에게 나눠준 일종의 정치적 사여물賜與物로 보기도 한다. 그런가 하면 이 유물들이 백제 중심부(석촌동 일대)의 무덤양식과 계통이 전혀 다른 지방의 무덤에서 출토된 점에 주목하여, 천안·청주·원주 등지가 백제의 지배영역에 편입되기는 하였지만 동진의 청자제품을 소유할 정도로 일정한 독자성을 유지했다고 보는 견해도 있다. 한편, 천안 용원리의 구릉 비탈에 널리 분포한 움무덤(土壙墓) 무리와 구덩식 돌방무덤(竪穴式石室墳)에서는 용봉문龍鳳文 환두대도와 중국제 흑갈유黑褐釉 계수호鷄首壺, 흑색마연토기, 은상감 환두대도 등이 출토되었다. 대개 4~5세기로 편년한다.

서산 명지리의 움무덤 무리에서는 환두대도를 비롯한 각종 철제 무기류가 출토되었는데, 4세기 무렵 백제의 중앙 정치세력으로부터 반半독립성을 유지하던 토착집단 내 유력자의 무덤이라는 견해가 유력하다. 서산 부장리고분군에서는 금동관모와 금동이식耳飾, 환두대도, 철제 초두鐎斗 등 상당히 높은 위계를 시사하는 유물들이 많이 출토되었다. 무덤은 대다수가 한 개의 봉토 안에 여러 개의 매장시설이 있는 이른바 토축묘土築墓 혹은 분구묘墳丘墓이다. 그렇다면 서울 지역의 가락동 2호분과 연계될 가능성도 있다.

이 밖에 충남 지역에서는 홍성 신금성, 공주 장원리와 분강·저석리, 서천 지선리와 봉선리, 대전 구성동, 논산 표정리·논치리 등에서 4~5세기 무렵의 무덤·집터·제사터를 조사하였는데, 모두 백제 한성도읍기의 유적으로 분류된다.

충북 청주 지역에서는 유적의 편년과 분포상을 통해 백제의 영역 확대과정을 설명하기도 한다. 송절동·봉명동·신봉동의 움무덤 무리가 대표적인데, 송절동고분군은 대략 3세기 무렵의 이른바 원삼국原三國 시기 무덤으로서 백제에 흡수되기 전 단계의 지역문화를 나타내고, 봉명동고분군은 4세기 무렵의 움무덤으로서 청주 지역이 백제의 영향권으로 들어가는 과정에 형성된 것이며, 신봉동고분군은 청주 지역이 백제에 완전히 편입된 5세기 이후에 만들어진 무덤이라는 것이다.

전라 지역에서 발견된 백제무덤은 대개 5세기 이후에 만들어진 것이다. 그중 군산의 산월리유적이 주목된다. 움무덤·독무덤·주구묘周溝墓·돌덧널무덤(石槨墓)·돌방무덤(石室墳) 등 다양한 무덤들이 주거지와 함께 무리를 이루고 있었는데, 독무덤의 널(棺)로 쓰인 큰독(大甕)은 두툼하고 긴 목, 어깨에 눌러 새겨진 세모 모양의 띠 등이 풍납토성에서 출토된 큰독의 특징을 그대로 나타내준다. 돌방무덤에서는 세발토기(三足器)·뚜껑접시(蓋杯)·환두대도 등 백제의 특징적인 유물이 많이 출토되었는데, 조사보고자는 웅진熊津으로 천도하던 무렵에 조영한 것으로 추정하였다.

익산의 웅포리고분군은 돌덧널무덤과 돌방무덤이 야트막한 야산 경사면에서 무리를 이루고 있었다. 그중 돌덧널무덤은 장축방향이 대체로 산 경사면과 직교하는데, 단경호·직구호·굽다리접시·뚜껑접시·굽 달린 항아리(臺附壺)·쇠도끼(鐵斧)·쇠낫(鐵鎌) 등이 출토되었다. 대체로 5세기경에 조영한 것으로 추정된다. 돌방무덤은 횡구식橫口式과 횡혈식橫穴式으로 나뉘는데,

세발토기를 비롯해 단경호·직구호·광구호·병 모양 토기·쇠손칼·쇠낫 등 다양한 유물이 출토되었다.

익산 입점리고분군도 돌덧널무덤과 돌방무덤으로 이루어져 있다. 매장주체시설은 물론이고 출토 유물도 웅포리고분군과 비슷하여 돌덧널무덤은 대개 5세기, 돌방무덤은 6세기 무렵으로 편년된다. 다만, 입점리 1호분은 돌방무덤이지만 5세기 무렵 한성시기의 무덤으로 분류되는데, 금동관모와 금동신발이 중국제 청자네귀항아리(青磁四耳壺), 마구馬具 등과 함께 출토되어 백제의 중앙세력과 연계된 인물의 무덤임을 알 수 있다. 돌덧널무덤은 토착세력의 무덤이고, 돌방무덤은 외부세력의 무덤으로 분류하기도 한다.

이처럼 고고학 자료를 통해 살펴본 백제의 영역은 대략 4세기 단계와 5세기 단계로 나누어볼 수 있다. 4세기에는 서울·경기 지역을 중심으로 황해·강원·충청 지역에서 백제 관련 유적·유물이 발견, 조사되었다. 전북 지역에서는 5세기 이후에야 비로소 백제의 중앙문화와 연결 지을 수 있는 유적들이 나타나는데, 이는 근초고왕 때 남해안 일대까지 영토를 넓혔다는 문헌사학계의 해석과는 크게 다른 결과이다. 이에 5세기 후반까지 대략 2백 년간 지속적으로 조영된 영산강 유역의 대형 독무덤을 마한의 잔존집단이 만든 무덤으로 보는가 하면, 영산강 유역에 돌방무덤이 조영되기 시작한 6세기 전반경에도 아직 마한세력이 명맥을 유지했다고 보기도 한다. 6세기에야 비로소 백제가 영산강 유역을 직접 지배했다는 것이다.

5세기까지 전라 지역의 대부분이 백제의 영토가 아니었다는 물질적 증거로서 흔히 영산강 유역과 서남해안 일대에 분포한 전방후원분前方後圓墳을 지적한다. 한반도 서남부 지역의 전방후원분은 대체로 5세기 후반부터 6세기 중엽 사이에 조영된 것이라는 해석이 힘을 얻고 있다. 그렇다면 그것이 영산강 유역의 독특한 문화에 근거한 것이든 일본열도의 무덤 전통에 따른 것이

든 백제의 중심부 문화와는 다르다는 점을 우선 인정해야 한다. 따라서 6세기 초반까지는 영산강 유역이 백제와 구분되는 독자적인 세력의 근거지였다고 볼 수도 있다.

그런데 무덤 양식을 기준으로 백제의 영토를 유추하는 방식이 과연 합당한 것일까? 우리는 강대국에 복속된 상태에서도 독자적인 언어와 경제·생활방식을 유지한 사례를 동서고금에서 얼마든지 찾을 수 있다. 고려시대 원나라 간섭기도 그중 하나이다. 이에 4세기 후반에는 백제가 아직 영산강 유역을 직접 지배할 정도로 중앙집권화하지는 못했기에 토착세력의 통치기반을 온존시키면서 공납貢納을 매개로 간접지배했으며, 웅진도읍기에는 재지세력在地勢力을 백제 중앙의 중하급 귀족관료로 발탁했다는 견해가 제기되었다. 또, 5세기 중엽까지는 영산강 유역이 한성백제와 동맹관계였으나 5세기 후반부터 백제의 직접지배를 받게 되었으며, 일종의 과도기에 해당하는 5세기 후반부터 6세기 전반에 걸친 시기에 영산강 유역의 수장층首長層이 전방후원분을 조영했다고 보기도 한다. 영산강 유역의 전방후원분에 대해서는 5세기 말부터 6세기 전반까지만 한정된 지역에 만들어지고 백제 계통 위신재威信財를 부장했으므로 독립적인 세력이 아니라 백제왕권이 파견한 왜계 백제관료倭系百濟官僚라고 추정하는 견해도 있다. 같은 유적을 두고 해석하는 방식이 이렇듯 다양하다.

4. 맺음말—고고학 자료의 한계

문헌자료를 떠나 고고학 자료에만 의존하면, 백제는 대략 2~3세기 무렵에 한강 유역에서 국가를 형성하고, 4세기에 영토를 급속히 확장하여 북쪽으로 황해도, 동쪽으로 강원도 영서 지역, 남쪽으로 충청도 일대를 아울렀으며,

5세기에는 전라도 북부 지역까지 흡수했다고 말할 수 있다. 이러한 해석은 백제가 4세기 후반 근초고왕 때 이미 전라도 지역을 모두 영토화했다는 학계의 통설과 크게 다른 것이다.

학계에서 백제가 4세기에 이미 전라도 지역을 통제한 증거로서 흔히 거론되는 것이 바로 김제의 벽골제碧骨堤유적이다. 『삼국사기』「신라본기」 흘해왕訖解王 21년(330)조에는 "처음으로 벽골지碧骨池를 만들었는데, 둑의 길이는 1,800보步였다" 는 기록이 있으며, 『삼국유사』「왕력王曆」 흘해왕조에도 "처음으로 벽골제를 쌓았다" 고 하여 같은 말이 전한다. 학계에서는 백제 비류왕 때 벌인 저수지 공사를 후대의 역사가들이 신라의 역사인양 잘못 기록한 것이라고 풀이하였다.

김제 포교리의 저수지 제방은 길이 약 3km, 높이 약 4.3m로서 규모가 실로 거대하여 쌓기 위해 동원한 연인원이 32만 2,500명에 달하는 것으로 알려진다. 이처럼 큰 제방을 쌓으려면 그만큼 고도의 측량술과 건설공법이 필요하므로 백제처럼 큰 나라가 아니고서는 어려웠을 법도 하다. 마침 1975년에 제방을 발굴조사하면서 하부 탄화층炭化層에서 채취한 시료를 방사성탄소연대법으로 측정한 결과 1600±100 B.P., 1576±100 B.P., 1620±110 B.P. 등 4세기 중반에 해당하는 연대를 얻었다고 한다. 벽골제가 진짜 백제 비류왕 때 쌓은 제방이라면, 백제의 강역은 4세기 전반기에 이미 전북 지역을 포함했다고 보아도 좋을 것이다.

그러나 벽골제에 대한 기존 해석에는 몇 가지 의문점이 따른다. ① 기록상으로는 '신라'가 벽골제를 쌓았다고 나온다는 점이다. 4세기 중반까지는 김제 지역이 신라 땅일 수 없다고 해서 주어를 백제로 바꿔 해석하는 것은 지나치게 자의적이고 독단적인 사료 해석이다. 쌓은 주체가 아니라 쌓은 시기를 바꿔 해석할 수도 있기 때문이다.

② 규모가 너무 크다는 점이다. 『삼국사기』에는 신라 원성왕 6년(790)에 전주를 비롯한 7개 주州의 주민을 징발해 벽골제를 증축했다는 기록이 있다. 처음부터 지금과 같은 크기였는지 아니면 8세기 말에 커졌는지 분명하지 않은 것이다. 더욱이 벽골제는 고려시대와 조선시대를 거치면서 몇 차례나 대대적으로 증축·개축되었다고 한다.

③ 발굴조사 지점이 수문水門의 돌기둥石柱이 있는 두 곳의 경사면에 한정되었으며, 백제 때 쌓았다는 것을 입증할 만한 유물은 한 점도 없다는 점이다. 고고학적 발굴조사에도 불구하고 편년의 가장 유력한 근거는 여전히 부정확한 옛 기록이다.

④ 돌을 다듬은 기술 수준이 지나치게 높다는 점이다. 수문 바깥에서 조사된 방수로放水路는 길이 1.5m, 폭 50cm 내외의 장방형 석재를 2~3단으로 정연하고 견고하게 구축한 것이었으며, 수문의 양옆에는 높이 5.5m 두께 50~60cm로 다듬어진 4각의 돌기둥을 세웠는데, 보고자도 이러한 석재 가공 기술은 "웬만한 석실고분石室古墳의 축조를 능가하는 높은 수준"이라고 지적하였다. 다 알다시피 4세기 무렵의 백제고분에서는 이만한 기술이 적용된 사례가 없다.

⑤ 방사성탄소연대측정법의 시료試料가 부정확하다는 점이다. 조사 당시 제방의 바닥면 아래로는 1~2cm 두께의 식물탄화층이 깔려 있었는데, 보고자는 제방이 구축되기 전에 무성하게 자랐던 갈대 등의 저습성低濕性 식물이 압축되어 탄화한 층이라고 하였다. 이를 발굴조사한 지 8개월 만에 원자력연구소에서 측정한 결과 앞서와 같은 연대치를 얻은 것이다. 습지에서 자생하다 죽은 식물이 인공으로 쌓은 흙 아래에 깔린 것인데, 이를 곧바로 제방축조시기와 연결 짓는 것은 불합리하다. 또, 목탄의 방사성탄소연대 측정결과에 대해서는 최근 오류가 많다는 사실이 널리 알려져 있으므로 별도의 검증절차

가 필요하다.

따라서 김제 벽골제에 대해서는 앞으로 정밀조사를 거친 뒤에야 비로소 그 성격과 시기를 논할 수 있지 않을까 한다. 벽골제를 근거로 백제의 영토를 추정하는 것은 아직 부적절한 방법이다.

고고학 자료는 유물론을 바탕으로 하였기에 객관적 물증이라는 장점이 있다. 문헌자료는 상대적으로 거짓말하기 쉽지만, 생활흔적이 주축이 된 고고학 자료는 그럴 가능성이 낮기 때문이다. 다만, 고고학 자료는 그것이 왜 이곳에 이런 모습으로 남게 되었는지를 전혀 설명해주지 않으므로 자료의 이면裏面과 정황을 읽어내는 해석법이 매우 중요하다. 똑같은 영산강 유역의 유적·유물을 두고 한쪽에서는 아직 백제가 영토화하지 못한 탓이라고 풀이하고, 다른 한쪽에서는 정치적으로는 백제에 흡수되었지만 아직 고유문화·관습을 유지한 탓이라고 풀이하는 것도 그 때문이다. 이처럼 고고학 자료는 객관에 기초한 것이지만 연구자의 주관에 따라 얼마든지 다르게 해석될 여지가 있다. 그렇기에 고고학 자료를 더욱 완벽히 소화하기 위해서는 역사학이라는 디딤돌이 필요하다.

웅진왕도와 사비도성

서정석

1. 왕성, 왕도, 도성

한강 유역에서 성장한 백제는 문주왕 때 웅진熊津(현재의 공주)으로 천도하였다가 다시 성왕 때에는 사비泗沘(현재의 부여)로 천도하였다. 따라서 약 700년에 이르는 백제의 역사는 흔히 도읍지를 기준으로 하여 한성漢城시대(서기전 18~475), 웅진시대(475~538), 사비시대(538~660)로 나누어 본다. 이렇게 세 시기로 나누어 보면 도읍지만 서로 달랐던 것이 아니라 각 시기별 정치적 목표라든지 정치체제, 사회조직 등에서도 차이를 보인다. 뿐만 아니라 여기서 살펴보고자 하는 도성의 구조에 있어서도 차이를 보이기는 마찬가지다.

徐程錫 공주대학교 문화재보존과학과 조교수.
저서로는 『백제의 성곽』(학연문화사, 2002), 『백제 지방세력의 존재양태』(공저, 한국학중앙연구원, 2005), 『백제와 금강』(공저, 서경문화사, 2007)이 있고, 논문으로는 「사비도성의 방비체제와 금강」(『백제와 금강』, 2007), 「홍성 석성산성에 대한 고찰」(『백제문화』 38, 2008) 등이 있다.

여기에서는 이러한 차이점에 주목하면서 웅진시대와 사비시대의 백제왕도의 모습을 살펴보고자 한다.

그런데 우리가 도성을 살펴보다 보면 흔히 만나게 되는 단어들이 있다. '왕성王城', '왕도王都', '도성都城'이 그것이다(김기섭, 「백제 전기 도성에 대한 일고찰」, 『청계사학』 7, 1990). 따라서 이러한 몇몇 단어들에 대한 개념을 정리하고 시작할 필요가 있을 듯하다.

왕성이란 말 그대로 왕이 평상시에 거주하기 위해 축조한 성곽을 말한다. 삼국시대 도성을 이야기할 때 흔히 거론하게 되는 고구려의 국내성이나 안학궁성, 청암리토성, 백제의 풍납토성이나 몽촌토성, 공산성, 부소산성, 그리고 신라의 월성 등을 가리키는 말이다.

왕도란 그러한 왕성을 포함한 일정 공간을 가리키는 말이다. '도읍지'라는 의미인 셈이다. '웅진'이나 '사비'라는 말은 이러한 왕도, 즉 도읍지를 가리킨다. 마찬가지로 '한성' 역시 이러한 도읍지를 가리키는 말이다. 개로왕이 고구려 장수왕의 공격을 받아 한성이 함락될 때의 장면을 설명한 『삼국사기』 「백제본기」의 기록을 보면, 고구려군 3만이 '왕도 한성'을 포위하였다고 되어 있다. 한성을 하나의 성곽이 아니라 '왕도'라고 분명하게 설명하고 있다. 한성이 웅진이나 사비라는 말처럼 왕도, 즉 도읍지를 가리키는 말임을 이로써 분명하게 알 수 있다.

이러한 왕도에 시가지 전체를 에워싼 나성羅城이 축조되어 있는 것을 도성이라 한다. 말 그대로 '도읍지를 에워싼 성곽'이 되는 셈이다. 결국 왕도와 도성은 다 같이 도읍지를 가리키는 말이지만 그러한 도읍지에 나성이 있으면 도성이 되고, 없으면 왕도라고 볼 수 있다. 그런 점에서 도성을 왕도라고 부를 수는 있지만 반대로 왕도를 도성이라 부를 수는 없다고 생각한다. 여기에서 제목을 웅진왕도와 사비도성이라고 서로 다르게 붙인 것도 그 때문이다.

시가지 전체를 에워싸는 나성이 있는 사비는 '도성'이라 부를 수 있지만, 그러한 나성이 없는 웅진은 '왕도'라고 부르는 것이 옳은 표현이라고 믿는다.

2. 웅진왕도와 공산성

(1) 천도 전야

도성 연구의 핵심은 도성의 구조를 통해 그 당시 사람들이 꿈꾸었던 이상사회가 무엇이었는지를 찾아내는 작업이 아닐까 한다. 따라서 도성의 구조에 대한 이해가 우선적으로 필요한 작업인데, 안타깝게도 도성의 구조를 확인할 수 있는 기록은 어디에도 없다. 이것은 비단 백제만의 문제는 아니고, 고구려나 신라 역시 마찬가지다. 그런 점에서 도성의 구조를 확인하는 작업은 고고학적인 발굴조사에 기대를 걸 수밖에 없는 실정이다.

물론 다 아는 것처럼 백제 당시의 도읍지였던 공주와 부여에는 현재도 시가지가 형성되어 있는 만큼 발굴조사를 통해 당시 도읍지의 구조를 이해한다는 것은 불가능에 가깝다. 백제 때 도읍지의 구조를 파악하기 위해 현재 살고 있는 민가를 모두 이전시킬 수는 없는 일이기 때문이다. 그런 점에서 천도의 목적을 파악하는 것이 무엇보다도 중요하다. 천도의 목적을 알면 당시 도읍지의 구조를 짐작해볼 수 있기 때문이다. 물론 이러한 추측은 고고학적인 발굴조사를 통해 실제로 확인되어야겠지만, 천도 목적을 알 수 있으면 최소한의 조사만으로도 전체구조를 확인할 수 있기 때문에 가장 효율적인 방법이 될 수 있다.

실제로 종래 웅진시대를 살펴볼 때 핵심 관심사 중의 하나가 왜 웅진으로 천도했을까 하는 문제였다. 그러나 이에 대해서는 명쾌한 결론이 나오지 못하고 있다. 그저 공주의 북쪽으로 차령산맥과 금강이 막고 있어 방어에 유리한 공주로 천도했다는 견해가 주류를 이루었다.

그런데 최근에 공주 수촌리에서 금동관모가 부장된 고분군이 발견되면서 이 문제는 새로운 국면을 맞이하게 되었다. 수촌리의 고분에서는 금동관모를 비롯하여 금동신발, 중국제 자기 등 무령왕릉에 필적할 만한 화려한 부장품들이 출토되었는데, 이 유적은 천도 이전에 공주 지역에 토대를 둔 재지세력在地勢力이 남긴 것으로 확인되었다. 이렇게 되자 백제가 웅진으로 천도한 이유도 단순히 방어상의 유리함 때문만이 아니라 수촌리고분을 남긴 이 지역의 강력한 재지세력의 도움이 있었기 때문에 가능했다고 해석하기에 이르렀다.

일찍이 백제가 사비로 천도한 것은 사씨沙氏로 대표되는 사비지역의 재지세력이 있었고, 그러한 사씨의 도움을 받아 가능했던 것으로 이해해왔다. 그런 점에서 백제가 웅진으로 천도한 것도 수촌리유적으로 대변되는 이 지역 재지세력의 도움을 받아 가능했다는 해석은, 막연히 방어의 유리함만 강조해왔던 이전의 주장보다 훨씬 자연스러워진 것이 사실이다. 그러나 그렇다고 해서 문제가 완전히 해결된 것은 아니다. 당시 지방에 수촌리 세력만 있었던 것도 아니고 다른 세력들도 많이 있었는데, 왜 하필 수촌리 세력의 도움을 받았을까 하는 핵심적인 의문이 남아 있기 때문이다. 더구나 수촌리유적을 남긴 사람들이 구체적으로 누구인지도 불분명하고, 연구자에 따라서는 수촌리유적의 연대를 천도 이전이 아닌 이후로 보는 견해도 있는 만큼 웅진 천도의 이유는 앞으로도 더 추구追究해야 할 과제가 아닌가 싶다.

(2) 공산성의 축조시기

백제가 왜 웅진으로 천도했는지에 대해서는 분명하게 대답할 수 없지만 당시의 도읍지가 현재의 공주시내였다는 사실에 대해서는 이론이 없다. 실제로 이곳에는 공산성公山城이 자리하고 있다. 이 공산성이 백제시대의 웅진성

熊津城이자 통일신라시대 김헌창이 반란을 꾀하였던 장소라는 사실은 『대동지지大東地志』에 자세히 설명되어 있다.

그런데 웅진으로의 천도 이유가 불분명한 만큼 웅진왕도의 핵심을 이루는 공산성에 대해서도 불분명한 점이 많다. 그중 하나가 공산성의 축조시기다. 현재의 공산성은 백제 때 고마성固麻城, 혹은 웅진성으로 부르던 것으로, 조선시대에는 공주산성, 쌍수산성雙樹山城 등으로도 불렸다. 고려시대 때 웅진이 공주로 개명되면서 산도 공산公山이 되고, 성곽의 명칭도 공산성이 된 것으로 보인다.

문제는 이러한 공산성이 언제 축조되었는가 하는 점이다. 이에 대해서는 천도 전에 쌓았다는 주장과 천도 후에 쌓았다는 주장이 팽팽히 맞서 있다. 천도 전에 쌓았다고 보는 이유는, 한성이 함락된 후 웅진 천도가 다급하게 이루어진 만큼 허허벌판으로 천도했다기보다는 공산성과 같은 방어시설이 있는 곳으로 천도했다고 보는 것이 자연스럽다는 주장이다. 이에 비해 천도 후에 쌓았을 것으로 보는 이유는, 다급한 상황 속에서 천도가 이루어진 것은 사실이지만 공산성의 둘레가 서울 몽촌토성이나 부여 부소산성과 비슷한 규모(2,450m)인 것으로 보아 천도 후에 쌓았다고 보는 것이 자연스럽다는 주장이다. 천도 전에 쌓았다면 한성시대 때 지방에 있던 성곽이 당시 도읍지의 왕성과 비슷한 규모를 하고 있었던 셈이 되는 만큼 납득할 수 없다는 것이다.

이렇게 되자 최근에는 절충안이 제시되었다. 천도 전에는 공산의 정상부를 중심으로 작은 규모(735m)의 토성이 축조되어 있다가 천도 후에 현재와 같은 규모로 고쳐 쌓았다는 주장이 그것이다. 천도 이전이냐, 이후냐로 팽팽히 맞서고 있던 양쪽의 주장을 적절히 조화시킨 타협안이라고 할 수 있는데, 문제는 공산의 정상부에 실제로는 이러한 테뫼식 산성이 없다는 사실이다.

결국 공산성의 축조시기는 발굴조사를 통해 확인할 수밖에 없다. 다만 천

| 그림 1 | **공산성 전경**(충청남도, 『문화재대관』, 1996)

도 전에 축조되었다고 한다면 여기에는 중앙에서 파견된 지방관(예컨대 담노擔魯와 같은)이 있었을 터이고, 그렇다면 백제의 웅진 천도는 수촌리 세력의 도움에 의한 것이 아니라 이 지역의 담노와 관련되었다고 보는 것이 자연스러울 것이다. 이는 수촌리 세력의 도움으로 천도가 이루어졌을 것으로 보는 현재의 일반적인 견해와는 차이가 있는 것이다. 그와 달리 천도 전에 성곽이 축조되었으되 수촌리 세력과 관련된 것이라면, 수촌리 일대를 버려두고 왜 금강 남쪽에 성곽을 축조했는지에 대한 합리적인 해석이 뒤따라야 한다.

어느 쪽이 되었든 현재로서는 한성시대 백제의 '중앙세력'과 '웅진성의 축조', 그리고 '수촌리 세력'이라는 세 가지 요소를 자연스럽게 연결하기에는 어려움이 있는 것이 아닌가 한다. 그런 점에서 일단은 천도 후에 공산성을 쌓았다고 보는 것이 더 자연스러운 것으로 생각된다.

(3) 왕궁의 위치

웅진시대 왕궁이 어디에 있었는가 하는 문제 역시 웅진성의 축조시기만큼이나 주장이 팽팽하다. 하나는 공산성 밖에 있었다는 주장이고, 다른 하나는 공산성 안에 있었다는 주장이다.

당시의 왕궁이 공산성 밖에 있었을 것으로 보는 이유는 공산성 안이 지나치게 좁기 때문이다. 성곽 자체의 크기(2,450m)는 삼국시대 산성 중에서 최대급에 속하지만 그 안에 건물이 들어설 수 있는 공간은 그다지 많지 않다는 주장이다. 따라서 공산성의 남쪽 산기슭 일대를 왕궁지로 추정하였다. 그러나 이 지역에서는 조사 결과 왕궁으로 볼 만한 흔적이 전혀 확인되지 않았다. 이 지역 이외의 다른 곳에서도 기와가 출토된다든가, 초석과 같은 시설물이 남아 있다든가 하는 곳은 발견된 바 없다. 왕궁지로 볼 만한 흔적이 전혀 확인되지 않고 있는 셈이다.

이렇게 공산성 밖에서는 왕궁지로 볼 만한 흔적이 전혀 발견되지 않기 때문에 공산성 안에서 왕궁지를 찾고자 하는 노력이 계속되어 왔다. 실제로 공산성의 서남쪽, 쌍수정雙樹亭 이라는 누각이 세워져 있는 곳 주변에서는 백제시대 건물지 중에서 최대급에 속하는 건물지가 발견되었다. 다시 말해서 쌍수정의 바로 남쪽에 약 7,000m^{2}에 이르는 매우 넓은 평탄면이 남아 있는데, 이곳에서 24칸 건물지와 10칸 건물지가 조사되었다. 많은 와당이 함께 발견된 것은 물론이다. 더구나 건물지의 남쪽 끝에서는 직경 7.3m에 이르는 원형의 연지蓮池도 함께 발견되었고, 서쪽에서는 목곽고木槨庫도 확인되었다. 공산성 남쪽의 산기슭보다는 훨씬 유리한 조건을 갖추고 있는 셈이다.

물론 적심을 사용한 24칸 건물지와 10칸 건물지가 백제시대에 세워진 것인가에 대해서는 더 검토할 필요가 있다. 공산성은 조선시대 때 인조가 이괄

| 그림 2 | 공산성 추정 왕궁지 전경
(충청남도, 『문화재대관』, 1996)

의 난을 피하여 몽진蒙塵을 온 곳인데, 그 당시 쌍수정 주변에 머물렀던 것으로 『공산지公山誌』는 전한다. 따라서 쌍수정 앞 광장에는 적어도 조선시대까지 건물이 세워져 있었던 것이 분명하다. 그런 점에서 최상층에서 조사된 초석을 사용한 건물지가 백제 당시의 것인지, 아니면 그 아래층에서 발견된 굴립주掘立柱 건물지가 백제 당시의 것인지는 더 검토할 필요가 있다. 다만 현재까지의 조사자료로 볼 때 종래에 후보지의 하나로 꼽혀왔던 공산성 남쪽 산기슭보다는 쌍수정 앞 광장이 더 가능성이 높은 것이 사실이다.

더구나 최근에 조사된 정지산유적과 무령왕릉에서 출토된 지석誌石으로 볼 때, 무령왕릉은 신지申地(서남쪽)에 자리하고, 왕비는 유지酉地(서쪽)에서 상喪을 치룬 것으로 되어 있는데, 이때 '신지'나 '유지'와 같은 방향은 모두가 공산성을 기준으로 했을 가능성이 크다. 그만큼 공산성이 중요했다는 의미가 되는 셈이다. 뿐만 아니라 공산성의 규모가 '왕성'으로 기록된 부소산성이나 몽촌토성, 그리고 신라의 월성(2,340m)과 거의 비슷하다는 사실 또한 공산성이 단순히 왕도를 지키는 산성이 아니라 왕성이었을 가능성을 높여주는 자료가 아닌가 한다.

(4) 웅진교의 위치

『삼국사기』에 따르면 백제는 웅진에 도읍하던 동성왕 20년(498)에 웅진교熊津橋를 가설하였다고 한다. 자연히 이때 가설하였다는 웅진교의 위치가 관심사가 아닐 수 없다. 다만 웅진교를 가설했다는 기록 이외에 더 이상 웅진교의 위치를 확인해볼 만한 자료가 없는 만큼, 공주의 지형을 살펴봄으로써 이 문제의 해답에 다가갈 수 있지 않을까 한다.

공주의 지형을 보면 대체로 남북으로 길쭉한 타원형을 이루고 있는데, 그 한가운데를 남에서 북으로 제민천濟民川이 흐르고 있다. 당연히 시가지가 제민천을 중심으로 동쪽과 서쪽으로 양분되어 있다. 이러한 사정은 백제 당시에도 마찬가지였을 터인데, 중요한 것은 공산성이 제민천의 동쪽에 자리하고 있는 반면에 당시의 곰나루는 제민천 서쪽에 위치해 있다는 사실이다. 다시 말해서 배를 타고 웅진으로 와서 곰나루에 내렸다 하더라도 공산성 안으로 들어가기 위해서는 제민천을 건널 수밖에 없도록 되어 있다.

이렇게 제민천에 의해 왕도 자체가 동서로 양분되어 있었기 때문에 효율적인 통치를 하기가 어려웠을 것이다. 동성왕 대에 웅진교가 필요했던 것도 그 때문이 아닌가 한다. 그런 점에서 웅진교는 제민천을 가로지르는 다리였다고 생각된다. 웅진교를 제민천이 아닌 현재의 금강을 건너는 다리로 보는 견해도 있는데, 지금까지의 조사에 의하면 금강 북쪽으로는 이렇다 할 유적이 확인된 바 없다. 그런 점에서 금강을 건너는 일은 제민천을 건너는 것보다 절실하지 않았을 것으로 생각된다.

19세기에 편찬된 공주 지역의 읍지邑誌인 『공산지』에 따르면 당시 공주에는 대통교大通橋가 있었다고 한다. 백제는 성왕 때에 웅진에 대통사大通寺를 창건하였는데, 그 위치는 대통교 근처로 알려져 있다. 대통교 가설에 대한 다른 기록이 없는 것으로 보아 동성왕 때 가설하였다는 웅진교가 대통사 창건 이후에는 대통교로 명칭이 바뀐 것이 아닐까 한다. 그렇다면 동성왕 때 세워진 웅진교가 19세기까지 존속했던 셈이다. 그런 점에서도 웅진교는 제민천을 건너는 다리였다고 생각된다. 아울러 그 위치는 대통사 근처, 『공산지』에서 말하는 대통교터가 그곳이라고 믿어진다.

3. 사비도성과 부소산성

웅진에 도읍하였던 백제는 성왕 16년(538)에 사비로 천도하였다. 백제가 왜 이 시기에 또 다시 천도를 단행하였는지는 아직 불분명하다. 다만 천도를 하면서도 금강 이남에 자리를 잡아 한성이나 웅진과 마찬가지로 일관되게 강의 남쪽에 도읍을 정하는 공통점을 보여준다. 이러한 사실은 강의 북쪽에 자리하고 있던 고구려나 신라와는 다른 것으로, 단순히 방어를 위해 강남에 자리했다기보다는 백제만의 관습 같은 것이었다고 생각된다. 또한 부소산성을 중심으로 도읍지를 조성함으로써, 몽촌토성-공산성으로 이어지는 나지막한 구릉을 중심으로 한 도읍지 조성이라는 공통점을 보여준다.

사비 천도의 이유는 불분명하지만 천도와 더불어 웅진시대에 없던 나성이 새롭게 등장함으로써 명실공히 '도성'에 걸맞은 구조를 하게 된다. 우리 역사상 최초의 나성이 등장한 셈이다. 신라에서도 통일 직후에 경주에 나성을 축조하고자 한 일이 있는데, 이때 반대한 의상대사義湘大師의 설명으로 볼 때 나성은 국왕의 권위를 상징하는 것으로 생각된다. 실제로 최근에 능산리사지에서 출토된 목간 중에는 도제道祭에 사용된 것으로 보이는 목간이 있는데(윤선태, 「부여 능산리 출토 백제목간의 재검토」, 『동국사학』 40, 2004), 이것이 천신신앙天神信仰을 바탕으로 한 서사적誓事的 성격의 목간이라면(近藤浩一, 「부여 능산리 나성축조 목간의 연구」, 『백제연구』 39, 2004), 나성의 축조 목적을 새삼 일깨워주는 또 하나의 자료가 아닌가 한다. 그것은 도성 내에 5부部를 설치하여 귀족들의 거주공간을 엄격히 제한하고자 했던 사실과도 일맥상통하는 현상이라 할 수 있다.

또한, 천도와 더불어 사비도성 내에는 웅진시대에 비해 비약적으로 사찰이 늘어난다. 중국 측 기록에는 당시 사비도성에 '탑과 사찰이 대단히 많았다(寺塔甚多)'라고 요령 있게 설명하고 있는데, 천도와 더불어 사찰 창건이 급속히 증가했음을 말해준다. 사찰은 부처를 모셔놓는 공간이고, 삼국시대의 부처는 곧 왕을 상징한다. 따라서 이 시기에 사찰이 급격히 증가했다는 것은 부처의 권위를 빌려 왕권을 강화하고자 했던 의도가 드러난 결과가 아닌가 한다.

이상과 같이 백제는 사비 천도를 통해 16관등제와 22부사제 실시, 왕도 5부제와 방군성제方郡城制 실시, 오제신五帝神과 구태묘仇台廟에 대한 제의祭儀 실시, 시호제 정비와 무령왕계에 의한 왕위계승권 확립, 그리고 대외관계의 강화 등 국왕 중심의 정치 운영을 꾀하였던 것으로 생각된다(양기석, 「백제의 사비천도와 그 배경」, 『백제와 금강』, 2007, 55쪽). 이것이야말로 사비로 천도한 근본 목적이었을 것이다.

(1) 왕궁의 위치

도성의 핵심은 왕궁이다. 왕궁을 중심으로 도성이 편제되기 때문이다. 도성의 구조로 흔히 거론되는 '앞에는 조정을 세우고 뒤에는 시장을 설치한다(面朝後市)'라든가 '왼쪽에는 종묘를 세우고 오른쪽에는 사직을 세운다(左祖右社)'는 이론은 모두가 왕궁을 중심으로 한 설명에 다름 아니다. 그만큼 도성의 구조에서는 왕궁이 중요하다는 의미다. 따라서 사비도성 연구에 있어서도 왕궁의 위치를 찾는 데 관심이 집중되어 왔다.

종래 사비도성 내 왕궁의 위치로 유력하게 거론되어 온 곳은 부소산 남록, 즉 현재의 관북리 일대였다. 이곳은 조선시대 부여현의 관아가 있던 곳이다. 따라서 고려시대나 통일신라시대의 관아는 물론이고, 더 나아가 백제시대 왕궁도 이곳에 있었을 가능성이 높다고 판단되었던 것이다. 더구나 이곳에는 백제시대 것으로 보이는 대형 초석들도 남아 있었다. 백제시대 때 대규모의 건물이 이곳에 있었다는 뜻이 되는 만큼 이곳을 왕궁의 후보지로 꼽게 되었다. 지형적으로 볼 때도 이곳은 부여읍내에서 가장 높은 곳이어서, 이곳에서 보면 부여읍내를 한눈에 내려다볼 수 있다. 이러한 유리한 조건들이 이곳을 왕궁 후보지로 추측하게 만들었던 것이다.

이러한 중요성 때문에 관북리 일대에 대해서는 1982년부터 1992년까지 7차례에 걸쳐 충남대학교박물관에 의해 발굴조사가 이루어졌고, 뒤이어 2001년부터 2008년까지는 국립부여문화재연구소에 의해 8차~13차 발굴조사가 이루어졌다. 그 결과 백제시대의 도로와 조경용으로 추정되는 연못, 과일을 저장하던 저장시설, 대형 건물터 등이 확인되었다. 이러한 사실들로 미루어 볼 때 이 일대가 중요한 지역인 것만은 분명하게 되었다. 그러나 왕궁의 흔적은 아직까지 발견되지 않고 있다.

이렇게 관북리 일대는 유력한 후보지임에 분명하지만 왕궁의 실체가 확인되지 않다 보니 이곳에서 약간 서쪽으로 떨어진, 현재 성왕 동상이 자리하고 있는 곳 주변의 구아리 일대, 혹은 '대당大唐' 명 와당이 출토된 부여여고 남쪽의 쌍북리 일대, 혹은 시장市場이 있는 곳을 새로운 후보지로 추정하는 견해도 있다.

『삼국사기』 기록을 검토해보아도 그렇고 부여의 지형을 고려해보아도 그렇고, 당시 사비도성의 북쪽에 왕궁이 있었던 것은 분명해 보인다. 그렇다면 지금까지 왕궁지로 추정해온 구아리, 관북리, 쌍북리 일대에 있었을 가능성이 크다고 생각된다. 다만 이 일대에 대한 연차적인 발굴조사를 통해서도 단서를 찾지 못한 것이 약점이라 할 수 있는데, 그런 점에서 이제는 『한원翰苑』에 부소산성을 '왕성'이라고 소개한 사실을 주목해보면 어떨까 한다. 부소산성에 왕궁이 자리할 충분한 공간이 없는 것은 사실이지만 달리 뚜렷한 대안을 제시할 수도 없는 만큼, '왕성'이라 소개되기도 하고 당나라 유인원기공비劉仁願紀功碑가 세워져 있기도 했던 부소산성 역시 다른 후보지들과 더불어 하나의 후보지로 검토해볼 수 있지 않을까 한다.

(2) 도성의 구조

계획적으로 천도한 때문인지 사비도성은 정비된 형태를 갖추고 있었던 것으로 알려져 있다. 물론 그렇다고 해서 중국의 도성처럼 도성 전체가 바둑판식으로 반듯반듯하게 구획이 나누어져 있지는 않았을 것이다. 도성 내에 금성산이 자리하고 있어 도성 전체를 바둑판처럼 구획할 수 없게끔 되어 있기 때문이다.

원래 사비도성은 5부部와 5항巷으로 나누어져 있었다고 한다. 5부는 상부·전부·중부·하부·후부를 말하는 것이고, 5항은 상항·전항·중항·하항·후항을 뜻한다. 여기서 말하는 부와 항이 무엇을 의미하는지는 잘 알 수 없지만, 부여읍내에서는 '전부前部'라고 새겨진 돌과 '상부上部 전부前部……'라고 새겨진 돌이 발견되어 5부제가 실시되었던 것만은 분명해졌다.

또한 궁남지에서 출토된 목간木簡 중에는 '서부후항西部後巷'이라고 씌어진 것도 있어 5부제가 실시되었음은 물론이고, 각 부 밑에 항이 배치되어 있었던 것으로 알려져 있다(박현숙, 「궁남지출토 백제목간과 왕도 5부제」, 『한국사연구』 92, 1995). 다만 앞서 설명한 대로 도성 내에 금성산이 자리하고 있는 만큼 이러한 5부와 5항이 자연부락처럼 도성 내에 여기저기 흩어져 자리하고 있었을 것으로 추정해왔다.

그런데 그동안 부여읍내에서 발굴된 절터나 건물지 등을 보면 대부분이 동서남북에 축을 맞추어 자리하고 있는 것으로 확인되고 있다. 다시 말해서 부여읍내에서 발굴된 거의 모든 유적이 일정한 방향에 따라 질서 정연하게 자리하고 있는 것으로 밝혀졌다(윤무병, 「백제왕도 사비성 연구」, 『학술원논문집』 33, 1994). 뿐만 아니라 부여읍내에서는 백제 당시의 도로유적이 발견되고 있는데, 동서의 도로와 남북의 도로가 직교하는 형태로 나타난다. 도로망이 이렇게 직교한다는 것은 도성 안을 일정한 계획하에 인위적으로 편제하였음을 뜻하는 것이 아닌가 한다(박순발, 「사비도성의 구조에 대하여」, 『백제연구』 31, 2000). 다시 말해서 자연부락처럼 여기저기 흩어져서 민가와 귀족의 집, 절터, 관공서, 시장 등이 자리했던 것이 아니라 일정한 계획하에 배치되어 있었을 가능성이 점점 커지고 있다.

이렇게 사비도성 내 구조에 대해서는 서로 다른 의견이 맞서 있지만, 적어도 도성 내의 건물이 같은 방향을 향하고 있고, 또 비록 일부의 일이기는 하지만 도로망이 직교한다는 사실은 일정한 계획하에 사비도성이 건설되었음을 말해주는 것이 아닐까 한다.

그런 점에서 보았을 때 주목되는 것이 정림사지定林寺址의 위치다. 그림 3에 나타나 있듯 정림사지는 사비도성의 한가운데에 자리하고 있다. 따라서 관북리 일대에서 발견된 남북방향의 대로가 정림사지의 바로 서쪽을 지나게 되어 있다. 사비도성의 뼈대를 이루는 남북대로의 바로 동쪽에 자리하고 있는 셈이다. 그런 점에서 정림사지는 그 자체가 사비도성이 일정한 계획하에 조성되었음을 보여주는 증거인 동시에 특별한 목적을 갖고 창건된 것임을 짐작케 한다. 그 특별한 목적이란 바로 북위北魏의 영령사永寧寺나 남경南京의 동태사同泰寺와 마찬가지로 정치적인 지배자를 넘어 종교적인 지배자로서의 이상적인 모습을 과시하고자 했던 백제왕의 의지를 드러낸 것이라 할 수 있다(이병호, 「부여 정림사지의 창건 배경과 도성내 위상」, 『백제와 금강』, 2007).

이렇게 보면 성왕은 천도를 통해 도성의 맨 북쪽에 왕궁과 관청을 배치하고, 그 남쪽으로 는 일정한 원칙하에 귀족과 평민들이 거주하는 5부와 5항의 거주처를 마련하며, 다시 도성의 한가운데에 사원을 배치함으로써 세속과 종교를 넘나드는 절대군주로서의 모습을 과시하고자 했던 것으로 보인다. 엄

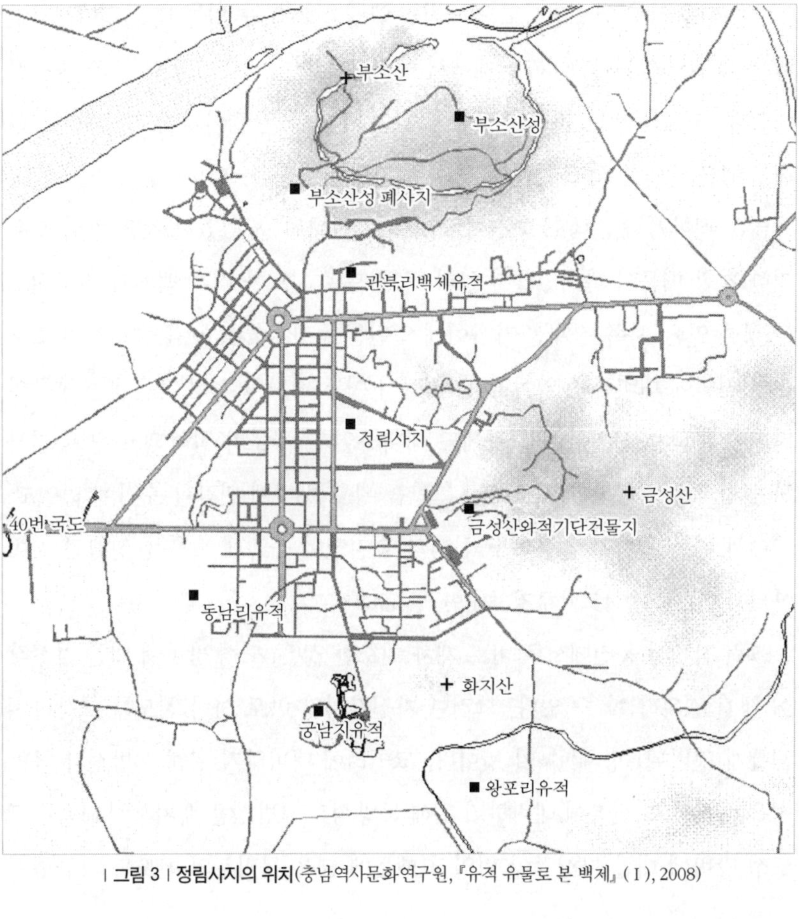

| 그림 3 | **정림사지의 위치**(충남역사문화연구원, 『유적 유물로 본 백제』(Ⅰ), 2008)

격한 신분질서에 입각한 예치禮治질서를 꾀함으로써 웅진기의 혼란을 극복하고 새로운 중흥을 꿈꾸었던 것(이기동, 「백제국의 정치이념에 대한 一考察」, 『진단학보』 69, 1990)이 그대로 사비도성의 구조에 반영되어 있다고 생각된다.

4. 앞으로의 과제

일반적으로 삼국시대에 도읍지가 되기 위해서는 방어에 유리한 험한 지형(山河險固)을 하고 있으면서도 경제적인 안정을 기할 수 있는 넓은 평야(土壤肥美)를 갖추고 있어야 했다. 백제에서 이러한 요건을 갖추고 있는 곳은 한성뿐이었다. 웅진은 험한 지형을 갖추고 있는 대신 넓은 평야가 없고, 사비는 반대로 넓은 평야를 갖고 있는 대신 험한 지형은 아니다.

넓은 평야가 없는데도 웅진이 도읍지로 선택될 수 있었던 것은 방어에 유리한 지형 때문이 아니었을까 한다. 웅진으로 천도한 직후 백제가 일차적으로 행한 일은, 북쪽 경계선 가까이에 있던 대두산성大豆山城을 수리하여 고구려의 침입에 대비하는 일이었다. 뒤이어 어느 정도 안정된 다음에는 동쪽의 탄현에 목책을 설치하여 신라에도 대비하였다. 왕도가 함락되고 왕이 전사하는 참극을 경험한 백제로서는 그만큼 왕도 방비에 민감할 수밖에 없었고, 그래서 넓은 평야가 없음에도 천험의 요지였던 웅진에 도읍을 정했던 것이 아닐까 한다(노중국, 『백제 정치사 연구』, 1988).

그런 점에서 웅진에서 사비로 재차 천도한 것은, 도성 방비에 대한 자신감이 생긴 결과라 할 수 있다. 그러한 자신감이란 바로 사비 천도를 즈음하여 새롭게 정비된 5방제方制일 것이다. 고구려에 대비하기 위해 서방성과 북방성을 배치하고, 신라에 대비하기 위해 동방성과 남방성을 배치하여 나름대로 도성 방비에 대한 자신감이 있었기 때문에 넓은 사비로의 천도도 가능했던 것이 아닌가 한다. 호국적인 성격의 사천왕四天王신앙을 사비 천도와 더불어 수용한 것도 이러한 취약점을 보완하기 위한 방편이었음은 물론이다(길기태, 「백제의 사천왕신앙」, 『백제연구』 39, 2004).

그러나 아직 웅진·사비시대의 도성문제를 이해하기 위해서는 풀어야 할 숙제들이 많이 남아 있다. 당장 도성의 핵심이라고 할 수 있는 왕궁의 위치조차 불분명한 실정이다. 도성의 구조를 알 수 있는 기록이 거의 남아 있지 않은 만큼 웅진·사비도성의 구조는 전적으로 고고학적인 발굴조사에 기대할 수밖에 없다. 그런 점에서 체계적이고 지속적인 발굴조사가 이루어지는 것이 일차적인 관건이다.

이러한 발굴조사와 함께 이미 발굴조사된 자료들을 꼼꼼히 재해석하는 작업도 뒤따라야 할 것이다. 예컨대 공주 수촌리유적은 백제가 웅진으로 천도한 이유를 설명해 줄 수 있는 중요한 유적으로 이해되고 있다. 그런 점에서 그것을 남긴 세력이 어떤 세력인가 하는 것이 중요한 선결 과제가 된다. 현재는 백제의 목씨木氏라는 주장도 있고 백씨苩氏라는 주장도 있는데, 어느 쪽이냐에 따라 전혀 다르게 해석될 수도 있다(김수태, 「백제의 천도」, 『한국고대사연구』 36, 2004). 그런 점에서 조사된 자료에 대한 세밀한 검토가 요구된다. 더구나 최근에는 이 유적을 한성시대가 아닌 사비시대 것으로 보는 견해도 제시되고 있는 만큼 새로운 자료를 찾아내는 작업 못지않게 발견된 자료를 세밀하게 비교·분석하는 작업 또한 필요하다고 생각된다.

면밀한 검토를 필요로 하는 것은 비단 수촌리유적에만 국한되는 것은 아니다. 예컨대 공산성 내 쌍수정 앞 광장에서 발견된 추정推定 왕궁지의 경우, 과연 초석을 사용한 건물지를 백제시대의 것으로 볼 수 있는지에 대해 새롭게 검토할 필요가 있다(이남석, 「공주 공산성내 추정왕궁지」, 『백제문화』 30, 2001). 추정 왕궁지에서는 초석을 사용한 건물지와 초석을 사용하지 않고 기둥구멍을 판 다음 그 안에다 직접 기둥을 세우는 굴립주掘立柱 건물지가 함께 발견되었는데, 종래에는 아무런 의심 없이 초석을 사용한 건물지를 백제시대 왕궁지로 추정해왔다. 그러나 이러한 건물지는 다른 유적에서는 확인된 바 없고, 공산성의 연혁과도 잘 부합되지 않는 만큼 재검토할 필요가 있다.

왕궁지 추정에 중요한 근거자료의 하나가 되어왔던 임류각지臨流閣址 또한 재검토의 여지가 있기는 마찬가지다. 현재 임류각지로 추정하고 있는 건물지는 주변에서 '류流' 자명 와편이 발견되어 임류각지로 추정한 것이다. 그러나 그 와편이 백제시대 것이 아닌 것이 분명한 만큼 재검토가 필요해보인다. '임류각'이라는 명칭과 관련시켜 볼 때 물가와 가까운 곳에 있었을 것이라는 주장은 그래서 설득력 있게 들린다(유원재, 「백제 웅진성 연구」, 『국사관논총』 45, 1993; 심정보, 「웅진도성의 구조와 방비체제에 대하여」, 『백제 도성의 변천과 연구상의 문제점』, 2003).

추정 왕궁지와 임류각지는 다 같이 웅진시대 백제왕궁의 위치를 확인할 수 있는 핵심적인 자료인 만큼 이러한 핵심적인 자료들이 분명하게 파악될 때 왕궁의 위치도 뚜렷하게 부각될 수 있을 것이다.

최근 들어 부여 지역에서 출토 사례가 나날이 증가하고 있는 목간木簡 역시 세밀한 분석이 필요하기는 마찬가지다. 이러한 목간이 사비도성의 축조시기는 물론이고, 그 구조를 살펴보는 데 더없이 귀중한 정보를 제공하는 것이 사실이지만, 판독과 해석에 따라서는 전혀 다른 결론을 도출할 수 있는 만큼 신중한 접근이 요구된다. 예컨대 능산리사지에서 출토된 이른바 '남근형목간'의 경우, 어떻게 해석하느냐에 따라 유적의 축조시기와 성격이 전혀 달라진다. 그런 점에서 연구자마다 다른 판독을 하는 자료를 바탕으로 어떤 특정한 결론을 내리기보다는 다른 자료들과의 합리적인 조화 속에서 판독과 해석이 이루어질 필요가 있다고 생각된다.

궁남지에서 출토된 '서부후항西部後巷' 명 목간도 마찬가지다. 사비도성에 왕도 5부제가 실시되고 있었던 것은 분명하지만(김영심, 「백제의 지배체제 정비와 왕도 5부제」, 『백제의 지방통치』, 학연, 1998), 그 5부를 '하부下部'라 하지 않고 '서부西部'라고 표기한 것은 이 목간이 유일하다. 뿐만 아니라 목간에 나오는 '매라성邁羅城'이라는 지명이 백제 멸망 후 당唐이 설치한 1도독부都督府 7주州 51현縣 체제에 나타나는 매라현邁羅縣과 같은 것이라면, 궁남지에서 출토되었다고 해서 무조건 백제목간이라 단정하기에는 석연치 않은 면이 있다. 그런 점에서 새로운 자료도 중요하지만 새로운 자료의 해석에는 신중을 기할 필요가 있다고 생각된다.

마지막으로, 웅진·사비도성을 이해하기 위해 발굴조사가 필요한 것은 사실이지만, 특정한 유적·유물 한 점으로 도성 전체를 다 밝힐 수는 없다. 그렇다고 웅진·사비도성 전체를 발굴조사할 수도 없는 일이다. 그런 점에서 이러한 발굴조사와 함께 단편적으로 여기저기 흩어져 있는 문헌기록을 면밀히 연결시키는 작업이 선결 과제가 아닌가 한다. 이러한 작업을 통해 천도의 이유와 도성의 구조에 대한 대략적인 윤곽이 그려진다면 제한적인 발굴조사를 통해서도 도성 전체의 모습을 손쉽게 확인해볼 수 있기 때문이다. 이웃한 고구려나 신라, 그리고 중국의 남·북조 도성과의 비교는 그 다음에 이루어져야 할 것이다.

백제 지역의 농경생활

이현혜

1. 머리말
2. 농경의 시작
3. 논농사의 발달과 관개시설
4. 밭농사의 오랜 전통
5. 나머지 말

1. 머리말

이념과 물질은 별개의 영역임에도 불구하고 서로 간에 긴밀한 영향을 주고 받으면서 사회의 변화와 발전을 이끌어왔다. 물적 기반의 핵심 부문을 구성하는 것은 물자의 생산과 유통이다. 백제를 비롯하여 한국 고대국가의 생산 기반은 농업이다. 농업은 개인의 식생활과 의생활에 필요한 물자를 공급하였고, 국가 운영의 재정적 토대가 되었다. 그러므로 농경생활에 대한 연구는 당시 사람들의 삶의 모습을 생동감 있게 복원하고 생산력과 역사 발전의 상호관계를 밝히는 지름길이다.

李賢惠 한림대학교 사학과 교수.

저서로 『삼한사회형성과정연구』(일조각, 1984), 『한국고대의 생산과 교역』(일조각, 1998)이 있고, 논문으로 「한반도 청동기시대의 밭농사」(『진단학보』 94, 2002), 「한국고대의 농업」(『강좌 한국고대사』 6권, 가락국사적개발연구원, 2002), 「한반도서남부지방 청동기 생산활동의 쇠퇴배경」(『한국고대사연구』 40, 2005) 등이 있다.

이전까지 농업생산에 대한 연구는 전적으로 문헌자료에 의존하였고, 사회사나 제도사적 관점의 연구가 많았다. 그리고 한때는 농업 연구를 통해 유물사관의 역사 발전 도식을 한국사에 적용하는 데 역점을 두기도 했다. 다행히 고고학의 발달과 활발한 발굴조사에 의해 땅속에 묻혀 있던 실물자료들이 속속 세상에 모습을 드러내고 있다. 특히 1990년대 이후 농업, 수공업 등 생산유적에 대한 조사가 급격히 증가하여 문헌자료만으로는 복원할 수 없는 역사의 소중한 부분이 고고학 자료를 통해 채워질 전망이다. 농경 관련 자료만 해도 그간 농기구, 탄화곡물, 농경유구農耕遺構 등 다양한 자료들이 조사되어 생활사 내지는 기술사적 관점에서 농경문제에 접근할 수 있는 토대가 마련되어 가고 있다. 이 글에서는 고고학 자료를 중심으로 백제 지역에서 전개되어온 농경생활의 이모저모를 살펴보고자 한다.

2. 농경의 시작

농경의 시작은 신석기혁명이라고 불릴 만큼 인류문화의 발전과정에서 아주 획기적인 변화이다. 이 때문에 각 지역마다 언제부터 무슨 작물을 어떠한 방식으로 재배하기 시작했는가 하는 것이 중요한 연구과제가 되고 있다. 백제국가의 무대가 되었던 경기, 충청, 전라 지역의 자연환경은 산과 들, 강과 바다가 잘 어우러져 사람들이 정착하여 삶을 영위하기에 적합한 조건을 갖추었다. 이를 뒷받침하듯 백제 지역에는 농경생활의 흔적을 보여주는 수많은 유적들이 분포한다.

종래 한반도 최초의 농경은 신석기시대 중기에 조 등을 재배하는 잡곡농사로 시작되었으며 황해도 봉산군 지탑리유적은 이를 뒷받침하는 가장 대표적인 유적으로 알려져왔다. 그리고 경기도 여주 흔암리유적과 평양 남경유적에서 출토된 탄화미炭化米를 근거로 벼농사는 잡곡농사보다 훨씬 늦은 기원전 10세기 이후 청동기시대에 시작되었다는 것이 통설이었다. 그런데 1990년대에 들어와 5000여 년 전 신석기시대 중기에 이미 벼농사가 시작되었음을 입증하는 자료들이 한강과 금강 유역에서 연이어 발견되었다. 1990년 김포군 통진면 가현리 토탄층에서 볍씨가 검출되었다는 보고가 있었으나[1] 의문을 제기하는 연구자들이 많았다. 그러나 뒤이어 일산 신도시 건설과정에서 경기도 고양시 일산지구 1지역 가와지층(갈색토탄층)과 2지역 1지구 대화리층(청회색뻘층)에서 신석기시대 볍씨 20여 알이 출토되었다.[2] 특히 3지역(주엽리)에서 출토된 빗살문토기의 바탕흙의 성분을 분석한 결과 벼의 부채형 식물규소체가 확인되어[3] 수많은 회의론을 잠재웠다.[4]

더욱이 2000년에는 충북 옥천군 대천리 신석기시대 중기 집자리에서 벼 껍질과 탄화된 쌀알 6톨이 나왔다. 대천리유적은 경부고속철도 개설을 위해 20m 폭밖에 되지 않는 아주 좁은 범위에서 이루어진 구제발굴이었고, 확인된 신석기시대 집자리도 겨우 1기뿐이었다. 하지만 일산지구의 볍씨가 토탄층에서 출토된 것인 데 비해 대천리유적의 쌀알은 집자리에서 발견되었다는 점에서 신석기 중기 벼재배설의 신빙도를 한층 높여주는 역할을 하였다.[5]

벼농사와 관련하여 1977년 흔암리유적에서 탄화미가 발견되었을 때 한반도의 벼농사 개시기를 1000년 가까이 올리는 중요한 성과로 평가를 받았다. 이는 1920년 일본인에 의한 김해 회현리 패총 발굴에서 기원후 1세기 초엽경

1 임효재, 「김포반도의 고고학적조사연구」, 『서울대학교박물관년보』 2, 1990.
2 한국선사문화연구소, 『일산신도시개발지역학술조사보고』 1, 1992.
3 김정희, 『우리나라 선사시대 벼농사의 새로운 연구-한강유역 토기바탕흙에 대한 식물규소체 분석자료를 중심으로-』, 충북대학교대학원 석사학위논문, 1997.
4 안승모, 「한국과 일본의 초기도작」, 『호남고고학보』 13, 2001, 11쪽.
5 한남대학교중앙박물관, 『옥천대천리 신석기유적』, 2003.

의 탄화미가 처음 발견된 이래 60여 년 만에 이루어진 기록 경신이었다. 그런데 한강 하류 유역의 토탄층에서 나온 20여 알의 볍씨가 또 다시 벼농사의 시작시점을 2000여 년 이상 올려놓았고, 20여 년 만에 다시금 기존 설을 수정하게 만들었다. 근래 충북 청원 소로리유적에서 구석기시대의 야생벼를 발견하였다는 주장도 있고, 중국에서도 양쯔강 유역 하모도河姆渡유적을 필두로 6, 7000년 이전의 벼농사 유적이 날로 증가하고 있으므로 앞으로 이 기록이 언제까지 지속될지 궁금할 뿐이다.

더욱이 대천리 집자리에서는 벼, 조뿐만 아니라 탄화된 보리와 밀이 함께 출토되어 맥작 개시기도 수정을 면치 못하였다. 이전까지 보리나 밀은 여주 흔암리유적이나 충주 조동리유적과 같은 청동기시대 집자리유적에서 출토된 것이 가장 오래된 것이었다. 그러나 대천리유적의 발굴로 한반도에서도 일본, 중국과 비슷한 시기에 맥작이 실시되었을 가능성이 한층 높아졌다.[6] 아직도 검증대상에서 완전히 자유로워진 것은 아니지만 이러한 신자료의 발굴은 빗살문토기를 사용하던 신석기시대 사람들의 농경생활을 새로운 각도에서 바라보게 하며, 작물의 전래경로와 품종, 재배방식 등을 둘러싸고 새로운 해석과 다양한 논의를 불러일으키고 있다.

3. 논농사의 발달과 관개시설

이처럼 신석기시대에 이미 각종 작물이 재배되기 시작했지만 아직도 수렵, 고기잡이, 채집활동의 비중이 높고 농경의존도는 상대적으로 낮았다. 명실상부한 농경중심 생업경제가 확립된 것은 청동기시대에 들어와서이다. 청동

6 안승모, 「대천리유적의 맥류로 본 동아시아 맥작의 초보적 검토」, 『옥천대천리 신석기유적』, 2003.

기시대가 되면 한반도 안에서도 각 지역별 자연환경에 따라 서로 다른 농경 유형이 확립되었다. 예컨대 서북지방과 동북지방은 밭농사 중심이고 중남부 지역에서는 밭농사와 논농사가 함께 발달하였다.

특히 백제 지역은 기후나 자연환경이 논농사에 아주 유리하다. 『삼국사기』「백제본기」에는 초기부터 관개시설 축조와 논 개발 기사가 자주 나온다. 중국 측 기록에도 국가의 중요한 세금징수 대상 곡물이 고구려는 조이고 백제는 쌀로 되어 있다. 그리고 『주서周書』와 『수서隋書』에 백제는 경작지가 낮고 습하며 사람들은 모두 산에 거주한다는 기록이 있다. 아마도 구릉이나 산기슭에 취락이 위치하고, 낮은 평지나 저지에 농경지가 펼쳐져 있던 모습을 표현한 것이라 생각된다. 백제의 어느 지역을 보고 기록한 것인지 알 수 없지만 논이 널리 분포했던 자연경관을 떠올리게 하는 구절이다. 그리고 부여 궁남지에서 발굴된 목간에 "…… 매라성 법리원이라는 곳의 수전水田 오형" 운운하는 구절이 적혀 있어 백제시대에 이미 수전이라는 용어를 사용하고 있었음을 알 수 있다. 이러한 자료들은 모두 논농사가 백제농업에서 아주 중요한 위치를 차지하고 있었음을 전해주는 것이다.

백제 논농사의 전통은 적어도 청동기시대까지 올라간다. 청동기시대 탄화미 출토로 유명한 경기도 여주 흔암리유적이나 부여 송국리유적 모두 백제 지역에 분포한다. 그리고 백제 지역 곳곳에서 벼 껍질이 확인되거나 볍씨 자국이 찍힌 토기가 출토된다. 하지만 탄화미만으로는 이들이 밭에서 재배된 것인지 논에서 재배된 것인지 판별하기 어렵다. 그런데 1993년 부여 궁남지 발굴(3차)과정에서 한국 최초로 백제시대의 논이 발굴되어 논농사의 현장을 눈으로 확인시켜주었다. 궁남지 논유구가 발견될 즈음 일본에서는 이미 논유구가 500여 곳을 넘어설 정도로 논농사 연구가 앞서가고 있었다.[7] 당시 여

7 工樂善通, 『水田の考古學』, 東京大學出版會, 1991, 13쪽.

러 정황으로 미루어 일본 최초의 논농사기술이 한반도에서 건너간 것이 분명한데도 정작 우리나라에서는 이를 뒷받침할 논유구가 전혀 발견되지 않았다. 돌이켜보면 궁남지 논의 발견은 고고학자들로 하여금 논유구의 존재가능성에 대한 확신과 열정을 불러일으키는 계기가 된 것 같다. 이후 우리나라에서도 논유구 조사 유적이 해마다 늘어 2002년에는 25개소이던 논유구가 2년 전 이미 50여 곳을 넘어섰다고 한다.[8] 백제 지역에서도 논유구가 조사된 유적이 10여 곳에 이른다.[9]

한국에서 최초로 발굴된 청동기시대 논은 울산 무거동 옥현유적이다. 바로 뒤를 이어 논산 마전리유적이 조사되었는데 부여 구봉리·노화리유적[10]과 함께 백제 지역의 대표적인 청동기시대 논유구로 꼽히고 있다. 마전리 논은 기원전 7세기경 송국리문화 단계의 주민들이 경작하던 것이다. 확인된 청동기시대의 논면(水田面)은 15개인데 논 모양은 계단상의 네모진 것과 부정형 두 종류이다. 논의 폭은 3~5m가량 되고, 길이는 긴 것이 15~18m 정도로 소형이다. 경사도가 상대적으로 큰 지점은 부정형으로 작게 구획하고 완만한 지점은 좀더 크게 장방형 모양으로 논을 만들었다. 구봉리유적의 논 면적도 3~5m 정도의 소형이다. 이처럼 논 구획을 작게 만드는 것은 물 깊이 조절을 쉽게 하기 위한 것이다. 논은 바닥을 수평으로 만드는 것이 중요 요건이다. 논바닥이 비스듬히 기울게 되면 물의 깊이가 달라져 수온 차이가 나게 되고 벼가 고르게 생장하지 못하는 원인이 되기 때문이다.

---

8 곽종철, 「우리나라의 선사-고대 논밭유구」, 『한국농경문화의 형성』, 학연문화사, 2002, 29쪽; 이한상, 「청동기시대의 관개시설과 안동저전리유적」, 『한·중·일의 고대수리시설비교연구』, 계명대학교출판부, 2007, 45쪽.

9 양기석, 『백제의 경제생활』, 주류성, 2005, 166쪽; 허의행, 「백제시대 농업기술연구」, 『금강고고』 3, 2006.

10 구봉리유적에서 조사를 시작하였으나 2차 조사 시 노화리로 조사범위가 확대되었다. 하나의 유적이 행정구역상 둘로 나뉜 경우로 구봉리유적으로 통칭되고 있다.

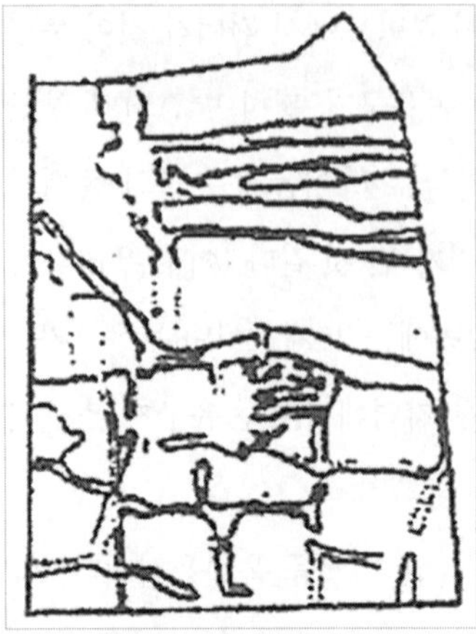

| 그림 1 | 구봉리 청동기시대 논
(충남대학교백제연구소, 2001)

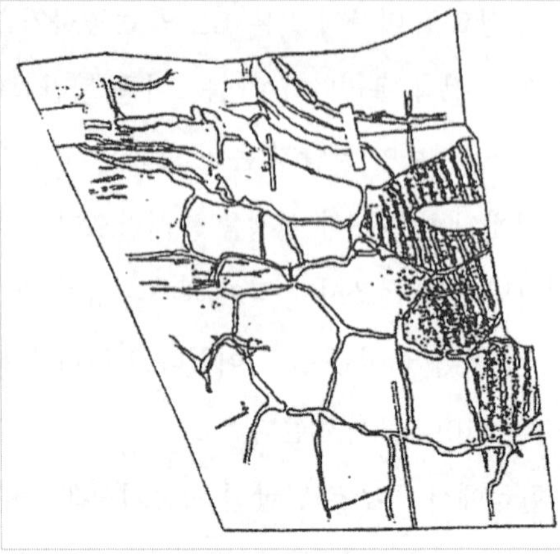

| 그림 2 | 구봉리 백제 초기 논
(충남대학교백제연구소, 2001)

청동기시대 소구획 논의 전통은 백제시대까지 이어졌다. 부여 구봉리유적을 보면 청동기시대 논(B구역 제1경작면, 그림 1) 위층에서 3세기 후반~4세기 전반대의 논(B구역 제2경작면, 그림 2)이 확인되었는데 모양이 일정하지 않은 것은 청동기시대 논과 별반 다르지 않다. 다만 논 구획 면적이 2~3배가량 넓어지는 정도의 변화가 있을 뿐이다. 6~7세기 대의 부여 궁남지 논도 작은 것은 4~5평, 큰 것은 10평 정도로 소규모이고 모양도 부정형이다. 이밖에도 부여 나성 안팎에서 가탑리유적, 나성유적 등 6~7세기 대의 논유구가 조사되었는데 크기나 형태는 크게 차이가 없다. 나성유적의 논도 구획이 네모지게 정연해지기는 했지만 한 변이 5m 미만으로 소구획 논의 전통을 그대로 잇고 있다(그림 3).

그러나 지금까지 조사된 이러한 논유구가 백제 전 지역의 논을 대표하는 것은 아닐 것이다. 울산 옥현유적을 보면 청동기시대의 소구획 논층이 매몰된 후 그 위에 신라시대 논이 만들어졌는데 등고선을 따라 좁고 기다란 호형

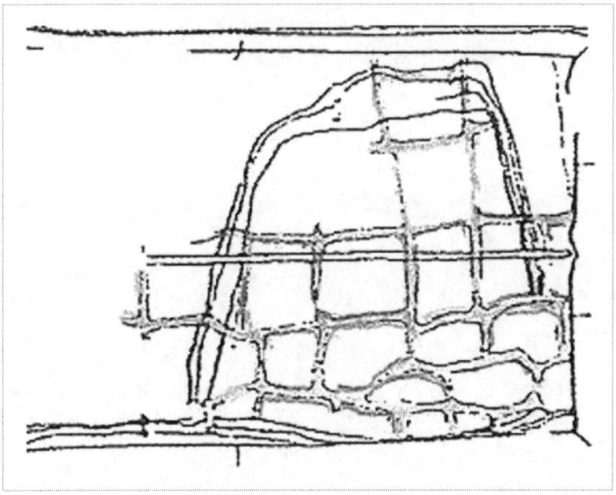

| 그림 3 | 나성 외곽 백제시대 논(충남대학교백제연구소, 2000)

弧形의 계단식 논으로 바뀌면서 구획 면적도 32~44평으로 10배가량 넓어졌다.[11] 이와 비슷한 변화는 울산 발리유적에서도 확인된다(그림 4, 5). 이 같은 삼국시대 논의 형태변화는 쟁기 보급과 같은 농토목구의 변화와 관련지어 해석될 여지가 있다. 마치 1970년대 쟁기 대신 기계영농을 도입하기 위해 구불구불한 논밭 경계를 허물고 네모반듯하고 편평하게 농지정리사업을 실시하여 농경지 경관이 크게 바뀐 것과 비슷하다. 앞으로 논 폭이 훨씬 넓고 길어진 백제시대 계단식 논이 발견될 것으로 기대된다.

각 시대의 논농사의 기술 수준을 직접적으로 보여주는 것은 관개시설이다. 벼는 작물의 특성상 생장기간 동안 뿌리가 물에 잠겨 있어야 하므로 물관리가 필수조건이다. 가장 손쉬운 방법은 자연강우를 이용하거나 지하수 수위가 높은 저습지를 경작지로 활용하는 것이다. 이 경우 실농失農의 위험성이 높고 생산성이 낮다. 이러한 한계를 극복하기 위해 사람들은 인공으로

11 청동기시대 사람들도 이미 자연지형에 따라 계단식으로 논을 만들기 시작했지만 폭이나 길이 등에서 많은 차이가 있다.

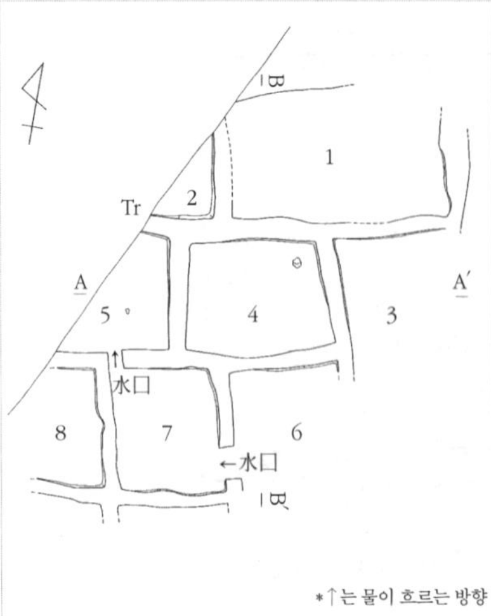

| 그림 4 | 울산 발리 청동기시대 논
(울산문화재연구원, 2003)

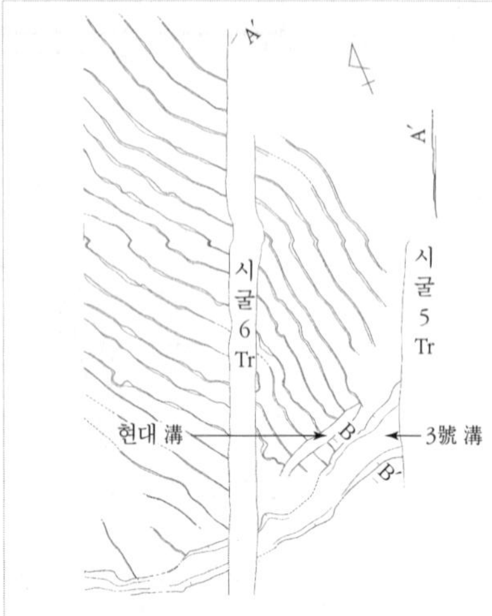

| 그림 5 | 울산 발리 삼국시대 논
(울산문화재연구원, 2003)

관개시설을 만들고, 물 관리를 위해 모든 기술과 정성을 쏟았다. 그들은 자신들이 가진 기술범위 안에서 최대의 관개효과를 거둘 수 있는 지형조건을 찾아 논을 개간하였다. 이른 시기부터 변함없이 논이 조성되어온 곳은 구릉 사면 말단부의 개석곡저開析谷底[12]이며 마전리유적과 보령 관창리 논 입지가 여기에 해당된다. 이러한 지점은 대규모 치수治水가 필요 없고 적은 양이지만 계곡물이나 용출수湧出水를 안정적으로 이용할 수 있으며 하천 범람의 피해가 상대적으로 적다는 이점이 있다. 이밖에 곡저평야나 하천 범람에 의해 만들어진 배후습지가 선호되었는데 구봉리유적은 전자에, 궁남지유적은 후자의 유형에 속한다.[13]

백제시대가 되면 소하천 유역에서 큰 강의 주변으로 논 개발 대상지가 확

12 구조곡(dissected valley). 각종 침식작용과 풍화작용에 의해서 원原지형면을 파고 들어간 곡谷을 가리킨다.

13 곽종철, 앞의 논문, 2002, 32~33쪽.

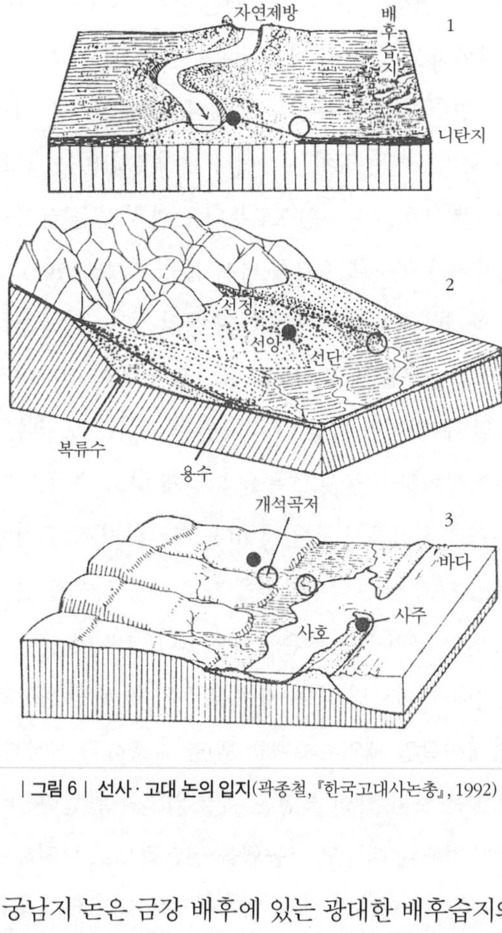

| 그림 6 | 선사 · 고대 논의 입지(곽종철, 『한국고대사논총』, 1992)

대된다. 부여 궁남지 논은 금강 배후에 있는 광대한 배후습지와 해발 40여m 쯤 되는 화지산 사면부가 만나는 경계지점에 만들어져 있다. 이러한 곳은 같은 습지 지역 내에서도 상대적으로 생산성이 높은 곳이다. 가탑리나 나성 외곽의 백제시대 논들 역시 궁남지와 입지조건이 비슷하다. 청동기시대와 달리 이 유적들은 대하천 본류 유역에 인접해 있지만 아직도 본류를 이용하지 못하고 주변의 계류를 용수원用水源으로 이용하였다는 점에서[14] 백제시대 논

입지의 한계를 동시에 보여준다.

논 입지 결정에 있어서 가장 중요한 것은 용수원이다. 청동기시대부터 백제시대에 이르기까지 가장 널리 이용된 용수원은 곡두谷頭에서 솟아나는 용출수와 소하천이었던 것으로 추정되고 있다. 청동기시대 사람들이 활용한 소하천은 1/50000지도에는 하천 이름이나 표시조차 없는 폭 20m 미만의 소규모 하천이었다.[15] 그들은 용수원으로부터 논까지 물을 끌어오기 위해 하천에 보洑를 설치하거나 곳곳에 수로를 파서 물을 확보하였다. 그리고 수로 중간에 웅덩이를 파거나 물막이시설을 하여 물의 양과 온도 등을 조절하였다. 아직은 수리체계의 전모를 밝힐 정도로 대규모 발굴이 이루어진 유적이 없어 자세한 내용은 알 수 없지만 가장 많이 확인된 시설은 보이다.[16] 보의 원리는 하천에 장애물을 설치하여 물의 흐름을 느리게 하고 수위를 높여 물을 인공수로를 통해 논으로 흘러가게 하는 것이다. 지금까지 각 유적에서 조사된 보의 흔적들을 보면 크고 작은 나무말뚝을 가로 세로 좌우로 얼기설기 박고 흙과 자갈을 채워 만든 그리 크지 않은 구조물이다(그림 7).

그런데 백제시대에 이르면 보다 넓은 면적의 논에 안정적으로 급수할 수 있는 새로운 관개시설인 제언堤堰(제방, 댐)을 축조하기 시작하였다. 물의 흐름을 차단하지 않는 보와 달리 제언은 계곡 입구를 완전히 가로막는 시설이므로 발달된 토목기술과 대규모 노동력을 집단적으로 투입해야 한다. 『삼국사기』와 금석문 자료에 의하면 신라, 백제에서는 5~6세기 대에 국가 주도로 제언을 쌓고 대규모로 논을 개발하였다. 삼국시대의 제언은 경북 영천의 청

---

14 곽종철, 「선사·고대 稻자료 출토유적의 토지조건과 도작·생업」, 『고문화』 42·43, 1993, 38쪽.

15 곽종철, 앞의 논문, 2002, 44~47쪽.

16 김도헌, 「선사 · 고대 논의 관개시설에 대한 검토」, 『호남고고학보』 18, 2003.

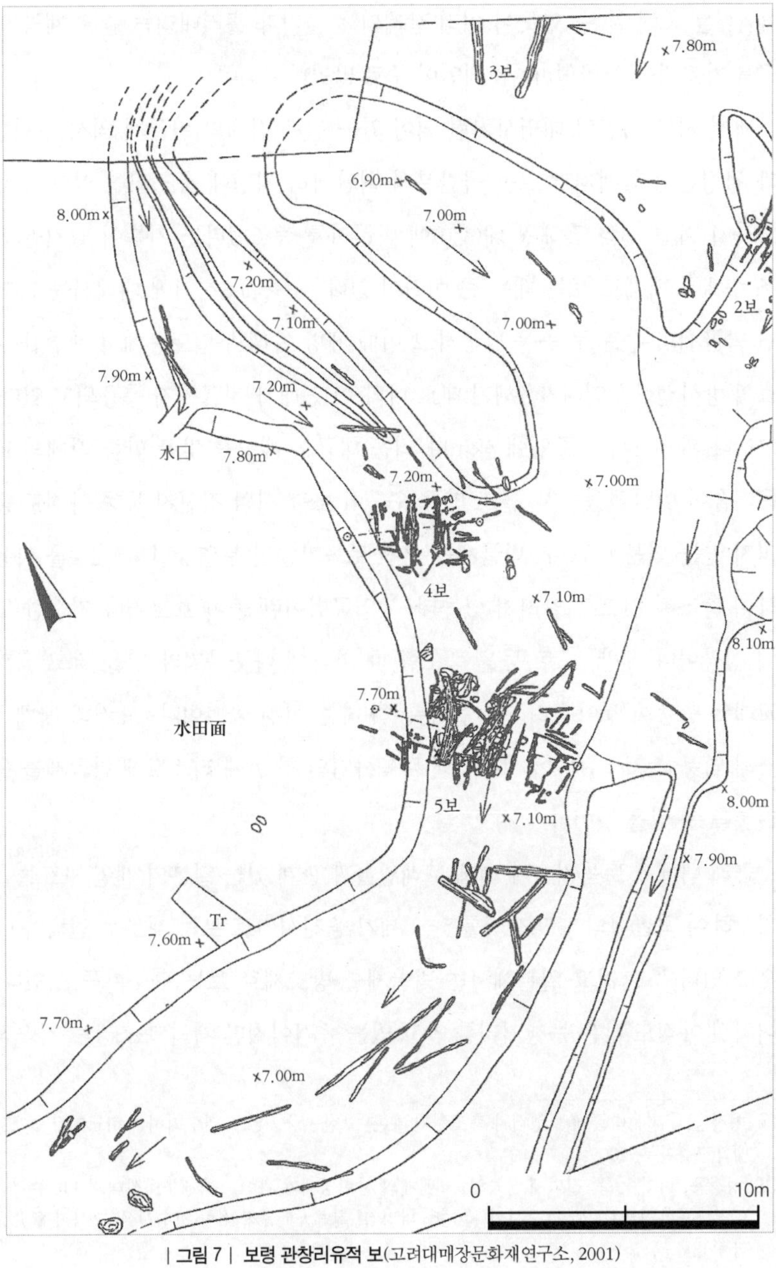

| 그림 7 | 보령 관창리유적 보(고려대매장문화재연구소, 2001)

제菁堤를 통해 알 수 있듯이 여러 갈래의 물줄기가 흘러내리는 좁은 계곡 입구를 가로막는 산곡형山谷形 제언이 주로 많았다.

백제 지역 제언의 대명사처럼 되어 있는 전북 김제의 벽골제 역시 두월천과 원평천이 합해져 흐르는 곡간부의 최단거리 지점에 축조되어 있다.[17]『삼국사기』에는 신라 흘해왕 대(330)에 벽골지를 축조했다는 기록이 있지만 축조 주체를 백제로 보는 데는 큰 이견이 없다. 초축初築시기에 대해서는 1975년 벽골제의 수문 두 곳을 발굴하고 이때 제방 아래 부엽토층에서 채취한 시료의 방사성탄소연대가 4세기 대로 나와 이 연대가 지금까지 통용되고 있다. 그러나 과연 4세기 중엽에 3km나 되는 대규모 제방을 쌓을 만큼 백제의 토목기술이 발달했었는지, 돌로 만든 수문이 초축 시의 것인지 등등 아직도 풀리지 않는 의문이 많다. 벽골제는 선진 토목기술인 부엽공법敷葉工法을 사용하여 축조된 것으로 알려져 있는데, 부엽공법이란 물이 흐르거나 저습한 곳에 성곽이나 제방, 도로 등을 축조할 때 바닥에 나뭇가지와 잎을 깔고 흙과 교대로 층층이 쌓아올려 기반을 튼튼히 하는 선진 공법이다. 요컨대 백제국가의 역량이 총결집되어 이루어낸 토목사업의 첫 번째 리스트에 벽골제를 올려놓을 수 있을 것이다.

근래 백제계 토목기술과 백제 도래인들과 관계 있는 일본의 제언 자료들을 비교하여 벽골제의 축조시기를 5~6세기 웅진시기로 보는 새로운 견해가 나오고 있다.[18] 그리고 일본에서는 벽골제를 방조제로 보는 연구자들도 있다. 이처럼 아직도 많은 논쟁거리를 안고 있는 유적이지만 제언 축조라는 기술적

17 성정용, 「김제 벽골제의 성격과 축조시기 재론」, 『한 · 중 · 일 고대수리시설 비교연구』, 계명대학교출판부, 2007.

18 성정용, 위의 논문; 전덕재, 「농업」, 『백제의 사회경제와 과학』, 백제문화사대계 11, 충청남도역사문화연구원, 2007(오사카 狹山池, 나라 현 南鄕大東유적 소형 저수시설, 오사카 龜井유적 등).

변화를 토대로 백제 논농사가 양적, 질적으로 한 단계 크게 발달한 것은 분명하다.

4. 밭농사의 오랜 전통

논농사와 밭농사는 서로 다른 농경유형이다. 논농사는 잡곡농사에 비해 단위면적당 수확량이 4~5배가 넘지만 입지조건의 제약이 크고 기반시설을 축조하고 관리, 유지하는 데 많은 노동력이 투입되어야 한다. 반면 밭은 논에 비해 개간대상지가 훨씬 개방되어 있고 농경지 유지, 관리를 위한 별도의 노동력이 필요하지 않다. 더욱이 밭의 개간은 논과 달리 노동력을 집단적으로 동원하지 않아도 되며 소규모의 개별적인 노동력 투입만으로도 충분하다. 이 때문에 시대와 지역에 따라 논과 밭의 비율에 많은 차이가 있지만 전체적으로 밭이 훨씬 많았다. 7세기 말(695) 통일신라 촌락문서에 나오는 충주 부근의 4개 촌락의 논밭을 합산해보면 밭이 55% 정도로 논보다 10%가량 더 많다. 문서에 나오는 촌락은 왕실 직속촌으로 추정되고 있으므로 일반 촌락은 이보다 밭의 비율이 더 높았을 것이다.

백제 지역에서도 밭농사는 농경 시작단계부터 변함없이 중요한 자리를 지켜왔다. 백제의 밭농사 전통은 5000여 년 전으로 거슬러 올라간다. 앞서 살펴본 충북 옥천 대천리 집자리유적은 밭농사의 오랜 전통을 보여주는 대표적인 유적이다. 지금까지 백제 지역 청동기시대 유적에서 출토된 곡물자료를 종합해보면 기장, 조, 수수, 보리, 밀, 콩, 팥 등 거의 모든 잡곡이 망라되어 있다.[19] 이는 한반도에서 농경은 밭농사로부터 시작되었다는 통설이 여전히 유

19 양기석, 『백제의 경제생활』, 2005, 120~121쪽.

효함을 말해준다. 이러한 전통은 백제시대에도 그대로 이어졌다. 풍납토성 내 백제시대 주거지에서 팥(나-1호)과 벼(8호 주거지)가 확인되었다.[20] 그리고 부여 부소산성의 창고지에서도 벼, 밀, 조, 콩, 팥, 메밀 등 각종 곡물이 출토되어 백제 농산물의 다양한 구성을 보여준다.

탄화곡물이 선사·고대인들의 농경활동과 식생활 자원을 연구하는 데 있어서 핵심자료임은 두말할 필요가 없다. 그러나 흙더미에 묻혀 있는 검게 탄화된 작은 곡식 낟알들을 찾아내는 일은 결코 쉽지 않다. 곡식 낟알들을 놓치지 않기 위해 고고학자들은 고운 체로 흙 속의 미세 유물들을 찾아내는 물체질(water screening)이나 부유법(water floating)과 같은 조사기법을 사용한다. 이러한 조사기법이 처음 시도된 것은 1977년 경기도 여주 흔암리유적 발굴 때이다. 이후 30년도 채 되지 않아 70여 개소가 넘는 유적(신석기시대-삼국시대 초기)에서 식물유체를 확인해낼 정도로[21] 자료가 급증하고 있는 것은 결코 우연이 아니다.

탄화곡물 검출과 함께 밭농사 연구를 한 단계 진전시키는 발판이 된 것은 밭유구의 발견이다. 1993년 궁남지에서 논유구가 발견되기 한 해 전인 1992년 한강 유역 미사리유적에서 백제시대 밭이 발견되었다.[22] 이것은 한국에서 조사된 최초의 경작유구이다. 그리고 같은 해에 영산강 유역의 광주 신창동 유적에서도 마한시기의 밭고랑으로 추정되는 몇 줄의 조상條狀유구가 조사되었다는 보고가 있었다.[23] 이후 밭유구는 꾸준히 증가하고 있으며 그중에는

20 국립문화재연구소, 『풍납토성』 I, 2001, 376, 416쪽.

21 李相吉, 「韓國の水稻と畠作」, 『東アジアと日本の考古學IV』, 同成社, 東京, 2000, 25쪽; 국립중앙박물관, 『한국선사유적출토곡물자료』, 2006.

22 최종택, 「미사리출토 밭의 구조와 연대에 대하여」, 『서울대학교박물관연보』, 1993.

23 흑갈색 부식토층에서 너비 10~25cm 정도의 골이 5줄 발견되었는데 각 골 간의 간격은 40~70cm이다. 조현종·장제근, 「광주 신창동유적 제1차조사개보」, 『고고학지』 4, 1992, 59, 110쪽.

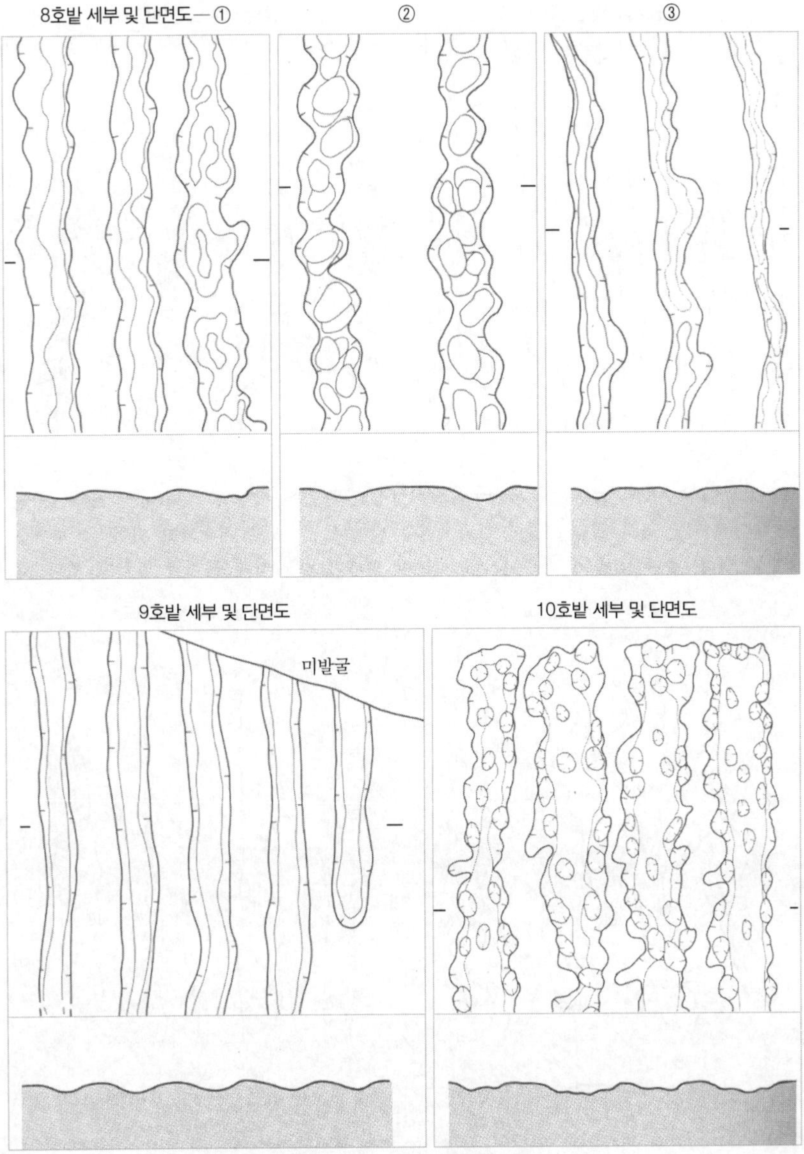

| 그림 8 | 옥방3지구 밭①(경상대학교박물관, 2001)

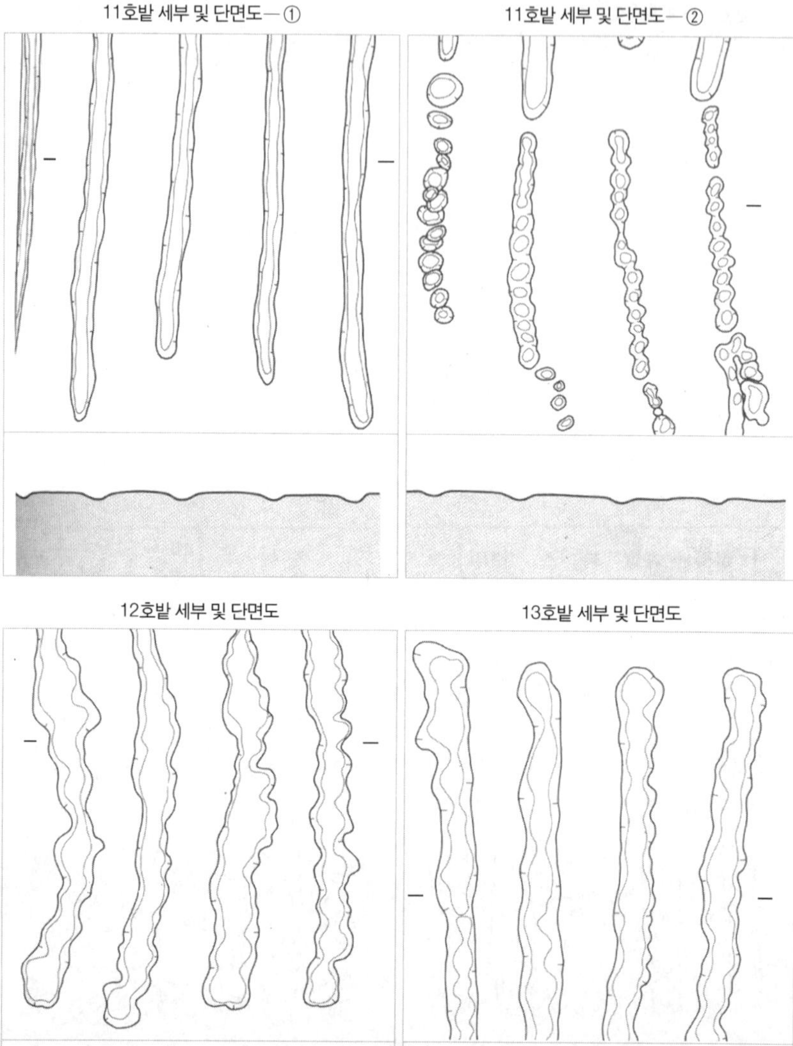

| 그림 9 | 옥방3지구 밭②(경상대학교박물관, 2001)

진주 대평리유적이나 진주 평거동유적처럼 만여 평이 넘는 대규모의 밭유구도 있다. 백제 지역에서도 청동기시대 밭으로부터 백제시대의 밭에 이르기까지 밭유구가 확인된 유적이 10여 곳에 이른다.[24]

밭유구를 볼 때 먼저 떠오르는 의문은 작물 재배처가 어디였을까 하는 것이다. 예컨대 대평리 청동기시대 밭유구를 보면 고랑, 이랑의 형태나 너비 등이 여간 다양하지 않다(그림 8, 9). 고랑은 배수를 하거나 사람이 다니는 통로 역할을 하는 곳이고 작물은 마땅히 이랑 위에서 재배하는 것이 밭농사의 오랜 전통이지만 선사 · 고대사회의 사정은 이와 사뭇 달랐다. 청동기시대의 경우 나무따비나 괭이만으로 경작지 전체를 갈아엎는 것은 대단히 비효율적이었기에 좁은 고랑 형태나 둥근 구멍 모양의 파종구만 만들어서 씨를 뿌리고 작물을 키우는 경우가 적지 않았다.

그리고 작물의 특성에 따라 고랑재배가 더 유리한 것도 있다. 기장, 조, 수수, 콩과 같은 작물은 봄에 파종하여 여름철에 자라므로 배수가 중요 요건이며 이랑에 재배해야 한다. 반면 보리와 밀은 일반 작물과 달리 가을에 파종하여 차가운 겨울과 건조한 봄철을 거치면서 자란다. 따라서 방풍과 보습을 고려할 때 맥류는 고랑에 파종하는 것이 이점이 많다. 그리고 밭에서는 잡곡 이외에 벼도 재배하였는데 만약 여름철 우기에 빗물을 가두어 뿌리를 잠기게 하려면 좁고 깊은 고랑을 만드는 것이 여러모로 편리할 것이다. 이처럼 밭작물이라 할지라도 종류에 따라 파종처와 재배처가 다르다는 사실을 확인시켜 준 유적이 서울 미사리 백제시대 밭유구이다. 미사리유적의 상층 밭(6세기)은 이랑이 경작처이고, 하층 밭(4~5세기)은 고랑 안에 둥근 경작 흔적이 남아 있다.[25] 그러므로 밭유구마다 고랑, 이랑 형태나 너비가 다양하다는 것은 경

24 김병섭, 「한국의 고대 밭유구에 대한 검토」, 『고문화』 62, 2003; 양기석, 앞의 책, 129~130쪽.
25 최종택, 앞의 논문, 1993; 숭실대학교박물관, 『미사리』 3권, 1994, 358~359쪽.

작방식이나 경작지 활용방식이 그만큼 다양했다는 뜻이다.

백제시대가 되면 청동기시대에 비해 고랑, 이랑의 형태가 비교적 단순해진다. 고랑과 이랑의 너비가 비슷하고 폭도 조금씩 다르긴 하지만 대체적으로 60cm 전후의 것이 많다. 작물을 관리하기 위해 밭이랑 사이를 지나다니려면 최소한 이 정도의 간격은 필요하다. 물론 충남 서천 송내리(3세기 후반~4세기 중반)나 경기도 화성 먹실유적(4세기 후반~5세기 중반)의 밭처럼 폭이 20cm 전후되는 좁은 고랑이 상당히 조밀하게 남아 있는 것도 있다. 이러한 차이가 재배작물과 관련된 것인지 반복경작에 의한 것인지는 앞으로의 연구 과제이다.

요컨대 경작기술이 미숙했던 청동기시대는 위험을 분산시키기 위해 두 가지 이상의 작물을 혼합해서 파종하거나 구획을 작게 하여 여러 작물들을 동시에 재배하였다. 이로 인해 일정 범위 안에 각종 형태의 고랑, 이랑 흔적이 골고루 남아 있는 경우가 많다. 이와 달리 삼국시대가 되면서 밭의 유형이 단순화하는 것은 경작기술이 발달하여 단일작물을 보다 넓은 면적에서 대규모로 재배하였기 때문이다. 이러한 변화는 말할 것도 없이 철제 기경구起耕具나 쟁기 보급의 결과이다. 기경구의 변화 흔적은 고랑의 세부 모습에서도 관찰된다. 청동기시대의 밭고랑은 가장자리가 들쑥날쑥 불규칙한 데 비해 삼국시대의 밭고랑은 일반적으로 가장자리가 매끈하고 곧게 뻗어 있다.

4~5세기 백제의 철제 농기구 보급 상태를 단적으로 보여주는 것은 경기도 용인 수지 집자리유적이다. 이 유적에서는 6기의 집자리와 다수의 수혈유구가 조사되었는데 각종 철기가 무려 73점이나 출토되었고 그중에서 32점이 농기구이다. 낫, U자형 삽날은 물론이고 쇠괭이만 해도 깨진 것까지 포함하면 20여 점이 훨씬 넘는다.[26] 왕족이나 귀족의 무덤도 아닌 집자리에서 이렇

26 한신대학교박물관, 『용인수지 백제주거지』, 1998, 150~158쪽.

게 많은 철제 농기구가 출토된 것은 수지유적이 처음이다.[27]

이처럼 경작유구는 작무법作畝法, 파종법, 경작도구, 토지 활용방식 등등 농경기술의 구체적인 변화를 밝힐 수 있는 수많은 정보를 간직하고 있다. 더욱이 자연과학자들은 밭에서 채취한 토양성분을 분석하여 이미 흔적도 없이 사라져버린 곡물이나 밭에서 자라던 각종 잡초의 흔적까지 찾아내고 기후환경까지 추정하고 있다. 전북 진안 여의곡유적에서 기원전 7~6세기경의 청동기시대 밭이 조사되었는데 밭의 토양을 채취하여 식물규소체[28]를 분석한 결과 조, 피, 율무, 기장 등이 재배된 것으로 밝혀졌다. 뿐만 아니라 당시의 환경은 현재와 같은 중습성中濕性의 온난한 기후였던 것으로 추정하였다. 이처럼 자연과학자의 힘을 빌려 고대인의 생업현장이 하나씩 베일을 벗고 있다.

5. 나머지 말

이상에서 1990년대 이후 새로이 조사된 논, 밭유구를 중심으로 백제 지역 농경생활의 전개과정을 살펴보았다. 백제 지역의 주민들은 5000년이 넘는 오랜 농경 전통을 가지고 있다. 그러나 본격적으로 농경 중심 생업경제가 확립되는 것은 논농사와 밭농사가 균형을 이루면서 안정적으로 발달하게 되는

27 고대국가에서 철제 농기구는 관에서 공급·관리하였다. 많은 수량의 철제 농기구가 한자리에 모여 있고 쇠괭이의 경우 파손품이 절반가량 섞여 있는 것으로 미루어 파손품 재활용 등 철제 농기구를 공동으로 관리하던 당시의 상황을 반영하는 것으로 생각된다.

28 식물규소체는 식물이 뿌리를 통하여 토양 중의 수분을 흡수할 때 용해된 SiO_2가 함께 흡수되면서 식물체 내에 축적되어 형성되는데, 식물은 죽고 썩게 되더라도 식물규소체는 토양 속에 장기간 존속한다. 토양 내에 남아 있는 식물규소체를 분리하여 형태적 특성을 확인함으로써 기원식물을 확인하고 이를 근거로 과거의 환경에 대한 정보를 얻는 작업을 식물규소체 분석이라 한다(김경식, 「여의곡 토양의 식물규소체분석」, 『용담댐발굴조사보고서』 VIII, 2001, 562쪽).

청동기시대에 들어와서이다. 기본적으로 백제 농경은 청동기시대의 기술적 전통 위에서 성장·발전하였다. 청동기시대 소구획 논의 전통이 단절되지 않고 5~6세기 사비시대 논으로 이어지고 있는 것이 단적인 예이다. 더욱 흥미로운 것은 논두렁 구획 안에 고랑, 이랑이 만들어져 있는 것이 자주 발견되는데 그 모습이 청동기시대로부터 삼국시대의 논에 이르기까지 거의 비슷하다. 이것이 논과 밭을 자유롭게 전환하여 경작하던 흔적인지, 벼를 기장이나 조처럼 이랑 위에서 재배하던 이랑재배 흔적인지, 아니면 가뭄과 같은 불가피한 사정 때문에 논농사를 포기하고 밭으로 활용하던 상황에서 만들어진 것인지 아직도 논의가 분분하다. 그렇지만 논밭의 경계를 넘나드는 다양한 경작방식의 뿌리가 청동기시대에 있음을 확인한 것은 중요한 소득이라 하지 않을 수 없다.

백제의 농업기술은 철제 농토목구의 확산과 쟁기의 보급으로 질적, 양적으로 크게 발달하였다. 나무농기구 대신 쇠삽, 쇠스랑, 쇠괭이를 사용하게 되면 작업효율은 몇 갑절 향상된다. 여기에서 한걸음 더 나아가 축력畜力이라는 새로운 에너지를 활용하면 작업효율은 더욱 크게 증폭된다. 그 결과 논밭의 개간이 촉진되고 신개념의 관개시설이 출현하였다. 그리고 보다 깊이 땅을 갈고, 김매기 횟수를 늘림으로써 단위면적당 생산력이 크게 높아졌다. 토지 활용방식에도 큰 진전을 가져와 밭의 휴경기간을 1~3년으로 단축할 수 있게 되었다.[29] 이처럼 도구의 발달은 경작기술과 농업생산력을 변화시키는 중요 변수의 하나이다. 그럼에도 불구하고 경작유구에 치중한 나머지 백제농기구의 변화과정을 다루지 못한 것이 아쉬움으로 남는다.

하지만 백제농경의 전통을 실물자료를 통해 추적할 수 있게 된 것은 전적

29 이현혜, 『한국고대의 생산과 교역』, 일조각, 1998.

으로 경작유구의 발굴 덕분이다. 농경문 청동기의 그림을 통해 머릿속에서 상상만 하던 평행선 모양의 밭고랑이 실물자료가 되어 세상에 모습을 드러내고 있다. 그리고 조그맣게 그물망처럼 구획된 백제시대의 논은 후대와는 전혀 다른 경작지 경관을 연출한다. 뿐만 아니라 나무로 조각한 새가 청동기시대의 우물에서도 나오고 백제시대의 수로 옆 구덩이에서도 발견된다. 농경유구를 발굴하는 과정에서 나무로 조각한 새가 발견되는 것은 우연이 아니다. 새는 곡령穀靈을 실어나르는 메신저이자 조상령의 화신으로 여겨져 오랫동안 숭배의 대상이 되어 왔다. 이처럼 경작유구의 발굴로 고대인들의 정신세계까지 엿볼 수 있게 되었다.

경작유구의 발굴작업은 다른 유적의 발굴보다 더 많은 인내를 요구한다. 금귀고리나 호화로운 장신구가 쏟아지는 귀족의 무덤을 발굴하는 것과 달리 수백 평의 밭을 발굴해도 진열장에 전시할 만한 반듯한 유물 하나 없는 것이 다반사다. 때로는 쉴 새 없이 물이 스며나는 진흙바닥에서 힘든 작업도 감내해야 한다. 그러나 논바닥에 어지러이 찍혀 있는 사람 발자국을 보고, 수로나 물웅덩이에 던져져 있는 나무삽을 발굴해내면서 당시 사람들의 체취를 느끼고, 소 발자국과 수레바퀴 흔적을 통해 삶의 현장에 보다 가까이 다가갈 수 있는 곳이 바로 경작유구이다. 언젠가 경작유구가 간직한 비밀을 낱낱이 밝혀낼 수 있는 날이 올 것을 고대한다.

참고자료

경남대학교박물관·밀양대학교박물관, 『울산무거동옥현유적』, 1999.
경상대학교박물관, 『진주대평리옥방3지구 선사유적』, 2001.
고려대학교매장문화재연구소, 『관창리유적 B·G구역』, 2001.

고려대학교매장문화재연구소, 『마전리유적 C지구』, 2004.
고려대학교매장문화재연구소, 『부여구봉리유적』, 2005.
국립부여박물관, 『궁남지』, 2007.
목포대학교박물관, 『무안양장리유적』, 1997
울산문화재연구원, 『울산발리유적』, 2003.
충남대학교백제연구소, 『부여 동나성 · 서나성 발굴조사약보고서』, 2000.
충남대학교백제연구소, 『구룡-부여간 도로확장 및 포장구간내 문화유적발굴조사약보고서』, 2001.
충청매장문화재연구원, 『서천 송내리유적』, 2001.

동아시아 문화강국 백제의 상징, 무령왕릉

권오영

1. 머리말

2009년 1월 19일 전라북도 익산 미륵사지의 서측 석탑에서 국보급 유물이 쏟아져나왔다. 미륵사는 무왕과 신라출신 선화공주의 사랑이야기가 얽혀 있는 백제 최대의 사찰이다. 그동안 여러 차례에 걸친 발굴조사 과정에서 학술적으로 중요한 유물은 상당히 많이 출토되었지만 절의 창건주체를 알 수 있는 자료는 나오지 않았다. 그러다가 올해 벽두에 서탑에서 화려한 금제 사리

權五榮 한신대 국사학과 교수.
저서로 『시민을 위한 가야사』(공저, 집문당, 1996), 『삼국시대 사람들은 어떻게 살았을까』(공저, 청년사, 2000), 『고대 동아시아 문명교류사의 빛, 무령왕릉』(돌베개, 2005)이 있으며, 논문으로 「상장제를 중심으로 본 무령왕릉과 남조묘의 비교」(『백제문화』 31, 공주대학교백제문화연구소, 2002), 「백제문화의 이해를 위한 중국 육조문화 탐색」(『한국고대사연구』 37, 한국고대사학회, 2005), 「성스러운 우물의 제사-풍납토성 경당지구 206호 유구의 성격을 중심으로-」(『지방사와 지방』 11-2호, 역사문화학회, 2008) 등이 있다.

장엄구와 함께 193자의 글자가 새겨진 금판으로 된 사리봉안기, 각종 귀금속 등 500여 점이 639년에 고이 모셔진 후 처음으로 드러난 것이다. 2008년 2월 10일 서울시 한복판에서 국보 1호인 숭례문이 화재로 전소된 지 1년 뒤 새로운 국보가 우리 앞에 나타났다.

이 낭보에 접한 국내 매스컴의 반응은 한결같이 무령왕릉 이후 최고의 발견이라는 것이었다. 그런데 이런 찬사는 2007년 충청남도 부여 왕흥사지에서 성왕의 아들인 창왕(위덕왕)이 봉안한 사리장엄구가 나왔을 때에도 나온 바 있다. 좀더 거슬러 올라가자면 1999~2000년에 걸쳐 발굴조사된 풍납토성 경당지구에 대해서도 마찬가지였다. 위대한 발견이 이루어질 때마다 "무령왕릉 이후의 최고, 최대의 발견"이라는 수식어가 붙는 것은 실은 무령왕릉을 능가할 유적의 발견은 아직 없다는 반증이기도 하다. 과연 무령왕릉은 어떤 유적이기에 발견된 지 38년이 지난 2009년에도 여전히 최고의 지위를 누리고 있는 것일까?

2. 우연한 발견, 그리고 희소성

무령왕릉은 우연히 발견되었다. 트로이유적처럼 개인의 평생에 걸친 노력의 결실로서 중요한 발견이 이루어지기도 하지만 대부분의 위대한 발견은 우연한 기회에 갑자기 찾아오게 마련인가 보다.

1971년 7월 여름, 긴 장마로 인해 공주 송산리 6호분에 빗물이 스며들 것을 염려한 관계당국은 이 고분의 뒷부분에 배수로를 파는 작업을 진행하였다. 7월 5일, 작업원의 삽에 단단한 물체가 부딪혔는데 그것은 흙을 구워 만든 벽돌이었다. 조금씩 노출을 시켜보니 벽돌을 쌓아서 아치형으로 만든 무덤의 입구부가 드러났다. 송산리 6호분과는 다른 별개의 무덤이 발견된 예상

| 그림 1 | 발굴이 끝나고 모든 유물을 들어낸 후의 무령왕릉 내부(©국립공주박물관)

치 못한 상황에 관계당국(문화공보부)은 긴급회의를 열고 조사단을 구성하여 발굴작업을 진행시켰다. 입구를 막은 수많은 벽돌과 회를 제거하고 7월 8일 4시 조금 넘어 무덤 안에 처음으로 들어간 이는 송산리 6호분의 배수구공사 때부터 작업에 참여했던 김영배(국립공주박물관장), 그리고 조사지원을 위해 파견된 김원용(국립중앙박물관장)이었다. 두 사람의 눈에 띈 것은 컴컴한 연도羨道 저편에서 침입자들을 노려보고 있는 돌짐승이었다. 이 돌짐승은 이 무덤이 처음 발견된 7월 5일 새벽 김영배의 꿈에 나타나 그에게 달려들던 바로 그 놈이었다. 돌짐승의 앞에는 두 장의 평평한 돌판이 놓여 있었는데 그곳에 새겨진 글자는 '영동대장군백제사마왕寧東大將軍百濟斯麻王'으로 시작하였다.

사마왕은 백제 25대 왕인 무령왕의 살아생전 이름이다. 두 사람이 얼마나 놀랐을지, 밖에서 초조하게 기다리던 기자단이 얼마나 흥분했을지, 이를 신문과 텔레비전을 통해 알게 된 국민이 얼마나 기뻤을지 상상하기도 어렵다.

무령왕이 사망한 해는 523년, 지금의 무덤에 매장된 해는 525년이니 무려 1446년[1]의 세월을 훌쩍 뛰어넘어 유해로서 세상에 모습을 드러낸 것이다. 그것도 엄청난 장례용품을 그대로 간직한 채.

삼국시대에 만들어지고 우리 세대에 발굴조사된 무덤은 무령왕릉 말고도 수만 기가 더 있다. 한반도에서 가장 규모가 큰 경주의 황남대총, 화려한 벽화가 그려진 안악 3호분, 웅장한 피라미드 모양의 중국 집안集安시 태왕릉과 장군총 등 이루 셀 수 없이 많은 무덤이 발견되고 조사되었다. 그중에는 규모나 부장품으로 보아 왕릉이 분명한 것도 적지 않다. 하지만 묻힌 자의 정체를 분명히 알 수 있는 무덤은 몇 되지 않는다.

고구려 광개토왕의 무덤에 대해서는 태왕릉이라는 설이 유력하지만 이에 대한 반론도 만만치 않다. 안악 3호분의 피장자에 대해서는 미천왕이라는 설, 고국원왕이라는 설, 중국에서 망명한 동수冬壽라는 설이 팽팽히 맞서고 있으며 황남대총은 내물왕이냐 눌지왕이냐 하는 해묵은 논쟁이 지금도 이어지고 있다. 결국 삼국통일의 기초를 닦은 신라 무열왕릉 이후에나 왕릉의 비정比定을 믿을 만하고 그 이전 것들은 분명한 것이 하나도 없는 것이다. 왕릉이 아니더라도 무덤에 묻힌 피장자의 정체가 밝혀진 것은 삼국시대 무덤 모두를 합하여도 다섯 개가 되지 않는다. 이는 무덤 내부에 묻힌 자의 신원을 밝히지 않는 장례풍습, 그리고 후대의 극심한 도굴 탓이다. 이런 사정을 볼

1 무령왕릉에는 왕과 왕비가 합장되어 있다. 왕비는 526년에 사망하여 529년에 매장되었다. 이후 이 무덤은 개봉되지 않았다. 따라서 보다 엄밀히 말하자면 왕비의 매장이 종료된 후 1442년 만에 무덤이 열린 셈이다.

때 국내외 사료에 뚜렷한 족적을 남긴 백제의 왕과 그 부인의 무덤이 발견된 것은 극히 희소한 일이다. 앞으로도 우리 세대에 주인공의 신원을 알 수 있는 삼국시대 무덤이 더 발견되리라는 보장은 없다. 이렇듯 우연히 발견되었으면서 묘주의 정체를 알 수 있는 무덤, 그것도 국가를 중흥시킨 위대한 군주의 무덤이 발견된 것은 매우 극적인 사건이다. 온 국민이 열광하였던 이유가 여기에 있다.

3. 도굴을 피한 행운, 그러나 졸속조사

이 무덤이 무령왕 부부의 무덤임을 확실히 보여준 것은 두 장의 돌판에 새겨진 글자였다. 만약 이 돌판이 없었다면 이 무덤을 무령왕 부부의 무덤으로 간주할 연구자는 별로 없었을 것이다. 아마도 어느 지체 높은 중국계 귀화인의 무덤 정도로 치부하였을 것이다.

삼국시대에 만들어진 지배자의 무덤 속에는 많은 양의 귀중한 장례용품이 묻혀 있다. 따라서 귀중품을 노린 도굴이 극심하였다. 일제강점기를 거치면서 도굴은 사회문제로까지 비화할 정도로 심각해져서 현재 우리 주변에 남아 있는 삼국시대 무덤 중 도굴의 피해를 입지 않은 것이 드물 정도이다. 산처럼 거대하게 강돌과 흙으로 봉분을 만들고 그 안에 매장시설을 마련한 신라의 돌무지덧널무덤(적석목곽분) 정도가 도굴의 피해에서 벗어나 있을 뿐, 입구가 달리고 옆으로 출입하는 굴식돌방무덤(횡혈식석실분)은 예외 없이 도굴을 당하였다.

문제는 고구려, 백제, 신라, 가야 모두 처음에는 고유한 형태의 무덤을 만들다가 일정 시점에 도달하면 굴식돌방무덤으로 전환하였다는 점이다. 고구려와 백제는 4세기부터, 신라와 가야는 6세기 이후라는 점이 다를 뿐 모두 도굴에 취약한 굴식돌방무덤이 지배층의 표준적인 묘제墓制로 자리 잡았다. 그 결과 고구려와 백제의 왕릉급 고분 중 도굴되지 않은 것은 전무하다고 해도 과언이 아니다.

무령왕릉 발견의 계기가 되었던 송산리 6호분도 예외가 아니었다. 이 무덤은 무령왕릉과 마찬가지로 벽돌을 쌓아 만들었으며 규모도 비슷하여서 왕릉급임이 분명하지만 현재 남아 있는 유물은 거의 없다. 이 무덤과 무령왕릉이 위치한 공주 송산리 일대는 웅진기(475~538) 백제왕실의 공동묘지였으므로 도굴꾼의 표적이 되었다.

이 일대의 무덤들에 대한 도굴의 위협은 크게 보아 세 번 있었다. 첫 번째는 660년 백제가 멸망하였을 때이다. 당시 백제도성은 부여(사비)에 있었지만 공주(웅진)는 전 도성으로서 중시되었고 웅진기의 왕릉들은 엄격히 관리되고 있었을 것이다. 패망한 나라의 왕릉이 도굴의 우선순위에 오름은 당연하다. 중국에서는 군자금을 마련하기 위해 패망한 왕조의 무덤을 도굴하는 일이 오래전부터 자행되어 왔었기 때문에 공주에 진주한 당나라 군사에 의해 송산리 일대의 고분들은 심하게 도굴되었을 것이다. 하지만 무령왕릉은 기적적으로 도굴의 피해를 넘겼다.

두 번째 위기는 9세기 초에 찾아온다. 공주의 웅천주 도독이었던 김헌창金憲昌은 785년 원성왕의 즉위과정에서 자신의 아버지인 김주원金周元이 왕위에 오르지 못하고 무열왕 직계인 자신들이 계속 수세에 몰리자 마침내 822년 공주를 거점으로 반란을 일으켰다. 반란의 규모는 매우 커서 한동안 전국이 북새통을 이루었지만 마침내 중앙에서 파견된 토벌군에 의해 성은 함락되고 김헌창은 자결하였다. 부하들은 그 머리를 베어 몸통과 머리를 따로 매장하였지만 토벌군은 오래된 무덤을 샅샅이 뒤져 찾아내고 다시 베었다. 군자금이 필요하였을 김헌창 세력에 의한 도굴의 위험, 그리고 김헌창의 시신을 찾기 위해 공주 일대의 오래된 무덤을 뒤지고 다닌 토벌군의 손길을 피할 수 있었던 것은 기적이다.

마지막 위기는 일제강점기에 있었다. 공주고보 교사로 재직하던 가루베 지온輕部慈恩이라는 한 아마추어 고고학자는 공주 일대의 유적을 무단으로 조사하였다. 송산리 6호분도 그에 의해 발굴되었는데 순수 학술적인 측면만이 아니라 유물습득 욕구가 겹쳐진 조사였다. 따라서 송산리 6호분에서 과연 어느 정도의 유물이 출토되었고 어디에 있는지 아직도 미궁에 빠져 있다. 다행스럽게도 그는 무령왕릉을 무덤으로 인식하지 않고 송산리 6호분을 감싸는 북쪽의 주산이라고 오판하여 죽을 때까지 송산리 6호분이 무령왕릉이라고 믿었다.

이렇듯 최소 세 번에 걸친 도굴의 위험에서 벗어나 기적적으로 살아남은 무령왕릉은 1971년 여름 그 모습을 드러냈다. 하지만 100년에 한 번 있을까 말까한 위대한 발견에 대한 우리의 준비 상태는 제로에 가까웠다.

처음으로 발견된 7월 5일에서 불과 3일이 지난 8일 오후, 4명의 조사단이 무덤 안으로 진입하였다. 나란히 누워 있는 왕과 왕비쪽 조사를 2명씩 분담한 것이다. 밖에서는 수십 명의 보도진과 수백 명의 구경꾼이 진을 치고 있었다. 현장에 늦게 도착한 어떤 신문사의 기자는 자기네 회사에만 연락이 늦었다며 고위 공무원의 빰을 때렸고, 어떤 기자는 무덤 안에 들어가 함부로 사진을 찍다가 청동숟가락을 밟아 부러뜨리기까지 한 후였다. 이들에게 일거수 일투족을 감시당하고 있는 상황에서 조사단이 느끼는 중압감은 이루 말할 수 없었을 것이다. 지금 같으면 발굴현장을 완벽하게 통제하고 모든 준비를 갖춘 후 조사에 임하였겠지만 당시에는 모두가 홍분 상태에 빠져 있었으며 행정적인 뒷받침과 규제 모두 신통치 않은 때였다.

유적의 중요성에 비해 장비가 너무 형편없었기 때문에 부랴부랴 공주 지역사진작가의 카메라를 빌려야 했고, 컴컴한 무덤 내부를 밝히기 위한 시설은 급조된 발전기로 가동되는 전등 2개가 전부였다. 4명의 조사단은 희미한 전등 아래에서 유물의 실측, 촬영, 수습작업을 강행하였고 모든 작업이 끝난 것은 9일 오전 9시 경이었다. 불과 17시간 만에 모든 조사와 작업이 종료된 것이다. 제대로 된 조사라면 최소 몇 개월이 걸렸어야 하지만 철야작업으로 모든 것이 끝나버렸다. 한 번 움직인 유물은 돌이킬 수 없으며 이 무덤이 지니고 있던 어마어마한 정보는 대부분 사라져버렸다.

4. 정교한 구조, 완벽한 상태

태풍이 지나가듯 정신없이 유물 반출작업이 완료되고 한숨 돌린 후 무덤의 구조에 대한 보완조사가 이루어지게 되면서 무령왕릉의 또 다른 면모가 속속 드러나게 되었다. 이 무덤은 28가지 종류의 벽돌 수만 장을 차곡차곡 쌓아 올려 만든 벽돌무덤(塼築墳)이다. 장방형의 무덤방 남측에 연도가 딸린 형태로서 전체 길이가 7.1m이고, 무덤 내부 공간은 길이 4.2m, 폭 2.72m, 높이 2.93m이다.

벽돌은 바닥에 깔 것, 벽을 올리는 데 이용할 것, 천정에 올릴 것 등 각자의 위치에 따라 형태를 달리하였으며 무늬가 있는 것, 무늬가 없는 것, 그리고 글자가 새겨진 것 등 다양하다. 무덤을 만들기 전에 이미 설계도를 가지고 각 부위별로 몇 장의 벽돌이 필요할 지 면밀하게 계산한 후에 벽돌을 구웠음을 보여준다. 벽의 기초 부분은 수직으로 올라가다가 차츰 안으로 들여서 천장은 아치 모양을 이루는 구조이다. 벽돌과 벽돌을 접합하는 방식은 접착제를 이용하는 방법과 서로의 인장력을 이용하는 방식이 있는데, 무령왕릉에서는 대부분 인장력을 이용하고 천정의 일부에만 백토를 이용하여 접착력을 강화하

| 그림 2 | 왕비의 머리를 모신 나무베개(©국립공주박물관)

였다. 이러한 아치 구조물을 올리기 위해 나무로 된 틀을 만들고 그 위에 벽돌을 쌓아 무덤이 완성된 후 틀을 제거하는 방식이 이용된 것으로 추정된다.

무덤으로 들어가는 긴 통로(연도)가 끝나면 한 단 낮은 무덤 바닥이 나오고 그것을 건너면 벽돌을 깔아 마련한 관대棺臺가 있고 그 위에 왕 부부가 나란히 안치되어 있다. 연도에는 돌짐승, 2장의 돌판과 철제 오수전五銖錢, 청동그릇과 수저, 청자단지 등이 놓여 있었는데 원래는 나무로 만든 문이 있었던 것으로 여겨진다.

왕과 왕비는 모두 화려한 목관 속에 모셔져 있었는데 머리를 입구 쪽, 발을 안벽 쪽에 두고 있었다. 목관 바깥, 관대 위에는 화려한 흑유병, 동탁은잔銅托銀盞을 비롯한 금속제 그릇이 가지런히 놓여 있었기 때문에 유해를 안치한 후 마지막 제사가 치러진 당시의 정황을 그려볼 수 있다.

무덤 내부는 컴컴하기 때문에 안벽에 한 군데, 양측 긴 벽에 두 군데, 모두 합하여 다섯 군데에 복숭아 모양의 벽감을 만들고 그 안에 자기로 만든 등잔을 놓았다. 등잔 안에는 검게 그을린 심지가 남아 있어서 529년 최종적으로 왕비의 시신이 안치된 후 등잔이 켜진 채 문이 닫히고 무덤이 폐쇄되었음을 보여준다.

이러한 매장 프로세스를 복원할 수 있는 이유는 이 무덤이 도굴의 피해를 전혀 입지 않고 완벽한 상태로 발견되었기 때문이다. 비록 유체는 남아 있지 않았지만 목관의 관재棺材, 나무베개와 발받침 등의 목제품, 치아 등 썩기 쉬운 유기물까지 발견되어 놀라움을 더하였다.

1400년 이상의 세월이 흘렀지만 수만 장의 작은 벽돌을 쌓아 만든 이 무덤은 건재하였다. 홍수와 가뭄과 강풍에도 전혀 미동도 하지 않고 매장 당시의 모습을 그대로 간직하고 있었다. 하지만 지금 우리는 이 무덤 안에 들어갈 수 없다. 발굴조사 후 잘못된 보존과 관리로 인해 벽돌은 깨지기 시작하였고 누수현상이 심해져 구조안전에 문제가 발생하였기 때문이다. 결국 이 무덤은 영구 폐쇄되고 우리가 공주에 가서 볼 수 있는 것은 모형 전시관뿐이다.

무덤 내부가 훼손된 이유는 여러 가지이다. 벽돌무덤은 토압土壓을 줄여주기 위하여 그 위에 크지 않은 봉토를 입혀야 하지만 백제왕릉의 위용을 높이기 위하여 어울리지 않게 커다란 봉토를 입혀 토압을 가중시킨 결과 벽돌이 깨지게 되었다는 주장이 있다. 밀폐 상태로 유지되던 무덤 내부가 공개되면서 온도와 습도가 급격하게 변화하였고, 미생물이 발생한 것도 한 원인일 것이다. 어찌되었건 고대인이 만든 기념비적 건축물을 1400년 후의 후손들이 제대로 관리하지 못한 것은 변명의 여지가 없다.

5. 화려하면서도 다양한 장례용품

무령왕릉이 발견되기 전까지 백제의 물질문화는 별 볼일 없다는 인식이 광범위하게 퍼져 있었다. 고구려처럼 화려한 고분벽화나 웅장한 산성이 있는 것도 아니고 금관으로 상징되는 신라처럼 귀금속 장신구가 있는 것도 아니었다. 가야처럼 토기와 철기를 다량 부장하는 풍습을 택하지 않은 백제고분은 그나마도 도굴당하여 남아 있는 유물이 거의 없었다.

무령왕릉에서 완벽한 상태로 출토된 다양한 장례용품들은 이러한 선입견을 한 번에 날려버렸다. 비록 발굴조사가 졸속으로 이루어지면서 각종 유물의 세트관계와 착용방식에서 혼선을 일으키게 된 부분이 적지 않았지만 단 한 기의 무덤에서 이렇게 많은 유물이 출토된 것은 이례가 없는 일이다. 어느 것 하나 소중하지 않은 것이 없지만 그중 총 12건(국보 제154호~제165호)의 유물이 국보로 지정되었다. 단일유적에서 이렇게 많은 유물이 국보로 지정된 것은 무령왕릉이 유일하다.

왕은 화려한 금제품으로 장식된 관(국보 제154호)을 착용한 채 목관에 안치되어 있었다. 이 관장식은 두께 2mm 정도의 금판을 오려서 불꽃이 타오르는 모양을 나타낸 것으로서 2점이 쌍을 이룬다. 왕비의 관식(국보 제155호) 역시 2점이 쌍을 이루는데 꽃병에서 연꽃이 피어나는 모습이다. 왕의 관식이 역동적인 데 비해 왕비의 것은 단정한 느낌이다. 고구려나 신라, 가야의 금관과 달리 2점의 관식을 이용하여 관을 만든 점에서 백제의 특징이 보인다. 하지만 발굴과정에서 이 관식이 어떻게 결합되어 있었는지를 파악하지 못하여서 복원방식에 대해서는 의견의 일치를 보지 못하고 있다.

왕의 금귀고리(국보 제156호), 금제 비녀(국보 제159호)와 왕비의 금귀고리(국보 제157호), 금목걸이(국보 제158호)는 모두 백제 금속공예기술의 최고봉이다. 왕비에게서는 6쌍의 팔찌가 출토되었는데 재질은 금과 은이 모두 있다. 그중 은제 팔찌 1쌍(국보 제160호)은 겉면에 혀를 내민 용 2마리가 꼬리에 꼬리를 물듯 연결된 형태를 취한 것인데 안쪽에는 "경자년(520) 2월에 다리多利가 대부인을 위하여 만들었는데 230주朱이다"라는 글자가 새겨져 있다. 이로써 대부인, 즉 왕비가 사망하기 3년 전 다리라는 당대 최고의 공인이 왕비를 위하여 이 팔찌를 특별히 만들었음을 알 수 있다. 230주朱는 230수銖란 뜻으로 이 무게는 156.4g~171.8g의 범위에 든다. 과연 왕비의 은제 팔찌 2점은 각각 167.230g과 166.022g이어서 백제 도량형의 실상을 보여주었다.

왕의 허리춤에서 발견된 2벌의 허리띠 중 1점은 길이가 70cm에 이르며 긴 드리개를 늘어뜨린 화려한 것이다. 금판과 은판을 교대로 배치하여 화려함을 더하였으며 드리개의 가장 아래는 숫돌처럼 가운데가 홀쭉한 은판인데 그 위에는 백호와 주작을 새겨넣었다.

왕과 왕비는 모두 금동신을 신고 있었다. 길이가 35cm나 되는 것을 보면 평상시에 신던 것이 아니라 장례용으로 특별히 제작한 것임을 알 수 있는데 투조透彫 무늬를 베풀고 달개를 달아 화려함을 더하였다. 왕은 권력의 상징인 고리자루칼(환두대도)을 차고 있었는데 고리 안에 여의주를 물고 있는 용이 생생하게 표현되어 있다. 둥근 고리의 겉에는 두 마리의 용이 비늘까지 능숙하게 표현되었으며, 나무로 된 손잡이 위에는 눈금을 새긴 금실과 은실을 교대로 감고 그 위에 금제 톱니무늬와 은제 거북등무늬를 표현하였다. 거북등무늬 안에는 봉황과 인동무늬가 교대로 표현되어 있다. 이밖에 금과 은으로 만든 각종 장식이 수천 점 출토되었는데 목관을 장식하거나 왕과 왕비의 복식을 꾸미고, 일부는 시신 위에 뿌렸던 것 같다.

형형색색의 유리구슬은 그 수를 모두 파악하지 못할 정도로 많은데 수만 점에 달한다. 경옥제 곱은옥에 금제 모자를 씌운 것, 색색의 유리띠를 감아 돌려 만든 연리문練理文 대롱옥, 유리 위에 금을 씌우고 다시 그 위에 유리를 코팅한 금박 유리구슬 등 고대의 유리 제작기술을 전부 모아놓은 듯하다.

무령왕릉에서는 청동제 유물도 매우 많이 출토되었다. 삼국시대 무덤으로서는 드물게 청동거울이 3점이나 출토되었는데 일괄로 국보 제161호로 지정되었다. 왕비 옆에서 발견된 청동다리미와 동탁은잔[2], 연도에서 발견된 수저세트, 무덤 도처에 놓여진 11점의 청동그릇 등 유례가 없을 정도로 많은 양의 금속기가 출토되었다. 이밖에도 일일이 열거할 수 없을 정도로 많은 유물은 웅진기 백제 공예기술의 정수를 보여줄 뿐만 아니라 그 안에는 백제의 역사, 나아가 동아시아 교섭에 관한 막대한 정보를 담고 있어서 역사적 가치를 더하고 있다.

6. 백제왕실의 정신세계

무령왕릉에서 출토된 그 어떤 화려한 유물보다도 역사적 의미를 풍부하게 담고 있는 것은 두 장의 돌판(국보 제163호)이다. 밖에서 안으로 들어가면서 오른쪽(동쪽)에 놓인 돌판을 A라 하고, 왼쪽(서쪽)에 놓인 것을 B라 하자.

A의 앞면은 "영동대장군인 백제 사마왕이 나이 62세 되는 계묘년(523) 5월 7일에 돌아가셨다. 을사년(525) 8월 12일에 안조安厝하여 등관대묘登冠大墓하고 그 뜻을 다음과 같이 기록한다"라고 읽을 수 있다. 왕의 묘지墓誌가 분명하다. 여기에서 안조란 가매장이 끝나고 본매장이 이루어졌다는 의미로 해석되고 등관대묘의 뜻은 분명치 않다. 지금까지 수많은 삼국시대의 무덤이 발굴조사되었지만 대부분 주인공과 연대를 알 수 없었던 이유는 기록을 남기지 않았기 때문이다. 무령왕릉에서는 묘지가 발견됨으로써 무덤의 주인공을 분명히 할 수 있었으며 연대를 확정할 수 있었다. 묘제와 유물 연구에서 분명한 기준연대가 없어 어려움을 겪던 삼국시대 고고학 연구는 무령왕릉 발굴조

2 청동제 잔과 뚜껑달린 은제 합이 결합된 것으로서 일종의 다기로 보인다.

사로 인하여 분명한 절대연대를 확보할 수 있게 되었고 이 연대는 백제만이 아니라 고구려, 가야, 신라, 바다 건너 왜와 중국의 연대 결정에도 확고한 기준을 제공하게 되었다.

A의 뒷면에는 네모난 변을 따라 "寅甲卯乙辰", "巳丙午丁未", "亥壬子癸丑"의 글자가 각기 3개의 변에 새겨져 있었고 辰과 巳 사이, 그리고 丑과 寅 사이에 戊와 己가 새겨져 있었다. 언뜻 복잡해 보이지만 십간十干과 십이지十二支를 동서남북의 방향에 나누어 배치한 것에 불과하다. 한 변에는 글자가 전혀 없었는데 여기에 해당될 글자가 "申庚酉辛戌"임을 쉽게 알 수 있다. 왜 유독 서편에 해당되는 "申庚酉辛戌" 다섯 글자는 누락되어 있었을까? 이 의문은 다음 장에서 풀어본다. 이 면은 동서남북의 사방을 표현한 방위도라 할 수 있다.

B의 앞면은 "병오년(526) 12월 백제 국왕태비가 수명이 끝나니 거상居喪이 유지酉地에 있었다. 기유년(529) 2월 12일에 개장하여 대묘로 돌아오니 그 뜻을 이렇게 기록한다"라고 해석된다. 이 면은 왕비의 묘지에 해당된다. 왕의 장례가 완전히 종료된 지 얼마 지나지 않아 왕비도 돌아가셨고 왕과 합장되었음을 기록하였다. 여기에서 중요한 내용은 거상, 즉 빈소가 유지에 있었다는 내용이다.

B의 뒷면은 왕의 장례를 치를 때 작성한 매지권買地券이다. 매지권이란 땅의 신에게 무덤으로 사용할 땅을 구입한다는 관념의 산물인데 중국의 도교사상에서 유래하였다. "을사년(525) 8월 12일 영동대장군인 백제 사마왕이 앞의 건으로 전錢을 바쳐 토왕, 토백, 토부모, 상하중관, 이천석에게 신지申地를 사서 묘를 만들게 되니 매지권을 만들어 명확히 한다. 율령에 따르지 않는다"라고 읽을 수 있는 이 문장에서 가장 주목되는 내용은 신지를 사서 묘를 만들었다는 것이다.

2장의 돌판, 4개의 면에 새겨진 이 글자의 성격과 의미에 대해서는 다양한 견해가 제기되었고 논쟁이 진행되면서 웅진기 백제의 역사와 문화에 대한 풍성한 토론이 이어졌다. 현재 내릴 수 있는 잠정적인 결론은 A의 앞면은 왕의 묘지, 뒷면은 방위도, B의 뒷면은 왕의 매지권이고 왕을 매장할 당시 B의 앞면은 비워두었다가 왕비의 장례가 치러질 때 여기에 왕비의 묘지를 새겨넣었다는 사실이다.

또 한 가지 중요한 사실은 왕과 왕비 모두 사망에서 매장에 이르기까지 27개월의 기간이 흘렀으며 그동안 시신은 빈소(왕비의 경우 유지)에 모셨다는 점이다. 매지권(B의 뒷면)에 의하면 왕의 무덤은 신지인데 유지와 신지는 모두 서편에 해당되며 방위도(A의 뒷면)에서 누락되었던 한 변에 해당된다. 그렇다면 방위도에 서편을 누락시킨 것은 그곳이 빈소와 무덤에 해당되는 곳이기 때문이었음을 알 수 있다. 이때 중심은 어디였을까? 무령왕릉을 신지에 고정시키면 중심은 현재의 공산성에 해당된다. 즉 당시 왕성인 공산성을 기준으로 삼아 신지와 유지를 각기 무덤과 빈소로 삼았음을 알 수 있다.

이러한 추측은 무령왕릉 발굴 직후가 아니라 그로부터 25년의 세월이 흐른 1996년 정지산유적이 발견된 후에야 가능해졌다. 이 유적은 공주와 부여를 연결하는 백제대로 공사를 위해 공주 서북편의 야산에 대한 발굴조사 중에 우연히 발견되었다. 벽주壁柱건물이라는 특이한 구조의 건물과 목책열木柵列, 그리고 정체불명의 구덩이가 잔뜩 발견된 이 유적이 무령왕비의 빈소였던 유지에 해당됨을 알게 되면서 무령왕릉 출토 묘지와 매지권의 비밀이 풀리게 된 것이다.

왕의 빈소는 따로 명시되지 않았지만 왕비와 마찬가지로 정지산 정상이었을 것으로 추정된다. 왕 부부 모두 사망 후 27개월 동안 정지산의 빈소에서 빈장殯葬을 치르고 현재의 왕릉에 매장된 것이다. 27개월은 삼년상에 해당된

| 그림 3 | 무령왕 부부의 빈소로 추정되는 공주 정지산유적(ⓒ국립공주박물관)

다. 『주서周書』나 『북사北史』와 같은 중국 측 사서에는 백제에서 삼년상을 치렀다는 기록이 남아 있지만 구체적인 모습은 알 수 없었다. 무령왕릉과 정지산유적이 발견됨으로써 백제왕실에서 정말로 삼년상이 행하여졌으며 그 형태는 중국이나 고려, 조선왕조의 삼년상처럼 상복을 입고 시묘살이를 하는 것이 아니라, 별도의 장소에 시신을 모시고 빈장을 치르는 것임을 알게 되었다. 이처럼 문헌자료에서 희미한 흔적밖에 보이지 않던 백제의 상장의례를 무령왕릉과 정지산유적은 구체적으로 복원해주었다.

무덤에 묘지와 매지권을 넣는 풍습은 중국에서 유래하였음이 분명하다. 문화적으로 백제에 많은 영향을 끼친 중국 남조국가에는 묘지와 매지권, 그리고 돌짐승을 넣은 무덤이 아주 많다. 매지권과 돌짐승은 도교적인 내세관의 산물로서 이를 통해 웅진기 백제왕실이 도교신앙에 정통하였음을 알 수 있다.

특히 돌짐승은 외부의 사악한 기운으로부터 무덤에 묻힌 자를 지키고 신선

| 그림 4 | 무령왕릉을 지키던 석제 진묘수(©국립공주박물관)

세계로 안내하는 진묘수鎭墓獸이다. 무령왕릉에서 출토된 진묘수(국보 제162호)는 뭉툭한 입과 코, 통통한 몸통, 짧은 다리, 정수리에 꽂은 사슴뿔 모양의 철제 뿔 등이 특징이다. 무엇을 형상화했는지 분명치 않은데 형태 면에서 가장 유사한 것은 중국 남조국가들의 도성이었던 강소성江蘇省 남경南京의 영산대묘靈山大墓에서 발견된 석제 진묘수이다.

이렇듯 묘지와 매지권, 진묘수의 존재는 웅진기 백제왕실이 중국의 상장의례와 도교신앙을 깊이 이해하고 있었음을 잘 보여준다. 문헌상으로도 백제와 중국 남조국가의 긴밀한 교류는 증명되는 바이지만 이렇듯 구체적인 자료로 비교하는 작업은 무령왕릉이 없었다면 불가능했다.

7. 무령왕릉에 나타난 고대 동아시아 교섭

523년에 62세의 나이로 사망한 무령왕은 461년에 태어났음을 알 수 있다. 이때는 개로왕의 치세로서 남하해오는 고구려의 침입으로부터 국토를 방어하기 힘들어하던 때이다. 『일본서기』에 의하면 461년 4월 개로왕은 동생인 곤지昆支를 불러 일본에 갈 것을 명하였다. 곤지는 왕에게 부인을 달라고 청하였고 왕은 순순히 임신한 자신의 부인을 딸려 보내며 가는 도중에 출산하게 되면 아이를 귀국시키라고 명령하였다. 과연 이 여인은 일본으로 가던 도중 가카라시마各羅嶋라는 섬에서 몸을 풀게 되었고, 아이의 이름은 시마노키미嶋君, 즉 섬임금으로 불렸다고 한다. 아이는 백제로 송환되었는데 이 아이가 바로 사마, 즉 무령왕이다. 곤지는 일본 오사카에 들어가 새로 부인을 얻고 곧 5명의 아들을 얻었다고 한다. 설화와 같은 내용이어서 선뜻 믿기 어려운 부분도 있지만 무령왕의 탄생이 섬과 관련되었고 당시 백제왕실이 일본 야마토大和정권과 긴밀한 관계를 맺고 있었음을 보여주는 중요한 자료이다.

무령왕의 치세에 일본 야마토정권은 나라奈良 지역 출신이 아니라 지방호족 출신인 게이타이繼體가 장악하고 있었다. 무령왕과 게이타이는 시종 우호적인 관계를 유지하였다. 일본 와카야마和歌山 현의 스다하치망신사隅田八幡神社에는 오래전부터 내려온 거울 한 점이 있다. 총 48개의 글자가 양각되어 있는데 그 내용은 "계미년(503) 오호토왕男弟王(게이타이의 즉위 전 이름)이 오시사카궁意紫沙加宮에 있을 때, 사마斯麻가 오호토왕의 장수를 염원하여 가후치노아타이開中費直, 예인 금주리今州利 두 사람을 보내어 양질의 백동 200한旱을 취하여 이 거울을 만들었다"라는 것이다. 가후치노아타이는 오사카 지역의 수장, 예인 금주리는 강원도와 함경도의 동해안 지역 출신인 금주리라는 인물이다. 사마가 무령왕을 지칭하는 것인지에 대해서는 논란이 있지만 그 가능성은 높은 편이다. 그렇다면 무령왕은 게이타이가 즉위하기 이전부터 밀접한 관계를 맺고 있었던 셈이다. 게이타이의 아버지는 시가滋賀 현을 근거지로 삼았는데 그의 무덤으로 추정되는 가모이나리야마고분鴨稻荷山古墳에서는 백제계 금동관과 신발이 출토되었으며 이 무덤의 주변에 백제계 주민들이 대거 집주하여 살았음이 밝혀졌다. 이런 연유에서인지 게이타이의 대對한반도 정책은 친親백제로 일관하였다.

무령왕 부부의 유해를 모신 목관은 그 재료가 금송으로 밝혀졌다. 금송은 소나무와 비슷한 늘푸른 바늘잎나무로서 보통 솔잎보다 잎이 훨씬 굵으며, 여러 개의 잎이 한 마디에 돌려나서 거꾸로 된 우산 모양을 이루는데, 한반도에는 자생하지 않고 일본에 많다. 높이가 30~40m에 이를 정도로 자라서 목관이나 고급 목재로 사용되었다. 무령왕 부부의 목관에 사용된 금송은 일본에서 대충 가공한 후 바다를 건너 백제로 와서 화려한 목관으로 만들어졌을 것이다. 이를 보더라도 당시 백제왕실이 일본과 매우 긴밀한 관계를 맺고 있었음을 알 수 있다. 이를 반증하듯 무령왕릉에 부장된 많은 장례용품, 특히 고리자루칼, 금속용기 등은 이웃한 가야는 물론이고 일본에서도 크게 유행하여 마치 6세기의 한류열풍을 보여주는 것 같다.

| 그림 5 | 사마와 게이타이의 이야기가 적혀 있는 스다하치망신사 거울

| 그림 6 | 게이타이의 아버지 무덤으로 추정되는 가모이나리야마고분 발굴 광경

한편 무령왕 치세의 중국 남조국가는 무제武帝 치하의 양梁나라였다. 당시 양나라는 문화적, 경제적으로 최고의 전성기를 구가하고 있었으며 물질적인 측면에서나 정신적인 측면에서 백제에 끼친 영향이 매우 컸다. 송산리 6호분과 무령왕릉이 우리에게 생소한 벽돌무덤이라는 점은 분명히 양나라의 영향이다. 단순히 벽돌이라는 재료만이 아니라 장방형의 평면, 아치형의 천장, 묘지와 매지권, 진묘수의 매납 등이 양의 장례문화와 그대로 통한다. 단순히 백제장인이 중국의 묘제와 장제를 보고 모방하였다고 보기보다는 중국인 전문가가 백제에 파견되었다고 보는 것이 합리적이다.

무령왕의 뒤를 이은 성왕은 빈장이 한창 진행 중이던 524년 양나라에 사신을 보내 부왕의 죽음을 알리고 장의용품 일습을 받았는데 이때 들여온 물건들이 철제 오수전, 금속제 용기, 각종 도자기 등으로 보인다. 달리 표현하자면 왕 부부가 몸에 착용한 귀금속 장신구를 제외하면 중국 양나라 장례용품이 무령왕릉 출토품의 대부분을 차지한다고 보아도 과언이 아닐 정도이다.

이렇듯 무덤의 구조와 장례용품, 상장의례 등에서 중국색이 짙게 나는 것은 웅진기 백제의 지배층이 중국의 선진문화 수입에 열심이었음을 보여준다. 하지만 한편으로는 백제 중흥의 군주가 중국식 무덤에 중국식 장례용품으로 뒤덮인 채 매장되어 있는 것에 대해 못마땅해 하는 분위기도 있을 수 있다.

하지만 우리의 민족주의적인 잣대로 고대인들의 행동과 사고를 재단하는 것이 과연 옳은 일일까? 우리가 가지고 있는 정도의 민족주의적인 정서를 1400년 전의 고대인들에게 기대하는 것 자체가 난센스는 아닌가? 부정하고 싶어도 부정할 수 없는 것은 세계 4대문명에 속하는 중국 고대문명이 고대 한국문화에 많은 영향을 끼쳤다는 사실이다. 북한 고고학계와 역사학계는 평양을 중심으로 한 대동강문명이 인류의 발상지이자 세계 4대문명보다 오래되고 위대한 것이라고 강변하지만 최소한의 합리적 사고방식을 지닌 사람이라면 이 주장을 그대로 믿지는 않을 것이다.

한반도의 고대문화가 중국의 고대문명보다 뒤쳐져 있었고 그들로부터 많은 영향을 받았다고 하여 부끄러워할 일도 아니다. 고대 로마로부터 많은 영향을 받아 야만의 상태를 벗어난 유럽 각국의 역사학계가 그 사실을 숨기려 하거나 부끄러워한다는 소식은 들어본 적이 없다. 보다 중요한 사실은 문명의 주변부에 불과하던 한반도가 삼국시대에 접어들어 문화수준이 급격히 상승하면서 중국과 어깨를 나란히 하게 되었다는 점이다. 청동기나 철기의 등장, 귀금속 세공기술의 발전, 기와와 전돌의 사용, 도자기의 발명 등의 선진기술은 중국에서 등장한 후 수백 년이 지나야 한반도에 나타났다. 시간적 낙차가 컸던 최신 기술과 선진사상을 중국과 시차 없이 그대로 이해할 수 있게 되고 더 나아가 한층 업그레이드시켜 주변 국가에 확산시킨 주체는 백제였다. 무령왕 대의 백제는 중국의 선진문화를 즉각적으로 수용할 수 있을 정도로 내부적인 발전을 이루었고 동시기 중국에서 유행하던 기술과 풍조가 직수입되었다. 백제는 외래문화의 수입으로 그친 것이 아니라 이를 재가공하여 인근의 가야, 신라와 일본에 확산시키는 동아시아 문명교류의 중심축 역할을 담당하였던 것이다. 무령왕릉의 최고의 가치는 외래문화에 대한 개방성이라고 평가할 수 있을 것이다.

8. 맺음말

무령왕릉의 발견과 조사는 우리 고고학계 최고의 성과이자 가장 많은 뒷이야기를 만들어낸 기록도 가지고 있다. 유적이 담고 있는 유물과 정보의 양도 엄청나지만 발견에서부터 조사에 이르는 과정도 흥미진진하여 극적인 긴장감을 더해준다. 발굴된 유물을 접할 때마다 찬란한 아름다움에 대한 찬탄 못지않게, 시대적 한계로 인한 부실한 발굴조사에서 기인한 아쉬움이 남지만 그럼에도 불구하고 무령왕릉은 우리 시대 최고의 문화재이다.

무령왕릉으로 인하여 우리는 웅진기의 백제사, 나아가 삼국시대사에 대해 새로운 인식을 가질 수 있었고, 한반도의 삼국시대 고고학만이 아니라 중국과 일본열도를 포함한 동아시아 고고학 연구에서 굳건한 기준을 세울 수 있었다. 나아가 분단된 한반도의 현실 속에서 주변국에 비해 작은 영토와 적은 인구를 가진 백제가 동아시아의 문화강국, 지식대국으로 우뚝 설 수 있었던 배경과 원동력을 볼 수 있다. 바로 이 점이 무령왕릉의 현재적 의미이기도 하다.

백제금동대향로의 비밀

이내옥

1. 고대 동아시아 예술적 성취의 정화

한국고대사에 대한 우리의 이해와 인식은 많이 부족한 형편이다. 사료의 빈약함이 가장 큰 원인이라 할 수 있다. 특히 백제를 생각하면 더욱 안타까움이 더한다. 그러나 광복 이후 무령왕릉과 백제금동대향로가 발굴되면서, 백제문화의 수준이 새롭게 부각되었다. 문화의 수준과 경지라는 것은 차곡차곡 쌓아 도달한 결과이다. 때문에 수량의 많고 적음이 문제가 아니라 당대의 뛰어난 예술작품 한 점이 그 시대를 웅변한다고 할 수 있다. 예컨대 백제금동대향로와 같이 전무후무한 걸작을 창조해낼 수 있는 역량은 그 사회의 무수

李乃沃 국립대구박물관장.

저서로는 『문화재 다루기』(열화당, 2000), 『공재 윤두서』(시공사, 2003), 『사찰꽃살문』(공저, 솔, 2003), 『한국의 미술가』(공저, 사회평론, 2006) 등이 있으며, 주요 논문으로는 「미륵사와 서동설화」(『역사학보』 188, 역사학회, 2005), 「백제문양전연구」(『미술자료』 72·73, 국립중앙박물관, 2005), 「백제미의 성격」(『역사학보』 192, 역사학회, 2006) 등이 있다.

한 정신적, 기술적 노력과 노하우의 축적에 의해서만 가능하다.

백제금동대향로는 당시 백제가 도달한 동아시아 최고 수준의 예술적 경지를 짐작케 하는 데 손색이 없는 걸작이다. 국립중앙박물관에서는 용산 재개관에 맞춰 전문가들에게 의뢰하여 국립박물관 명품 10선을 선정한 바 있었다. 여기에서 백제금동대향로는 3위를 차지하였다. 이와 더불어 이채로운 것은 국보 제83호 금동반가사유상이 1위에, 백제산경문전이 9위에 뽑혔다. 즉 백제유물이 10점 가운데 3점이나 선정되었다는 사실이다. 이것은 우연이 아니다. 그만큼 한국미술에서 백제미술이 차지하는 비중이 높음을 단적으로 드러낸 결과였다. 그렇다면 백제는 어떻게 그렇게 높은 예술적 경지에 이르게 되었는가? 그 역사적 배경과 내부적 상황은 무엇인가? 백제금동대향로는 이러한 의문을 풀어가고 관심을 심화시키는 데 중요한 유물 가운데 하나이다. 고대 동아시아 예술적 성취의 정화精華이자 불후의 예술적 걸작인 백제금동대향로를 통해, 그 시대를 가장 정확하게 이해할 수 있는 지름길을 찾을 수 있기 때문이다.

2. 백제금동대향로의 조형과 실용

향로의 역사는 유구하다. 인도에서는 4천여 년 전에 향로가 출현하였다고 한다. 중국에서는 전국시대 말부터 만들어졌으며, 향로의 종류도 다양했다. 한漢나라 때에는 박산향로博山香爐가 널리 유행하였다. 박산은 신선이 거주하는 곳으로, 동아시아인들의 이상향이었다. 이러한 박산이 한나라 때 향로 형태에 두드러지게 표현된 점은 당시 사람들의 의식과 관념을 반영하고 있다. 즉 이 시기에 신선사상이 널리 퍼져 유행하였음을 알 수 있다. 박산향로는 중국 동북지방에서 많이 출토되고 있는데, 이곳에서 신선사상이 성행했던

백제금동대향로
높이 62.5cm, 부여 능산리 출토, 국립부여박물관 소장. ©국립부여박물관

사실과 일치한다. 한반도도 이러한 중국의 영향을 받게 되었다. 한사군 설치의 영향으로 낙랑 지역에서 관련유물이 출토되었다. 따라서 백제금동대향로가 탄생할 수 있었던 배경에는, 한반도에서 이어져 온 박산향로 제작 전통의 바탕에서 중국 남북조와의 문물교류가 어우러져 있음을 짐작케 한다.

중국에서는 시대가 흐르면서 향로의 형태도 다양하게 되었으며, 이러한 가운데 박산향로가 출현한 것이다. 물론 박산향로의 형태도 일정하지 않았다. 그중 백제금동대향로와 비슷한 향로도 존재하였을 것으로 보인다. 중국 하북성河北省 남조묘南朝墓와 강소성江蘇省 화상전묘畵像塼墓에서 출토된 화상전畵像塼에 백제금동대향로와 흡사한 형태의 향로가 등장하고 있다. 그러나 이것들이 백제금동대향로와 완전히 같은 것은 아니다. 중국의 것에는 밑받침 부분에 용이 없는 것이 다르다. 그렇다 하더라도 유사한 박산향로가 중국 남조의 화상전 그림으로 존재하였다는 사실은 백제금동대향로와 같은 형태가 중국에서 제작되었을 개연성을 시사한다. 만약 이후에 중국에서 백제금동대향로와 같은 형태의 유물이 출토된다면 과연 이를 어떻게 해석해야 할 것인가. 그러나 설사 그렇다 하더라도 백제금동대향로를 백제작품이 아니라고 부정할 근거는 없다. 다만 이런 점을 염두에 두면서 조심스럽게 접근해야 할 부분이다.

백제금동대향로는 고대의 여느 박산향로에 비교해보아도 대작이다. 높이는 62.5cm, 몸통 최대지름 19cm, 무게 11.85kg이다. 향로는 밀랍으로 주조된 다음 세공작업을 거쳐 도금으로 완성되었을 것이다. 백제금동대향로의 성분문제도 매우 중요하다. 분석을 위해서 국립중앙박물관에서는 시료를 채취한 바 있는데, 향로 안쪽에서 쌀알 1/4 크기, 무게 약 30mg 정도를 채취하였으며, 도금편 시료는 발굴 당시 주변에 흩어져 있던 것을 활용하였다. 그 결과 백제금동대향로의 성분구성이 확인되었다. 구리가 81.5%, 주석이 14.3%이고, 나머지 원소가 4.2%였다. 축적된 동아시아의 납동위원소비 자료를 통해서 백제금동대향로의 청동 원료의 산지를 분석한 결과 중국의 북부산, 특히 요녕성遼寧省과 감숙성甘肅省의 성분비와 유사한 것으로 확인되었다. 도금문제도 완전하지는 않지만 어느 정도 밝혀졌다. 신라나 가야에서 흔히 사용되는 금은아말감 도금법과는 달리, 독특한 도금법인 금동아말감 도금법을 사용하였다. 이 방법은 미륵사지 출토 금동분석에서도 나타난 것으로 미루어 백제 고유의 도금기법으로 파악된다. 이런 독특한 기법과 함께 정교한 도금피복 기술은 백제 금공예술품의 발전에 크게 기여하였을 것으로 보인다.

향로는 둘로 분리된다. 가운데 몸통 띠 부분을 경계로 밑받침과 뚜껑으로 나뉜다. 향로 내부에는 향을 태운 흔적이 남아 있어 실제로 사용하였음을 알려준다. 향을 피웠을 때 연기가 빠져나오도록 구멍을 뚫었는데, 봉황의 앞가슴에 정교한 구멍이 나 있고, 뚜껑에 모두 10개의 구멍을 두었다. 이 백제금동대향로 모형으로 실제 향을 피워보는 실험고고학적인 연구에 의하면, 향 연기가 구멍을 통해 자연스럽게 빠져나오는 것이 증명되면서 그 과학성이 입증되었다. 아울러 뚜껑 산악 사이와 봉황의 앞가슴으로 피어오르는 향 연기는 아름다워 신비로운 분위기를 연출하였다.

향로의 디자인은 크게 세 부분으로 구성되어 있다. 수중水中과 육상陸上을 형상하는 몸통 부분과 용과 봉황의 상하 부분이다. 향로 표면의 장식은 정교하고 화려하기 그지없다. 정상부에는 봉황이 날아오르는 듯 포즈를 취하고, 그 아래로 다섯 악사가 위치하고 있다. 향로 뚜껑에 해당하는 몸체 윗부분에는 돋을새김의 74개 봉우리의 산악형상이 율동감을 주고, 거기에는 악사 포함 17명의 인물과 42마리의 동물, 6종류의 식물이 배치되어 육지임을 암시하고 있다. 몸체 아랫부분은 수중세계를 나타내고 있는데, 앙련仰蓮의 연꽃을 빼곡히 돋을새김하고, 27마리 동물과 2명의 인물이 표현되어 있다. 몸체를 받치는 용은 말 그대로 용트림을 한 자세로 위로 치솟는 듯 입으로 향로 몸체를 떠받치는 형상이다. 향로 몸체 내부를 보면 용의 입 부분과 몸체 부분이 별도로 주조되어 있고 그 이음을 금속막대를 꽂아 마감하였음을 알 수 있다.

백제금동대향로의 조각은 섬세하고 정교하다. 각 부분의 비례와 배분도 치밀하여 조화를 이루었다. 똬리를 튼 용의 기운생동하는 모습이나, 봉황의 유려하고 세련된 곡선은 아름다움의 극치를 보여준다. 이렇게 백제금동대향로는 보는 이로 하여금 그 독특한 디자인에 대해 감탄을 금치 못하게 하는 존재이다. 존재하는 작품에 대해 이렇게 찬사를 보내는데, 무無의 상태에서 작가의 상상력과 기술력으로 이런 천하의 걸작을 만들어냈다는 것을 생각하면 그 대단함에 경탄하지 않을 수 없다.

『삼국사기』 기록에 의하면, 백제 무왕은 백마강 건너에 왕흥사王興寺를 짓고, 배를 타고 건너가 행향行香을 했다고 한다. 향목을 깎아 태우는 향에는 독성이 없지만, 다른 향에는 독성이 있는 경우가 많아서 밀폐된 공간에서 향을 태우는 것은 위험하다고 한다. 그래서 향을 피울 때에는 바깥이나 열린 공간을 이용한다. 백제 무왕이 행향을 했다는 것도 향로에 향불을 피워 들고 사찰 경내 또는 탑 주위를 돌 때 왕이 염불행렬을 따른 것으로 보인다. 백제금동대향로의 제작시기를 7세기 전반으로 비정比定하는 견해가 우세한 점에 비추어 본다면, 이런 명품은 당연히 왕실에서 사용되었다고 보는 것이 순리적이다. 그렇다면 이 백제금동대향로는 아마도 무왕의 행향행사에 사용된 그 향로가 아닌가 하고 추측해보는 것도 즐거운 상상이다.

3. 백제금동대향로와 능사

백제왕릉이 밀집된 부여 능산리는 부여에서 동쪽 논산 방향으로 4km 정도에 위치하고 있다. 부여로 진입하기 위해서는 북쪽과 서쪽에서는 백마강을 거쳐야 하고 동쪽은 황산벌을 거쳐야 하는데, 이 능산리가 요충이다. 백제금동대향로는 1993년 부여 능산리 왕릉 옆 절터에서 발굴되었다. 절터는 왕릉과 도성 사이의 작은 계곡에 자리 잡고 있다. 1992년부터 시작된 능산리 발굴조사는 회차를 계속하여 오늘날까지 진행되고 있다. 그러던 중 1995년에는 백제창왕명석조사리감百濟昌王銘石造舍利龕이 출토되어 또 한 번 유적의 중요성이 확인되었다. 그밖에 많은 유물들이 출토되었고, 향로는 국보 제287호로, 사리감은 국보 제288호로 각각 지정되었다. 이런 유물의 중요성은 능산리 절터의 비중을 짐작케 한다.

백제는 사비도읍의 도성 밖에 왕릉들을 조영하고, 도성과 왕릉 사이에 절을 지은 것이다. 왕릉과 인접한 이 절의 성격에 대해 다른 의견이 있을 수 있다. 발굴조사 보고서를 집필한 국립부여박물관 측에서는, 이 절을 왕릉 관리와 세상을 떠난 왕의 추복追福 관련 제의를 주관하는 성격으로 파악하여 능사陵寺로 명명하였다. 능사는 남북 길이 약 90m, 동서 너비 약 80m 규모로, 남북 선상에 가람의 중심축을 둔 1탑 1금당식의 전형적인 백제 사비시기의 가람건축 사찰임이 밝혀졌다. 금당 서쪽에는 공방工房을 배치하였는데, 이곳에서 백제금동대향로가 출토된 것이다.

능사의 중앙부에는 목탑지가 확인되었다. 목탑은 기단 너비가 11.73m로, 미륵사지 서탑의 경우와 비슷하여 초층初層 3칸의 구성이었을 것으로 추정되었다. 목탑지를 발굴하는 과정에서 심초석心礎石 위에 백제창왕명사리감이 놓인 것을 발견하였다. 이 사리감에 새겨진 명문에 의해 위덕왕 14년(567)에 이 사리감이 제작되었고, 그와 동시에 목탑이 조성되었음을 알 수 있었다. 능사의 건립연대도 이때였음을 짐작케 한다. 사리감의 이러한 제작시기에 견주어 백제금동대향로의 편년을 획정劃定할 수도 있다. 하지만 능사가 계속

존속하였을 점을 고려한다면, 그것이 절대적인 기준이 될 수는 없다. 다만 고고학적인 측면에서 볼 때, 위덕왕 14년 이전으로 백제금동대향로의 제작시기를 소급하기는 어려워 보인다는 점은 확실하다고 할 수 있다.

능사에서는 지금까지 목간木簡도 30여 점 가까이 출토되었다. 목간이란 먹글씨를 적은 나무조각이다. 이 목간을 통해 당시의 서예와 생활상을 이해할 수 있기 때문에 매우 중요한 유물이다. 능사에서 출토된 목간 가운데에는 의미가 깊은 유물들이 많다. 그중에 남근형男根形목간이 있는데, 발기된 남근을 사실적으로 표현된 것으로서, 몸체에 각서刻書와 묵서墨書가 있다. 그 내용에 이 목간을 길옆에 세운다는 뜻을 강조하고 있다. 그래서 일본학자는 이 목간의 성격을 풀이하기를, 도성 입구 문기둥과 같은 시설에 매달아두고서 도성 바깥에서 사악한 기운이 들어오는 것을 막는 주술적인 기능을 갖는 것으로 파악하였다. 그리하여 오늘날 일본의 마을에 퍼져 있는 도조신道祖神의 원류가 백제에서 건너가 형성되었다고 주장하였다.

또 다른 예의 목간으로 당시의 불교적인 관념을 살필 수 있는 귀중한 자료가 있다. "宿世結業 同生一處……"라는 묵서명의 목간이 그것이다. 행서체의 글씨는 세련되고 수준 높아 백제서예의 수준을 보여준다. "오랜 전생에 업을 맺어 한곳에 같이 태어났다"는 이 목간의 글씨는 의미심장하다. 이 짧은 문장 속에는 불교의 업과 인연 그리고 윤회사상이 모두 포함되어 있다. 무수한 전생, 무수한 업, 무수한 인연을 거쳐 이 넓은 우주, 이 많은 생물, 이 많은 인간들 가운데 나와 상대방이 한곳에 태어났다는 것이니, 그 특별함이란 말로 이루 표현하기 어렵다는 의미이다. 그리고 그러한 특별함을 통해 만난 상대방이기 때문에 또한 그에 대해 느끼는 깊은 자비심을 암시하고 있다. 백제금동대향로가 이런 목간과 같이 출토되었다는 점을 통해 당시의 역사적 공간을 상상해보는 것도 흥미롭다.

능사에서는 많은 유물들이 출토되었다. 이들도 백제금동대향로 연구에 도움이 되는 보조자료이다. 그런데 백제금동대향로가 출토된 공간에서는 가장 많은 양의 유물이 발견되었다. 그 종류도 다양하고, 중앙실에는 향로와 함께 누금鏤金제품, 풍경설風磬舌, 금은장식, 칠토기, 채색칠판, 유리구슬 등이 있었는데, 완성품을 비롯해서 원재료와 작업도구 등이 포함되어 있었다. 따라서 발굴주체 측에서는 이 공간을 공방으로 파악하였다. 백제금동대향로가 공방에 있었다는 것 또한 여러 가지 추측을 가능케 하는 사실이다.

능사 출토품 중 자기류와 개원통보開元通寶 같은 유물들은 중국으로부터 수입한 것이다. 그리고 능사에서 출토된 도용陶俑은 정림사 출토품과 매우 유사한 양식이다. 또한 이런 인물상은 중국 낙양의 북위北魏 영녕사永寧寺 출토품과 흡사하다. 위덕왕 때에 백제가 북위와 외교관계를 가졌던 기록으로 볼 때, 북위의 문화적 영향을 짐작해볼 수 있는 증거라 할 수 있다. 아울러 이런 사실들은 백제금동대향로 제작의 문화적 배경을 동아시아라는 큰 틀 속에서 살필 수 있게 한다.

4. 백제금동대향로의 도상

백제금동대향로는 크게 세 부분으로 구성된다. 상하의 봉황과 용 그리고 중앙의 몸체이다. 가운데 몸체에는 도상들이 빼곡히 담겨 있다. 이런 상중하 구성을 취한 데에는 제작자의 의도가 있었을 것이 분명하다. 그러나 그것을 밝혀내기란 대단히 어려워 보인다.

뚜껑 위의 봉황에 대해서도 의견이 분분하다. 주작이라는 주장이 있는가 하면 천계天鷄, 즉 닭이라는 의견도 있다. 그런데 앞서 언급했던 중국 하남성 남조묘 화상전에 백제금동대향로의 새와 비슷한 새를 부조하고 그 옆에 봉황이라고 명시한 예가 있다. 따라서 백제금동대향로의 새를 봉황으로 보는 강력한 근거가 생긴 셈이다. 봉황은 알 같은 둥그런 구형球形 받침 위에 서 있다. 그리고 봉황의 턱과 가슴 사이에도 여의주 같은 작은 알이 있다. 그렇다면 굳이 어렵고 복잡하게 이런 배치를 한 의미는 무엇일까? 향로의 새를 봉황으로 인정하지 않는 이는 이에 대한 나름의 설명을 하고 있기는 하나, 앞으로 보다 진전된 연구가 필요하다.

백제금동대향로에서 용과 봉은 중요한 비중과 위치를 차지하고 있다. 용과 봉은 백제금동대향로에서 음양의 상징적 표현이라는 데 연구자들의 의견이 대체적으로 일치한다. 용과 봉은 음양의 상징적 동물로서, 한 쌍을 이룬다. 용은 아마 뱀에서 발전하여 형상화되었을 것이다. 용은 물속에 사는 것으로 인식되었고, 또 『주역』에서는 용이 우레와 연계되어 있는 점 등으로 보아 음陰의 기운을 상징하였다. 백제금동대향로에 밑받침으로 용을 표현한 것도 그러한 상징으로 나타낸 것으로 보인다. 용은 중국 고대부터 꾸준히 중요한 상징물로서 비중을 가졌다. 그러나 남방적인 봉은 용에 비해 그 인식과 활용이 확대되지 못했다. 그래서 그 빈 공간을 주작이 대신하기도 하였다. 남북조시대까지도 용과 봉이 함께 등장하는 경우는 많지 않았다. 그러다가 수가 남북조를 통일하면서 용봉이 쌍을 이루며 유행하였다. 백제의 미술이 이러한 경향과 완벽하게 일치하지는 않지만 동아시아 미술의 큰 흐름 속에서 고려하고 파악하는 것도 중요하다.

백제금동대향로의 몸체에는 무수히 다양한 요소들이 부조되어 있다. 그리고 그 최상위에는 다섯 명의 악사가 악기를 연주하고 있다. 악기는 완함, 횡적, 배소, 북 그리고 거문고이다. 악기 명칭 가운데 거문고에 대해서는 이견이 있는 상황이다. 당시 백제가 중국의 문물을 거의 실시간으로 수용하였던 점에서 이런 악기들이 실제 백제에서 사용되었을 가능성이 매우 높다. 그리고 무수한 도상 가운데 음악 연주를 지상의 정상에 위치시킨 것은 예사로운 일이 아니다. 악사들은 지상의 최고의 자리이자 천상을 상징하는 봉황의 바로 아래에 있다. 이는 천상과 지상의 매개물로서 음악을 상정한 것이라 할 수 있다.

사실 음악은 고대 동아시아에서 매우 중시되었다. 공자孔子가 '소韶'라는 음악을 듣고 3개월 동안 고기 맛을 잊었다고 한 것이나, 시로써 일어나서 예로써 서며 음악으로 완성한다는 『논어』의 말로 미루어볼 때, 음악은 최고의 가치와 비중을 지니는 것이었다. 백제금동대향로에 음악 연주가 정상부에 위치한 것도 바로 이런 사실과 관련이 있을 것이다. 그리고 그것이 백제사회의 의식을 반영하고 있다고 판단된다. 그렇다면 백제금동대향로에 등장하는 악기들을 실제로 연주했을 때 어떤 음악이 될까? 그래서 이 악기들을 복원해서 실험고고학적인 연주를 실행한 바 있었다. 오늘날의 실내악단에 해당하는 이 연주는 현재의 국악 정악이나 민속악에서 느끼기 어려운 새로운 차원의 음악적 감수성과 음률로써 조용하고 품격 있는 소리를 만들어냈다고 한다. 이를 통해 백제음악의 수준과 사회적 분위기를 짐작해볼 수 있을 것이다.

상하로 분리되는 백제금동대향로의 몸체에는 다양한 도상이 등장한다. 위쪽에는 육상세계를, 아래쪽은 대체로 수중세계를 나타낸 듯하다. 육상세계에 묘사된 인물은 모두 12명이다. 2명은 기마인물이다. 둘 모두 말을 달리는 모습이다. 한 인물은 달리는 말에서 사냥동물을 향해 고개를 돌려 활시위를 당기고 있다. 말의 표현도 매우 역동적이다. 작은 부조임에도 불구하고 말안장을 비롯해서 고삐 등도 잘 표현되어 있다. 나머지 인물들도 각기 다양한 포즈를 취하고 있다. 바위 위에 앉아 명상하는가 하면, 머리를 감거나 낚시하는 장면도 있고, 지팡이를 짚고 산책하는 인물도 보인다. 코끼리를 탄 인물도 한 명이 있다.

코끼리 표현은 인도에서 전해졌을 것으로 보이며, 불교와 관련이 깊다. 일본 쇼소인正倉院에는 백제 의자왕이 보낸 바둑판과 바둑알이 보존되어 있는데, 그 바둑판에 낙타가 표현되어 있다. 이런 점들로 미루어볼 때, 당시 백제에서는 먼 이국의 동물들에 대한 이해도 상당하였으리라 짐작된다. 등장하는 동물들은 특이하다. 사람 얼굴에 새나 짐승의 몸을 갖고 있는 표현도 보인다. 그리고 이름을 알 수 없는 기이한 동물들도 많다. 그밖에 원숭이, 사자, 호랑이, 멧돼지, 사슴 등을 확인할 수 있다. 새들도 다양하다. 꼭대기 부분 산정상의 다섯 마리 새를 비롯하여, 독수리, 긴부리 새, 외뿔 새 등이 있다. 그밖에 악귀를 막는 상상의 동물인 포수鋪首도 있고 무수한 식물과 나무들도 표현되어 있다.

향로 몸체의 아래쪽은 향을 담아 피우는 곳이다. 이 표면은 3단의 연꽃잎으로 구성되어 있다. 연꽃잎은 끝이 살짝 반전되어 있고, 잎의 끝부분을 사선문斜線文으로 음각하였다. 연꽃잎과 그 사이에는 27마리의 동물과 2명의 인물이 표현되어 있다. 인물 가운데 한 명은 무예 동작을 하고 있고, 또 한 사람은 이름 모를 동물을 타고 달리는 모양새이다. 27마리의 동물들은 악어, 황새, 물고기를 비롯해서 이름을 알 수 없는 것들이 많다.

백제금동대향로 몸체에 보이는 표현들은 실로 다양하고 정치精緻하다. 도상의 구조는 표면적으로 천상과 지상과 지하를 표현하고자 했음을 짐작케 한다. 지하의 용이 받쳐서 또는 뿜어내 탄생시킨 지상세계는 봉황의 천상세계로 연결되고 있다. 용봉을 밑과 위에 배치하고, 무수히 다양한 인물과 동식물들이 등장하고, 연꽃과 산악이 배경을 이루는 백제금동대향로의 도상구조에는 제작자의 이야기가 담겨 있다. 용과 봉황은 상상 속의 상서로운 동물이다. 그 용봉이 위아래를 호위하는 공간이 육상세계이다. 이 부분이 향로의 가장 중심이 되는 공간으로 역시 가장 중요한 부분이라 할 수 있다.

향로 몸체의 연꽃과 산악을 배경으로 전개되는 무수히 다양한 도상들은 무엇을 위해 표현되었을까? 백제금동대향로가 박산향로라는 점에서 그 도상들은 신선세계일 가능성이 높다. 그런데 도상 중에는 물고기를 잡아먹는 동물도 있고, 뱀을 잡아먹는 짐승도 보이며, 말을 탄 인물이 활을 당겨 사냥하는 장면도 있다. 이런 등장 요소들은 신선세계를 표현하는 데에 별 도움이 되지 않는다고 보인다. 향로 표면에 부조된 도상들을 길게 펼쳐놓고 살펴볼 때, 거기에는 무수한 물상들이 다양한 형태로 각기 자기 나름대로 존재하고 있음을 보게 된다.

회화를 보면 소재를 표현하는 두 가지 방식이 있다. 하나는 주제나 주인공을 강조하여 부각시키는 방식이 있고, 또 다른 하나는 다양한 소재들을 병렬하여 나열하는 방식이다. 전자가 통일적·전제적인 성격인 반면, 후자는 분산적·민주적인 표현이라고 빗대 말할 수 있다. 백제금동대향로의 몸체인 육상세계의 도상들을 길게 옆으로 펼치면 후자의 표현방식이 된다. 받침 부분에는 무수한 연꽃세계가 첩첩이 전개되고 무수한 동물과 물고기, 인간이 독립적으로 각자 활동하고 있다. 그리고 뚜껑 부분에도 끝없이 이어지며 중첩되는 산들을 배경으로 여러 형태의 인간과 무수한 동물들이 다양한 모습으로 존재하고 있다.

이런 유의 표현과 구도는 후대 회화에서도 나타난다. 예컨대 송宋나라 장택단張擇端의 〈청명상하도清明上河圖〉나 조선전기 안견의 〈몽유도원도夢遊桃源圖〉 그리고 조선후기 이인문의 〈강산무진도江山無盡圖〉가 바로 그것이다. 그런데 이런 그림들에는 일반적인 공통점이 있다. 당대 사회가 안정되고, 경제적으로 번성하고, 또 문화적으로 매우 융성한 시대라는 점이다. 이와 더불어 그림의 내용도 인간과 자연이 조화로운 삶의 존재 형태를 보이는 대서사시이다. 구도 또한 장대하게 펼쳐진 파노라마 화면으로, 이를 통해 인간의 이상을 구현하려 하였다는 점이다. 백제금동대향로의 도상 표현과 구도도 바로 이런 후대 그림들과 너무나 많은 유사점을 가지고 있다. 덧붙여서 향로 꼭대기에 위치한 봉황의 의미도 그러하다. 봉황은 하늘의 사자로서, 봉황이 출현하면 천제天帝의 세계가 도래하였다는 뜻이며, 천하가 태평하면 나타나 노래하고 춤춘다는 기록이 그러한 사실들을 뒷받침해 준다. 백제금동대향로를 단순하게 박산향로류로 파악해서는 안 되는 점이 바로 여기에 있다.

5. 백제금동대향로의 사상적 배경

백제금동대향로에 담긴 사상적 배경에 대해서는 의견이 분분하다. 불교라고 하는가 하면, 도교라고 주장하는 이도 있으며, 도교와 불교의 혼합이라고 말하기도 한다. 또 어떤 이는 처음에 불교라고 하다가 도교라고 주장을 번복한 경우도 있다. 그만큼 백제금동대향로에 담긴 도상이 의미가 얽혀 있고, 해석이 복잡하다는 방증이다. 그리고 백제사에 대한 사료가 영성零星하다는 것도 이런 결과의 또 하나의 원인이라 할 수 있다. 백제금동대향로의 사상적 배경에 대해서는 명쾌하게 결론 내리기가 쉽지 않아 보인다.

백제금동대향로는 박산향로의 한 형태이다. 박산博山은 신선이 거주하는 상상의 산이다. 따라서 이 산의 실재 존재를 확인하는 작업은 의미가 없다. 박산향로는 중국 한대漢代에 출현하였다. 그 전부터 향로는 존재하였지만, 그것이 시대적 영향으로 박산이라는 형태를 취하여 새롭게 탄생한 것이다. 한대에 신선술이 유행하고 발전하면서 박산의 존재가 부각되었고, 이런 박산이 향로에 내재하는 의미와 서로의 필요에 의해 합쳐지면서 박산향로가 나온 것이다. 따라서 박산향로 원래의 사상적 배경은 신선술이었다.

도교는 후한後漢 말에 교단조직을 형성하였고 이때 신선술을 흡수하였다.

도교는 신선술 이외에도 노장사상과 민간신앙 등을 아울러서 성립된 것이기 때문에 잡다한 성격을 띠고 있다. 그리고 어떤 측면을 강조하는가에 따라 전혀 성격을 달리하는 종교가 될 수 있다. 실제로 이후 역사에서 도교는 다양한 모습으로 나타났다. 때로는 중국 고유의 민간신앙으로 존재한 경우도 있었다. 이처럼 어느 한 시기의 도교를 어떤 성격이라고 확실하게 규정할 수 없을 정도로 복잡하다. 이런 점을 고려한다면, 백제금동대향로의 도상구조의 사상적 배경을 단순하게 도교적이라고 보기도 어렵다. 더욱이 중국 측 사서史書에서도 백제에 도교가 존재했음을 부인하는 듯한 기록이 전하고 있다. "승려와 절 그리고 탑은 많으나, 도사道士는 없다"라는 『주서周書』와 『북사北史』의 기록이 그것이다.

그러나 백제에 도교가 소개되고 상당히 침투되었을 방증은 충분하다. 근초고왕 때 장군 막고해莫古解가 노자 『도덕경』을 인용한 바 있다. 백제의 승려가 천문지리서와 둔갑방술서를 왜에 전한 기록도 있다. 무왕 때에는 궁남지宮南池를 조성하고 방장선산에 비기었다. 도교 관련 유물들도 상당수 남아 있다. 칠지도七支刀는 칼 자체뿐만 아니라 거기에 새겨진 내용과 『일본서기』의 기록에서 전형적인 도교 관련 유물임을 알 수 있다. 무령왕릉에서 출토된 방격규구신수문경方格規矩神獸文鏡도 도교의 신선술 사상의 표현이다. 선인仙人이 목마르면 옥천玉泉의 물을 마시고 배고프면 대추를 먹는다는 내용에서 왕실에서 신선을 염원하는 뜻을 알 수 있다. 그리고 무령왕의 진묘수鎭墓獸를 비롯한 다른 여러 유물들도 도교적인 성격을 나타낸다. 이런 유물들을 통해 당시 백제사회에 도교적인 관념과 신앙이 상당하였다는 사실을 확인할 수 있다. 따라서 이런 시대적 분위기에 근거해서 백제금동대향로에 나타난 도교적 도상구조를 파악한다면 결론은 분명해진다.

그런데 문제는 대향로가 절터인 능사에서 출토되었다는 사실이다. 이 점은 대향로의 사상적 배경을 불교적이라고 볼 수 있게 한다. 그리고 대향로에 불교와 관련성이 있는 요소들도 포함되어 있기 때문에 문제가 더욱 어렵게 된 것이다. 용이나 연꽃 같은 요소도 불교적이다.

백제사회에서 불교신앙은 그 위세가 대단하였다. 위덕왕은 출가를 결심하기도 하였고, 법왕은 그물과 사냥도구를 불태워버리고 살생을 금지하게 할 정도였다. 왕흥사와 미륵사와 같은 대형사찰을 건립한 것도 그렇다. 백제사회가 이렇게 불교적 융성을 이룬 시대적 상황에서 백제금동대향로가 출현했다고 보는 것이 순리일 것이다. 그러나 백제금동대향로의 도상에서는 근본적으로 도교적인 색채가 나타나기 때문에, 그 성격을 완전히 부정하기는 쉽지 않다. 그래서 그 도교적인 성격을 일부 인정하면서도 본질적으로는 불교적인 배경을 갖는 것으로 파악하기도 한다. 도교적인 박산이 불교적인 수미산으로 변형되었다는 주장이 있는가 하면, 불교의 소의경전所依經典까지 구체적으로 제시하여 『화엄경』의 연화장세계蓮華藏世界의 구현이라고 하는 주장도 있다.

이런 논의들이 설득력을 가지기 위해서는 앞으로 보다 논리를 보강해야 할 필요가 있다. 이를테면 연화장세계라는 주장은 백제금동대향로의 도상구조에 연화장세계를 대입시켰을 때 상당히 일치하기 때문에 논리적이다. 그런데 백제사회에 화엄종이 유행하였다거나 화엄경신앙이 존재하였다는 근거를 제시할 수 없다는 데 문제가 있다. 주지하다시피 당시 백제불교는 계율을 중시했고, 미륵신앙이 널리 퍼져 있었으며, 열반경과 법화경신앙이 압도적이었다. 당시 백제사회의 이런 사상적 분위기를 고려하여, 백제금동대향로와 불교와의 연관성을 보다 심도 있게 추구해야 그 사상적 배경이 선명히 드러날 것이다.

6. 백제문화를 어떻게 볼 것인가

백제문화는 개방적이다. 당시 동아시아의 지형을 보면, 중국에는 육조가, 한반도에는 고구려·백제·신라가, 그리고 바다 동쪽에는 왜가 정립하고 있는 상황이다. 백제는 사방으로 육조, 고구려와 신라 그리고 왜에 둘러싸여 그 정중앙에 위치한다. 따라서 백제로서는 대외관계를 중시하지 않을 수 없는 위치에 있었다. 그 결과도 또한 그렇게 나타났고, 대외적인 개방성을 유지하지 않을 수 없었다. 그래서 『북사北史』와 『수서隋書』 기록에 "백제 사람들 중에는 신라인, 고구려인, 왜인 등이 섞여 있는데, 또한 중국인도 있다" 고 하였다. 백제문화의 다양성은 당시 풍속에서도 살필 수 있다. 백제의 언어는 일부 중국 고대의 진秦과 한韓의 말이 섞여 있기도 하나 대략 고구려와 같고, 의복과 장식은 고구려와 같으며, 혼인의 예법은 중국과 대략 같았다고 한다. 또 왜의 영향으로 몸에 문신하는 사람들도 자못 많았다는 기록이 있다.

백제가 여러 나라의 문화를 받아들였다고는 하지만, 가장 커다란 영향은 중국으로부터였다. 중국 육조의 문물이 거의 시간적 격차 없이 즉시 백제에 수입되었다고 할 수 있다. 예컨대 무령왕릉에서 출토된 중국백자가 그런 사실을 증명하고 있다. 지금까지 밝혀진 바로는 중국 최고最古의 백자보다 무령왕릉(525)의 백자 잔이 무려 50년이나 앞선 것이고, 태토胎土와 유약도 매우 발달된 것이다. 이런 사실은 당시 백제에서 중국문물을 얼마나 신속하게 수용했는가를 짐작케 한다.

중국의 육조는 분열의 시대이자 혼란의 시대였다. 이러한 시대에 어울리게 정신으로서의 사상도 통일되지 않았다. 유불선 삼교三教가 서로 넘나들면서 육조인의 의식과 관념을 지배하였다. 사상들의 경계가 불분명해지면서 일부 대립이 있었지만, 전체적으로 서로 다른 사상에 대해 관대하고 유연하였다. 서로 섞이고 혼합되면서 매우 복합적이면서도 역동적인 문화를 생성한 것이 육조시대였다.

중국 예술사에서 육조는 혁명적인 시대였다. 시에서는 도연명陶淵明이 나와 이후 중국 시의 전범이 되었으며, 문학비평서로 유협劉勰의 『문심조룡文心雕龍』이 출현했다. 회화에는 중국회화의 창시자라고 할 수 있는 고개지顧愷之가 활동했으며, 사혁謝赫이 육품론六品論을 주장하여 이후 회화비평의 금과옥조가 되었고, 산수화가 탄생하여 이전의 기술에서 예술로 나아가는 계기가 되었다. 음악에서도 이전의 실용음악을 혜강嵇康이 나와 순수음악의 길로 개척하였다. 육조시대는 예술사에서 커다란 전환기였다. 중국의 예술사는 육조시대를 기점으로 새로운 시대로 나아갔으며, 극단적인 표현을 빌리자면 이후 예술은 육조시대의 아류라고 할 정도였다.

육조문화를 끊임없이 수혈했던 백제로서는 그 예술적 특성에서도 상당한 영향을 받았다. 그런데 무령왕과 성왕에 이어 왕위에 오른 위덕왕 대에 육조는 그 막을 내리고 수隋가 분열의 시대를 통일한다. 이후 백제가 멸망할 때까지 수와 당唐은 70여 년이라는 그리 길지 않은 기간 동안 백제와 함께 했다. 당시 수와 당이 자기 고유의 문화를 형성하기에는 그 기간이 너무나 짧았다. 통일전쟁의 회오리 속에 긴박하게 전개되던 동아시아 국제정세의 여건 아래에서 백제와 중국 제국諸國과의 관계는 정치적인 면에 치중할 수밖에 없었다. 육조문화는 그 멸망과 함께 사라졌다. 그러나 그 문화를 수용했던 백제는 그것을 더욱 정치하게 세련시켜나아갔다. 당시 동아시아문화는 육조문화를 계승한 백제에 의해 그 극단까지 끌어올려졌다.

백제금동대향로, 국보 제83호 금동반가사유상, 백제산경문전과 같이 예술적으로 뛰어난 걸작들이 백제에서 탄생하였다. 중국에서 목탑기술을 수입하여 독자적인 석탑기술을 개발하였다. 그리하여 거대한 미륵사지석탑을 세웠다. 그 수십 년 후에 신라 선덕여왕은 삼국을 통일하기 위해 황룡사9층목탑을 세우려고 하였으나 기술력이 부족하여 백제의 공장工匠을 초빙하였다. 미륵사지석탑은 한 기가 아니라 두 기였으며, 그 중앙에는 그보다 더 높은 목탑이 존재하고 있었다. 당시 백제에서 목탑은 아날로그 기술이었고, 석탑은 디지털 기술에 해당하였다. 그런 아날로그 기술을 신라에서 수십 년 후에 수입해갈 정도였으니, 당시의 백제의 문화적 역량을 짐작해볼 수 있다.

백제의 예술적 영향은 컸다. 일본 쇼소인에 남아 전해오는 의자왕이 보낸 바둑판과 바둑알의 정묘한 예술적 성취가 그러하다. 고류지廣隆寺의 목조반가사유상이나 호류지法隆寺의 백제관음도 백제의 영향하에 있다. 이들 모두 일본에 있는 미술품 가운데 1, 2위를 다투는 걸작들이다. 이런 유물들이 한 시기에 탄생하게 된 역사적 배경을 되새겨 볼 필요가 있다. 백제금동대향로도 그중의 하나이다.

왕흥사지 사리함 명문을 통해 본 백제불교

길기태

1. 머리말

지난 2007년 부여의 왕흥사지王興寺址 목탑지에서 사리함이 발견되었다. 여기서 발견된 사리함에는 5자 6행 총 29자의 명문銘文이 새겨져 있어 백제 불교를 이해하는 데 있어 많은 시사점을 제공하였다. 그 명문은 다음과 같다.

A. 정유년(위덕왕 재위 24년인 577년) 2월 15일에 백제왕 창이 죽은 왕자를 위해 찰주를 세웠다. 본래 사리가 2매였는데 봉안할 때 신의 조화로 3매가 되었다(丁酉年二月/十五日百濟/王昌爲亡王/子立刹本舍/利二枚葬時/神化爲三).

吉基泰 국가기록원 학예연구사.
저서로는 『백제 사비시대의 불교신앙 연구』(서경문화사, 2006)가 있으며, 주요 논문으로는 「백제 아미타신앙의 성격」(『진단학보』 108, 2006), 「수원사 미륵신앙의 성격」(『백제문화』 36, 공주대학교백제문화연구소, 2008), 「미륵사 창건의 신앙적 성격」(『한국사상사학』 30, 한국사상사학회, 2008) 등이 있다.

위의 내용은 『삼국사기』와 『삼국유사』의 왕흥사가 법왕 대에 창건되어 무왕 대에 완공되었다는 기록과는 배치되는 것이다. 그러나 찰刹의 의미가 사찰이란 의미도 있지만, 목탑의 찰주刹柱로 보는 것이 바람직하다는 의견들이 제시되면서 기록의 오류가능성이 상대적으로 낮아졌다.

위의 기록은 백제불교에 대한 많은 내용을 함의하고 있다. 정유년인 577년이 의미하는 바는 물론, 2월 15일은 백제불교의 흐름을 이해하는 데 도움을 준다. 나아가 죽은 왕자를 위해 찰주를 세운 사실은 백제불교가 갖는 신앙적인 성격을 이해하는 데 중요한 자료를 제공해준다.

또한 사리와 관련한 직접적인 자료가 발견되었다는 점도 주목된다. 사리는 왕권과 밀접한 관련이 있다. 그런 만큼 위의 자료를 통하여 위덕왕 당시의 왕권을 이해하는 데 중요한 실마리를 찾을 수 있다고 본다. 나아가 사리의 국가 간 이동경로를 이해할 수도 있을 것으로 본다.

이러한 의미에서 왕흥사지 사리함 발견과 관련하여 많은 연구자들의 관심이 있었다. 특히 발굴을 담당한 국립부여문화재연구소는 2008년 1월 "부여 왕흥사지 출토 사리기의 의미"라는 주제로 국제학술대회를 개최하였다.[1] 그 외에 왕흥사지 사리함 명문을 분석해놓은 연구성과가 있다.[2] 또한 일본 측 연구성과도 나와 있어[3] 왕흥사지 사리함을 둘러싼 연구가 활발히 전개되고

---

1 이 당시 발표된 기조강연과 발표문을 살펴보면 다음과 같다. 이기동, 「중흥의 비원과 진혼 사이에서-백제 위덕왕 때의 정치와 제의-」; 김혜정, 「왕흥사지 발굴조사 성과」; 김연수, 「부여 왕흥사 목탑지 출토 사리장엄구에 대하여」; 佐川正敏, 「고대 일본과 백제의 목탑기단 구축기술 및 사리용기 · 장엄구 안치형식의 비교검토」; 楊泓, 「백제 불교문화에 대한 남조의 영향」; 이도학, 「「왕흥사지 사리감 명문」분석을 통해 본 백제 위덕왕대 정치와 불교」; 손환일, 「백제 왕흥사지 출토 청동사리함명문의 서체」; 이한상, 「왕흥사 목탑지 일괄유물의 성격과 의의」; 김경표, 「왕흥사지 목탑의 복원 연구」; 장헌덕, 「왕흥사지 목탑의 복원 연구」.

2 김태식, 「부여 왕흥사지 창왕명 사리구에 관한 고찰」, 『문화사학』 28, 2007.

3 鈴木靖民, 「百濟王興寺の舍利容器 · 莊嚴具と飛鳥寺」, 『東アジアの古代文化』 136, 2008; 田中史生, 「百濟王興寺と飛鳥寺と渡來人」, 『東アジアの古代文化』 136, 2008.

있음을 알 수 있다.

이 글은 왕흥사지 출토 사리함을 통해 백제불교를 이해하는 데 있다. 이를 위해 신앙적인 측면에서 정토신앙의 흐름을 짚어보고, 석가와 전륜성왕 그리고 미륵신앙 사이의 관계도 알아보고자 한다. 이어 의례적인 측면에서 사리의 봉안의식을 통해 당시의 왕권을 살펴보고자 한다.

2. 위덕왕 대의 정토신앙

왕흥사지 목탑지에 출토된 사리함의 명문을 보면, 창왕(=위덕왕)은 죽은 왕자를 위해 찰주를 세우고 사리를 봉안하고 있다. 위덕왕이 죽은 왕자를 위해 사리를 봉안한 이유는 무엇일까?

위덕왕은 즉위 초기에 성왕을 위해 출가의 뜻을 밝혔다. 여기서의 출가는 곧 죽은 부왕의 명복을 빌기 위함이었다. 명복을 빈다는 것은 정토왕생淨土往生을 기원하는 것과 관련이 있다. 위덕왕의 이와 같은 의지는 능사陵寺의 창건으로 확인된다. 능사에서는 '창왕명사리감'이 발견되었는데, 그 내용은 "위덕왕 재위 13년(567)에 매형공주가 사리를 봉안한다"는 것이다.

그런데 사리의 봉안과 정토신앙은 관련이 있다. 이는 인도의 초기불교에서 확인된다. 당시 인도의 불교교단은 출가수도자 계층과 일상적인 사회생활을 영위하면서 보시와 공양, 예배 등의 선근善根을 쌓아 현생에서의 복리와 안락, 미래의 생천生天을 기원하는 재가신자 계층 등 이중구조를 이루고 있었다. 그리고 이들 재가신자는 불탑을 중심으로 하는 신앙집단을 형성하고 있었다.[4]

4 신대현, 『한국의 사리장엄』, 혜안, 2003, 45~46쪽.

여기서 주목되는 점은 재가신자들이 생천을 기원하고 있다는 점이다. 즉, 하늘에 다시 태어남을 기원하는 것이다. 그렇다면 왕생의 대상지가 하늘이라고 할 때, 하늘의 의미를 살펴보아야 한다. 하늘은 인간이 동경하는 곳이라 할 수 있다. 고대사회에서부터 하늘은 범접할 수 없는 신성불가침의 장소이다. 그만큼 하늘은 정토로서의 요소를 가지고 있다. 그래서 하늘에 왕생한다고 하면 곧 정토왕생과 연결된다고 볼 수 있다. 이는 왕생신앙과 관련이 있다. 여기서 사리신앙이 본래 왕생신앙적인 요소를 가지고 있었음을 말해주는 것이라 할 수 있다.

이러한 가능성은 미륵신앙이 잘 보여준다. 미륵이 열반에 든 후 수행하는 곳이 도솔천兜率天이다. 그리고 도솔천은 중생들이 태어나길 바라는 곳이다. 이것이 바로 미륵상생彌勒上生신앙이다. 즉 미륵정토신앙의 한 모습인 것이다. 이러한 신앙적인 요소는 바로 중국 남북조시대에서 볼 수 있다. 즉, 생천과 관련한 미륵신앙의 모습이 중국에서 찾아진다.

중국에서 미륵신앙은 죽음과 관련해서 전개되고 있다. 이는 남북조인들이 과거 7불과 미륵을 동북 간艮의 팔괘와 연결시키고 있는 것에서 알 수 있다. 동북 간의 괘는 귀문鬼門에 해당하며, 중국 한대漢代 이래로 죽은 자들이 가는 곳이란 의미를 가지고 있다. 이러한 의도는 불교적으로 사후 미륵의 세계로 가기를 기원하는 것이라 할 수 있다. 즉, 도솔천에의 왕생을 기원하는 것이라 할 수 있다.[5] 여기서 미륵신앙이 다음 생에 대한 희구 내지는 등천, 생천에 대한 관념이 내재되어 신앙되어지고 있었음을 추정해볼 수 있는 것이다.

이러한 신앙적 내용은 백제에서도 발견된다. 즉, 다음의 내용이 그것이다.

---

5 강희정, 「북량석탑을 통해 본 교각미륵 도상의 전래」, 『관음과 미륵의 도상학』, 학연문화사, 2006, 182~183쪽.

B-1. 계미년 11월 1일에 보화寶華가 망부 趙□人을 위해 만든다.

–계미명 금동삼존불입상〔563년(위덕왕 10년), 간송미술관 소장〕

B-2. 갑인년 3월 26일에 제자 왕연손王延孫이 현세의 부모를 위하여 금동석가상 1구를 공경히 만드니, 바라건대 부모가 이 공덕으로 현신이 편안하고, 태어나는 세상마다에서 삼도三途를 거치지 않고 팔난八難을 멀리 떠나, 빨리 정토에 나서 불을 보고 법을 듣게 하소서.

–갑인명 석가상 광배〔594년(위덕왕 41년), 일본 동경박물관 소장〕

B-3. 갑신년에 …… 석가상을 만드니 제불을 만나서 길이 고통에서 떠나고 ……

–갑신명 금동석가상 광배〔추정 624년(무왕 25년), 藤谷宗順 소장〕

B-4. 정지원이 망처 조사를 위하여 금상을 공경히 만드니, 빨리 삼도를 떠나게 해 주소서.

–정지원명 금동삼존불입상(추정 6세기 후반, 국립부여박물관 소장)

위의 내용에서 B-2와 B-4는 고구려나 중국의 작품으로 이해되기도 한다. 그러나 백제에 왕변나王辯那의 경우처럼 왕씨가 활동하고 있었고, 중국계 백제인이 존재하고 있었던 만큼 백제의 것으로 이해할 수 있다. 내용을 보면, 현세의 선업을 닦아 내세에 부처를 만나 더 많은 선업을 닦기를 기원하고 있다. 또한 현재의 업을 통하여 현세의 부모가 안온하게 살고, 나아가 죽은 부모까지도 좋은 곳으로 가기를 기원하는 회향回向신앙의 모습도 보여준다.

그런데 위의 내용을 보면 "빨리 정토에 나서 불을 보고 법을 듣게 하소서"라는 내용이 주목된다. 정토신앙이 등장하고 있기 때문이다. 이 신앙을 정토신앙으로 볼 수 있는 것은 다른 불상명에서 삼도를 떠나고, 제불을 만나 길이 고통에서 떠나게 해달라는 기원을 통해 살펴볼 수 있다. 즉, 당시 백제인들의 마음속에는 정토신앙에 대한 이해가 담겨 있었다고 볼 수 있는 것이다.

그리고 위의 불상이 제작된 시기는 위덕왕 대가 대부분인 만큼, 이 시기에 이미 정토신앙이 백제의 불교신앙으로 자리하고 있었음을 알 수 있다.

그런데 위의 내용에서 주목되는 것은 바로 석가불신앙을 통하여 정토에의 왕생을 기원하고 있다는 점이다. 이는 위덕왕 대 사리신앙과 연결하여 살펴볼 수 있다. 사리는 석가모니불이 열반에 든 후 남겨진 진신眞身이다. 즉, 석가불과 밀접한 관련이 있다. 그렇다면 사리의 봉안과 석가불의 조성을 통한 정토신앙은 내용적으로 서로 연관되어 있음을 알 수 있다.

그러나 정토왕생에 대한 희구는 석가불만으로 한정되지 않는다. 이 시기에 중국이나 고구려 등에서 나타나는 바는, 미륵과 석가불이 공존하고 있는 모습이다. 그 대표적인 예가 '경4년신묘명 금동삼존불입상景四年辛卯銘 金銅三尊佛立像'의 명문 내용이다. 경4년은 보통 평원왕 13년인 571년으로 본다.[6] 명문 내용을 보면, "바라건대 돌아가신 스승 및 부모가 다시 태어날 때마다 마음속에 늘 제불을 기억하고, 선지식들은 미륵을 만나기를 바랍니다. 소원이 이러하니 한 곳에 태어나서 불을 보고 법을 듣게 하소서"라고 되어 있다.

여기서 미륵이 등장한다. 그런데 이 명문은 아미타불을 조성하면서 작성된 것이다. 이 시기에 정토신앙은 아미타정토와 미륵정토가 뚜렷하게 구분되지 않은 것 같다. 즉, 석가불을 중심으로 하여 다양한 불보살이 신앙되어지고 있었다. 물론 이러한 예가 백제에서 아직 발견되지 않고 있지만, 그 가능성은 충분하다고 본다. 이는 고구려뿐만 아니라 중국 남북조시대의 기록에서도 살펴볼 수 있기 때문이다. 정토왕생 희구의 대상은 석가불과 미륵, 관음보살 등 다양한 모습을 보여주면서 등장하고 있는 것이다.

그렇다면 위덕왕이 발원하여 공양한 왕흥사지 목탑의 사리함 명문은 어떠

6 서영대, 「경4년신묘명 금동삼존불입상」, 『역주한국고대금석문』, 가락국사적개발연구원, 1992, 129~131쪽.

한가? 이 명문의 내용은 정토신앙적인 요소가 담겨 있음을 알 수 있다. 죽은 왕자를 위해 사리를 봉안한다는 의미는 죽은 왕자의 왕생을 기원한다는 뜻으로 받아들일 수 있기 때문이다. 이는 석가불의 조성을 통하여 정토왕생을 기원하고 있는 위의 불상 명문과 그 맥을 같이 한다고 할 수 있다. 여기서 백제 불교신앙의 한 유형인 정토신앙의 모습을 살펴볼 수 있다. 그리고 백제는 이미 성왕 대에 석가불신앙을 수용하고 있었다.[7]

이 시기 백제에는 정토신앙이 전개되고 있었다. 이미 무령왕 대에 그 모습이 찾아지는 것이다. 즉, 무령왕릉 왕비의 두침頭枕에는 연화화생蓮花化生의 그림이 새겨져 있다. 이는 정토왕생과 관련이 있다.[8]

그런데 이 시기 백제에서는 석가불신앙과 더불어 미륵신앙이 성행하고 있었다. 이는 백제인들이 미륵신앙에서도 정토신앙적인 요소를 발견하였을 가능성을 말해준다. 여기서 왕홍사지 사리함 명문에서의 2월 15일에 주목할 필요가 있다.

2월 15일은 석가모니불의 열반일이다. 그런데 이날은 또한 미륵보살의 열반일이기도 하다.[9] 미륵보살이 열반 이후 도솔천에 왕생한 날이 바로 이날이다. 위덕왕이 죽은 왕자를 위해 찰주를 세우고 사리를 봉안하고 있는 시기가 577년 2월 15일이라 함은 바로 석가와 미륵의 열반일과 관련이 있는 것이다.

여기서 살펴볼 수 있는 것이 바로 정토신앙의 모습이다. 미륵보살이 도솔

---

7 김수태, 「백제 위덕왕대 부여 능산리 사원의 창건」, 『백제문화』 27, 공주대학교백제문화연구소, 1998; 길기태, 『백제 사비기의 불교신앙 연구』, 서경, 2006.

8 吉村怜, 「百濟武寧王妃木枕に畵かれた佛敎圖像について」, 『美術史硏究』 14, 東京(신종원, 「삼국불교와 중국의 남조문화」, 『강좌 한국고대사』 9, 가락국사적개발연구원, 2003, 113쪽 재인용).

9 김수태, 「백제의 사비천도와 불교」, 『정림사-역사문화적 가치와 연구현황』(정림사고증연구학술심포지엄논문집), 국립문화재연구소 · 부여군, 2008.

천에 왕생함은 바로 정토신앙과 연결되기 때문이다. 또한 석가불신앙도 앞서 살펴본 바와 같이 정토신앙과 관련이 있다. 이렇게 볼 때, 위덕왕은 죽은 왕자가 정토에 왕생하길 기원하는 마음을 사리의 봉안에 담고 있는 것이다. 이는 왕흥사지 사리함 명문의 내용에 미륵신앙이 내재되어 있을 가능성을 말해준다. 더불어 석가불신앙와 미륵신앙이 공존하고 있는 모습을 보여주는 것이기도 하다. 이에 대한 가능성은 장을 달리하여 살펴보고자 한다.

3. 석가와 전륜성왕, 그리고 미륵신앙

백제의 지배세력과 관련한 불교신앙으로 석가불신앙과 미륵신앙이 주목된다. 기타의 신앙도 전개되고 있었으나, 이 두 신앙이 중심적인 신앙으로 자리하고 있었다. 그렇다면 이 두 신앙이 지배세력과 연결되어 전개된 이유는 무엇인가?

석가불은 비록 과거불이지만, 가장 가까운 시대에 지상에 와서 설법하였던 여래였다.[10] 이러한 관계로 불교를 수용한 초기에 석가불은 여래의 대표적인 존재로 여겨졌다. 그래서 석가불과 왕권이 서로 연결되어 살펴지기도 한다.

백제에서 석가불신앙의 모습은 성왕과 위덕왕 대에 석가불이 조성되는 것에서 발견된다. 특히 서산마애불의 경우 석가불과 미륵보살이 동시에 등장하고 있어 석가불과 미륵신앙이 공존하고 있었음을 알 수 있다.

왕흥사지 사리함의 명문을 보면, 위덕왕이 죽은 왕자를 위해 사리를 봉안하고 있다. 사리는 부처의 다른 모습이다. 그렇다면 여기서 생각해볼 것은,

10 이기백, 「신라 초기 불교와 귀족세력」, 『신라사상사연구』, 일조각, 1986, 80쪽.

위덕왕이 죽은 왕자를 위해 사리를 봉안하고 있다는 점이다. 그리고 위덕왕과 왕자는 현실에 있어서 상하관계가 성립된다. 부모로서 죽은 아들의 정토왕생을 기원하는 것은 당연하다.

여기서 사리가 봉안된 시기인 2월 15일의 의미에 대해 살펴볼 필요가 있다. 2월 15일은 앞서 살펴본 바와 같이 석가모니불의 열반일이다. 그런데 이 날은 또한 미륵보살이 열반에 든 후 도솔천에 왕생하는 날이기도 하다. 그 내용을 보면 다음과 같다.

C-1. 미륵이 지금부터 12년 뒤에 목숨을 마치면 반드시 도솔천에 왕생할 것이다. 그때 도솔천에는 아주 거룩한 보시바라밀을 닦은 오백만억의 하늘사람(天子)들이 있을 것이며 …… –『미륵상생경』

C-2. 미륵이 먼저 바라나국 겁바리촌에 바바리라는 바라문 집에 태어났는데, 이 뒤 12년 2월 15일이 되면 겁바리촌 고향에 돌아가서 가부좌하고 선정禪定에 들어 이 세상을 떠날 것이다. 그때 미륵의 몸은 붉은 금빛으로 되어 도솔천까지 큰 광명을 뻗칠 것인데 …… 그러면 모든 사람과 하늘들이 온갖 보배로 묘한 탑을 세워서 사리舍利에 공양하느니라. –『미륵상생경』

위의 내용을 보면, 미륵보살이 2월 15일에 열반에 든 후 도솔천에 왕생하고 있다. 그리고 그 과정에서 모든 사람과 하늘이 온갖 보배로 묘한 탑을 세워서 사리를 공양하고 있다. 이는 미륵보살이 석가불이 열반에 든 후 다음 부처로 예정되어 있기 때문에 가능한 것이라 본다. 그래서 석가와 미륵은 열반일이 같은 것이다. 여기서 차이점은 석가는 부처로서 열반에 들었고, 미륵은 보살로서 열반에 들었다는 점이다. 그러나 같은 시기에 열반에 들었고, 사리를 공양하고 있는 점은 부처로서의 공통점이라 할 수 있다.

그리고 이러한 예는 이미 능사에서 확인된다. 죽은 부왕의 명복을 빌기 위해 능사를 창건하고 있는 것이다. 이는 위덕왕이 사리와 석가불을 동일시하면서 왕자의 극락왕생을 기원하는 것으로 풀이할 수 있게 한다. 사리는 석가불의 열반 이후 얻어진 것으로, 앞서 살핀 바와 같이 부처와 동일시된다고 할 수 있다.

그런데 사리를 봉안하고 있는 주체로 주목되는 것이 바로 전륜성왕轉輪聖王[11]이다. 전륜성왕의 사리봉안은 인도의 아소카왕을 통해 확인된다. 실제로 아소카왕은 석가모니불의 열반 이후 흩어졌던 사리를 모아 다시 8만 4천 곳으로 배분하고 있다. 즉, 불사리신앙은 호법護法의 성왕으로 이상화된 아육왕阿育王 설화와 연결되어 있다. 이러한 신앙은 일찍부터 인도와 중국에 전해졌다. 이와 관련하여 6세기에 저술된 중국의 『위서魏書』에 다음과 같은 내용이 기록되어 있다.

D. 석가 사후 아육왕이 신력에 의해 불사리를 나누고 여러 귀신을 동원해 84,000의 탑을 세워 세계에 널리 유포하였다. 그것은 한날에 이루어졌다. 오늘날 낙양 팽성 고장 임위에 아육왕사가 있는 것은 그 같은 유적을 잇는 것이라 생각한다.

위의 내용은 6세기 중국에서 불사리신앙이 아육왕과 연결되어 있음을 말해준다. 아육왕은 인도 아소카왕의 한역漢譯이름이다. 아소카왕은 불교사적으로 가장 이상적인 제왕으로 알려져 있다. 이는 『아육왕전』을 통해 살펴볼 수 있는데, 바로 전륜성왕에 비정比定되고 있다.

전륜성왕이 사리를 봉안하고 있는 기록은 『열반경』류에서 찾아진다. 그리고 불사리 공양을 위해 불탑조성이 성행하게 되었고, 불탑건립은 곧 사후에 생천이라는 과보를 위한 선근이라는 것이 『열반경』류의 경전에서 강조

11 위덕왕은 대통불에 비정되기도 한다(조경철, 「백제 성왕대 대통사 창건의 사상적 배경」, 『국사관논총』 98, 2002).

되고 있다. 그리고 불탑은 하늘의 관념과 결부되고 있다(신대현 2003). 또한 『열반경』류는 사리의 분배과정을 가장 자세하게 기록하고 있는 경전이다.

사리봉안의 의미는 『광홍명집廣弘明集』 권17 「경사리감응표와 답」에서 살펴볼 수 있다. 즉, "석제釋提(=제석)가 불탄 재를 달라고 한 이후, 아육왕이 불탑을 건립한 이래로 사리를 분배하는 훌륭한 업이 일찍이 없었습니다"라는 내용이다. 이 내용은 수隋 문제의 공덕을 아육왕에 비견하기 위한 것으로 풀이된다. 수 문제가 동일한 날짜와 동일한 시간에 사리봉안의식을 행할 것을 명령하고 있는 것은 아소카왕의 업적을 되풀이하고 있는 것으로 볼 수 있다.[12] 이는 중국에서 사리봉안의 예를 전륜성왕에서 찾는 것으로 볼 수 있다. 사리봉안과 전륜성왕의 관련성을 설명해주고 있는 것이다.

사리봉안과 전륜성왕의 관계는 『광홍명집』 권17 「경사리감응표와 답」에서 다시 한 번 발견된다. 즉, 영주에서 표장을 올린 내용을 보면, "땅을 파고 사리를 석함에 봉안하려는데, 이때 깊이가 6자 남짓 하였습니다. 흙 속에 갑자기 짙은 자주색 광명이 나타나더니 잠깐 사이에 사라졌는데, 그 흙 위에 검은 글씨가 있었습니다. 전서체로 어지럽게 쓰여 있었는데 '전륜성왕의 불탑'이라 적혀 있었습니다. 삼가 표장을 올려 이를 알려드립니다"라고 전하였다고 한다.

그런데 아소카왕이 8만 4천으로 배분한 것은 바로 미륵불이 하생下生하는 시기와 관련이 있다. 『미륵하생경』에 따르면, 미륵불이 하생하는 시기는 인간의 수명이 8만 4천 세일 경우이다. 이러한 내용은 전륜성왕과 미륵불의 관계를 연결시켜 준다. 여기서 전륜성왕과 미륵불의 관계를 설정해볼 수 있다.

전륜성왕의 치세는 미륵의 출현과 관련이 있다. 『장아함경長阿含經』 6 「전

---

12 주경미, 「중국 고대 황실발원 사리장엄의 정치적 성격」, 『동양학』 33, 단국대학교동양학연구소, 2003, 7쪽.

륜성왕수행경」에 보면, 미륵이 출현할 때 전륜성왕도 함께 출현하는 것으로 되어 있다. 그리고 『미륵하생경』을 보면, 미륵이 수행을 통해 용화수龍華樹 아래에서 깨달음을 얻었을 때 당시의 양거 전륜성왕이 미륵에 귀의하고 있는 기록이 보인다. 이는 전륜성왕과 미륵의 밀접한 관련성을 보여주는 것이라 할 수 있다.

백제에서는 이미 성왕이 전륜성왕으로 여겨지고 있다. 그리고 미륵신앙도 성행하고 있었다. 위덕왕 대 수원사의 미륵신앙은 이미 신라에도 알려져 있었다. 또한 익산 미륵사의 경우 백제 미륵신앙의 모습을 잘 보여준다고 하겠다. 미륵사의 창건과정에서 무왕은 전륜성왕이 되고 있다. 즉, 무왕이 미륵삼존불을 친견하고 있음은 양거 전륜성왕이 미륵불에 귀의하는 모습과 관련이 있는 것이다. 이러한 미륵신앙의 모습은 백제 미륵신앙의 흐름을 보여주는 것이라 할 수 있다.

그렇다면 왕흥사지 목탑에 찰주를 세우고 사리를 봉안하는 모습은 전륜성왕과 연결시켜 생각해볼 수 있지 않을까 한다. 위덕왕은 왕흥사지 목탑에 사리를 봉안하고 전륜성왕으로서의 기능을 수행하고 있는 것이라 할 수 있다. 이 과정에서 일정한 의식을 치렀을 것이며, 이는 또한 석가불과 미륵의 관련성을 보여주는 것이라 할 수 있다.

4. 사리의 봉안과 왕권

사리舍利는 팔리Pali어의 한자음역이다. 석가불의 신골, 즉 석가모니불이 열반한 후 다비하여 나온 유골을 말한다. 그런데 사리란 단순히 석가모니불의 육신적 결정체가 아니라 진리 또는 불법을 나타내는 법신적인 결정체이다(신대현 2003). 이러한 부처님의 사리는 이후 아소카왕이 8만 4천 과로 나누어 전국에 걸쳐 탑파를 건립하고 공양하고 있다.

사리신앙은 불교가 전파되는 과정에서 함께 이동하고 있다. 중국에서 사리신앙의 신이함이 전개된 것은 3세기로, 왕권과 연결되는 모습도 발견된다. 이 시기가 되면 사리의 신이함이 등장하는데, 이는 『고승전』 등의 중국 문헌에서 자주 언급된다. 이렇게 볼 때, 사리신앙의 신이함은 중국 초기 사리신앙의 특징으로 볼 수 있다.

사리신앙의 신이함은 419년에 한역된 『비화경悲華經』 권7에 보인다. 즉, 부처의 사리가 땅속에 묻혀 있다가 유리보주로 변하여 빛을 발하면 천상까지 이른다고 한다. 사리는 기아와 질병, 투쟁과 각종 악독한 것을 모두 없애 적정寂靜의 상태를 가져다준다는 것이다. 이는 사리가 가지는 권위를 말해준다. 즉 부처의 권능이 사리에 그대로 전해져 있는 것이다. 바로 이러한 권능은 곧 왕권과 연결되어 사리의 신성함을 강조하게 된다. 사리는 교조인 석가모니불을 대신하는 상징적인 유물로 받아들여지고 있는 것이다. 이러한 경전상의 내용이 중국 초기 사리와 관련한 신이神異 고사의 내용과 상통하고 있다.

백제는 567년과 577년에 불사리를 봉안하고 있는 기록이 있다. 즉, 567년 능사에 사리를 봉안하고 있음이 창왕명사리감에 보이며, 왕흥사지에서 발견된 사리함에도 사리봉안의 기록이 보인다. 그렇다면 백제도 어느 시기에 중국에서 사리를 가져오고 있음을 알 수 있다. 그 시기가 언제인지 정확한 연대는 찾아지지 않는다. 그러나 백제가 불사리신앙을 본격화하고 있음은 자명한 사실이라 하겠다.

위덕왕은 567년에 능사를 완공한다. 그런데 이 과정에서 사리를 봉안하고 있다. 사리감의 존재는 이를 잘 말해준다. 사리감에서는 "百濟昌王十三季太歲/在丁亥妹兄公主供養舍利"라는 명문이 발견되어 학계의 주목을 끌었다.

우선 능사가 창왕 13년(567) 말에 완공되었음을 알게 되었다. 여기서의 창왕은 곧 위덕왕이다. 그리고 매형공주가 사리를 공양하고 있음을 이 명문이 분명히 밝혀주고 있다. 이 시기에 백제에 사리신앙이 수용되어 있었음을 말해주는 것이라 할 수 있다.

이 시기는 위덕왕이 즉위 초기의 미약한 왕권을 회복해 본격적인 활동을 전개하던 시기로 볼 수 있다. 즉, 위덕왕은 사리신앙을 통해 회복된 왕권의 모습을 보여주고 있는 것이다. 위덕왕은 재위 14년부터 중국과 밀접한 관련을 맺으면서 대외관계를 강화한다. 이 시기는 고대 동아시아가 급변하는 시기이다. 한반도에 고구려와 신라, 두 적을 둔 백제로서는 고구려를 견제하기 위해 대중국외교를, 신라에 대한 견제로 대왜외교 또한 강화하는 모습이다.

그런데 왕흥사지에서 발견된 사리함은 백제 사리신앙의 또 다른 면을 보여준다. 사리봉안의 주체가 567년 능사에서는 매형공주였던 것이, 577년 왕흥사지 사리봉안 과정에서는 위덕왕으로 바뀌고 있는 것이다. 이는 위덕왕의 왕권이 점차 강화되어감을 말해주는 것이 아닐까 한다.

또한 주목되는 것이 사리장엄구와 더불어 발굴된 일괄유물의 성격이다. 이 유물이 진단구鎭壇具인지 공양품인지에 대한 논란이 있지만, 공양품에 가깝지 않을까 한다(이한상 2008). 그렇다면 당시 공양의 주체는 왕실과 귀족세력 중심이었을 것으로 본다. 즉, 지배계층이 포함되어 있었고, 이 과정에서 일정한 의식이 거행되었을 것으로 본다.

이 시기 위덕왕은 중국·왜와의 외교관계를 강화하고 있다. 이러한 노력은 왕흥사지 목탑지에서 북제北齊 오수전五銖錢이 발견되는 것으로 살펴볼 수 있다. 또한 『일본서기』 권19 민달 6년조에 보면, 위덕왕은 사리가 봉안되던 577년 겨울 11월에 대별왕大別王에게 경론 약간 권과 아울러 율사와 선사, 비구니, 주금사, 조불공, 조사공 등을 딸려 보낸다. 이는 불교문화를 통하여 왜와의 관계를 강화하는 모습으로 볼 수 있다. 이러한 외교적 노력은 위덕왕이 내정에 대한 자신감을 가졌기 때문에 가능하였다고 본다. 이것이 사리봉안의 의식으로 표출되고 있는 것이다.

이러한 예는 양梁 무제를 통해 확인된다. 즉, 불탑의 발굴과정에서 얻은 사리의 공양 모습은 왕권과 불교적인 권위를 연결시키는 것으로 볼 수 있다. 『양서梁書』「열전」 해남제국 부남국조에 보면, 양무제는 아육왕이 만든 탑을 찾아 사리장엄구를 발굴하며, 이를 다시 탑에 모시는 과정에서 왕후과 비주妃主, 부유한 백성들이 금은 귀걸이와 팔찌 등 진귀한 보물을 공양하도록 하고 있다.

또한 6세기 후반 진陳을 건국한 무제의 사리공양에는 그 이전과는 달리 정치적 의도가 강하게 담겨 있다. 『진서陳書』 권2, 고조기에 보면, 진 무제는 건국 직후인 557년에 민심을 안정시키고자 불아공양회佛牙供養會와 무차대회無遮大會를 연다. 이것은 황실에서 민심의 안정을 꾀하기 위한 하나의 방편으로 이해된다. 그런데 이 의식은 왕권과 관련이 있다. 불아는 부처님의 진신사리이다. 이를 소지하고 있음은 곧 부처님의 뜻으로 이해할 수 있다. 그리고 통치자로서의 권위를 부처님으로 부여받았음을 말해주는 것이라 할 수 있다.[13]

그런데 이 당시 진 무제가 공양하고 있는 불아는 5세기 제齊의 문선왕 대에 법헌이 상정림사에 봉안하였던 그 불아이다. 이는 불사리가 남조 황실에서 꾸준히 신앙되어졌음을 말해준다. 그리고 이러한 불사리신앙은 왕권과 밀접한 관련을 맺으면서 발전하고 있다.

이러한 불사리신앙의 의식은 『삼국사기』 권4 「신라본기」 4 진흥왕 10년

---

13 塚本善隆, 「陳の革命と佛牙」, 『東方學報』 19, 1950, 6~8쪽(주경미, 『중국고대 불사리장엄 연구』, 일지사, 2003, 77쪽 재인용).

조에도 나온다. 진흥왕은 양으로부터 사리를 가져오면서 일정한 의식을 거행하고 있다. 즉, 사리를 봉안하기 위해 백관을 거느리고 사리를 맞아들이고, 이를 흥륜사에 봉안하고 있다. 이러한 의식을 통해 진흥왕은 전륜성왕으로서의 기능을 신하와 백성들에게 널리 공포하였다고 볼 수 있다.

이처럼 사리는 정치적으로 왕권과 연결되는 면모를 보인다. 그리고 그 과정에서 의식이 진행되었다면, 이는 일정한 절차를 거쳐 진행되었을 것이다. 그리고 이 과정에서 중심인물은 바로 위덕왕이 아닐까 한다. 그렇다면 사리의 봉안의식은 정치적인 면과 상당한 관련이 있다고 할 수 있다.

이는 사리의 봉안주체가 전륜성왕이었음을 통해서 살펴볼 수 있다. 아소카왕의 사리 분배와 봉안과정은 정치적 의미가 깊이 내재되어 있다. 아소카왕은 사리장엄과 공양을 통하여 불교적 제왕으로서의 권위를 확고히 하고 있다. 아소카왕은 팔만사천탑의 건립을 통하여 불법을 수호하는 모범적이고 이상적인 제왕으로서의 이미지를 확립할 수 있었다. 동시에 제국의 무력통일 이후 필요했던 정치적 안정과 민심의 확보를 달성할 수 있었던 것이다(주경미 2003).

이러한 성격은 수 문제의 인수사리탑 공양에서도 나타난다. 그렇다면 위덕왕도 왕흥사지 목탑지에 사리를 봉안하는 과정에서 의식을 강조하였을 것이고, 이 과정에서 왕권을 정점으로 질서를 확고히 하려는 위덕왕의 의지가 구체화되었을 것으로 본다. 즉, 사리의 봉안의식은 질서를 강조하는데, 질서에는 상하의 관념과 통제의 의미가 내재되어 있다. 위덕왕은 이 의식을 통하여 백제에서 왕권을 정점으로 전개되는 군신 간의 질서를 보여주고자 하였을 것이다. 위덕왕에게 있어 577년이 대내적으로 체제를 정비하고, 대외적으로 외교적인 노력이 결실을 맺어가던 시기였던[14] 점에서 이와 같은 의도

14 양기석, 「백제 위덕왕대 왕권의 존재형태와 성격」, 『백제연구』 21, 충남대학교백제연구소,

를 살필 수 있다.

이러한 예는 왕흥사지의 영향을 받은 것으로 보이는 왜의 비조사飛鳥寺를 통해서도 살펴진다. 즉, 비조사는 왜왕을 정점으로 하는 왕권구성의 확립을 위해 불교사상을 이데올로기로 수용하는 모습을 보여준다(鈴木靖民 2008). 비조사의 창건과정에서 백제복을 입고 사리의 봉안의식을 거행한 것은 당시 정치엘리트들의 서열화와 관련되어 있다는 것이다. 친백제적인 성격이 농후한 이러한 의식은 백제 위덕왕 대의 불교문화가 압도적으로 영향을 미치고 있음을 설명한다(田中史生 2008). 왕흥사지 목탑지에서 발견된 사리함 명문 봉안일과 같은 2월 15일에 사리봉안의식이 거행되고 있음도 이를 말해준다.

그렇다면 위덕왕은 사리의 봉안의식을 통하여 왕권을 중심으로 하는 지배질서를 보여주고자 하였을 것이다. 의식의 거행은 질서의 유지와 관련이 있는데, 이 과정에서 왕권을 중심으로 하는 지배질서의 모습이 투영되었을 것이다. 즉 사리의 봉안의식을 통하여 군신 간의 질서를 확고히 하고, 이 과정에서 상하 간의 결속을 다지는 정치적 상징성을 찾고자 하였을 것이다.

한편 왕흥사지 목탑지에서 발견된 사리장엄은 그 봉안방식이나 사리기의 형식에서 백제가 6세기 후반 위덕왕 대에 적극적으로 새로운 형식들을 도입하고 이를 적용시켰으며, 이를 신라와 일본에 전달하고 선도하는 역할을 하였음을 보여준다(김연수 2008). 이러한 과정은 위덕왕의 자신감의 표출로 이해된다. 새로운 문화를 습득하는 과정은 대외관계뿐만 아니라 왕권에 있어서도 자신감을 적극적으로 표현한 결과로 보인다. 이는 왕흥사지 목탑지에서 발견된 사리함의 명문에서 사리봉안의 주체를 위덕왕 자신으로 한 것에서 찾아진다. 즉 위덕왕은 사리봉안의식을 통하여 왕권의 고양을 대외적으

1990, 44쪽; 김수태, 「백제 위덕왕의 정치와 외교」, 『한국인물사연구』 2, 한국인물사연구소, 2004, 178쪽.

로 선포하고 있는 것이다.

5. 맺음말

위덕왕은 재위 24년인 577년에 왕흥사지에 사리를 봉안한다. 이 과정에서 사리함에 명문을 남기고 있다. 이 명문은 당시 백제불교의 모습을 살펴볼 수 있게 하는 중요한 실마리를 제공한다.

사리봉안의 목적은 죽은 왕자의 정토왕생을 기원하기 위함이었다. 이는 명문에 분명히 밝히고 있다. 당시의 정토신앙은 석가불신앙을 중심으로 하여 미륵신앙도 함께 나타나고 있다.

그런데 사리의 봉안과정에서 석가불신앙과 전륜성왕, 그리고 미륵신앙의 관련성이 보인다. 즉, 석가불을 신앙하는 정토신앙적인 모습이 보이는데, 이는 사리의 봉안과 관련이 있다. 사리는 석가불의 열반 후 얻어진 진신으로 석가불과 동일시되기 때문이다.

불교의 경전을 보면, 사리를 봉안하는 주체로 전륜성왕이 주목된다. 그리고 역사상 전륜성왕으로 일컬어지는 아소카왕은 8만 4천탑을 건립하고 사리를 봉안하고 있다. 전륜성왕과 사리의 봉안이 밀접하게 관련되어 있음을 말해준다. 그리고 사리를 봉안하는 과정에서 미륵신앙이 함께한다. 이는 전륜성왕인 아소카왕의 경우에서 살펴진다.

위덕왕은 사리를 봉안하는 과정에서 일정한 의식을 치렀던 것으로 보인다. 이는 비록 후대의 경우이기는 하지만, 수의 인수사리탑 조성과정에서의 모습을 통해 살펴볼 수 있다. 또한 왜에서 비조사에 찰주를 세우는 과정에서 치른 의식을 통해서도 이해할 수 있다. 그리고 이러한 의식의 진행과정은 일정한 질서를 요구하는데, 왕권을 정점으로 하는 군신 간의 질서와 관련이 있다.

위덕왕은 577년에 왕흥사지 목탑지에 사리를 봉안하면서 의식을 거행하고, 죽은 왕자의 정토왕생을 발원하고 있다. 그리고 이 의식을 통하여 왕권을 중심으로 하는 백제의 지배질서를 표출하고 있다. 이 과정에서 석가불신앙과 전륜성왕, 그리고 미륵신앙의 모습이 보이고 있다.

정약용의 백제사 연구

조성을

1. 머리말

20세기의 우리 역사학은 아무리 내재적 발전론의 입장에서 설명하려고 해도, 개항 이전 조선후기까지의 우리 역사학과는 단절적 성격이 강한 것을 부인할 수 없다. 지금 21세기 초두에 우리 역사학을 우리의 입장에서 주체적으로 건설하기 위해서는 이런 단절을 극복하는 일이 한 가지 해결책이 될 수 있을 것이다. 해방 이후 한국의 역사학자들은 논문을 쓰면서 기존 연구에 대하여 언급할 때 대체로 일제시기의 연구, 그것도 일본인들의 연구에서부터 언급을 시작하는 경우가 많다.[1]

趙誠乙 아주대 인문학부 교수.
『여유당집의 문헌학적 연구』(혜안, 2004), 『조선후기 사학사 연구』(한울, 2004) 등의 저서가 있다. 박사학위 논문은 「정약용의 정치경제 개혁사상 연구」(연세대학교사학과, 1992)이다.

1 신채호, 정인보 등과 같은 유심론적 민족주의 역사학이 실학의 역사학을 계승한 것으로 주장하는 견해가 있다. 그러나 이것은 실학의 역사학 가운데 수산修山 이종휘李種徽 같은 특정

그러나 조선후기까지 우리의 역사학이 없었던 것은 아니다. 조선후기까지의 우리 역사학은 단지 사학사 연구에서 해당 시기의 역사인식으로만 파악될 것이 아니다. 조선중기와 조선후기의 실학 단계에 이르러서는 오늘날 우리 입장에서 보아도 참고할 만한 것이 많다. 이런 높은 수준의 성취를 이룬 분 가운데 하나가 정약용丁若鏞이다. 정약용의 역사학에 대하여 필자는 여러 논문에서 조금씩 부분적으로 언급해왔다. 본고에서는 이 기존 연구성과에 기초하면서 정약용의 백제사百濟史 연구를 전체적으로 정리하여 현재 백제사 연구자들의 참고자료가 되게 하고자 한다.[2]

정약용의 백제사 인식과 관련된 자료로는 재조在朝 시의 「지리책地理策」(1789년 윤5월, 28세), 「조룡대기釣龍臺記」(1795년 9월), 「백제론百濟論」(1800년, 39세경)·「고구려론高句麗論」(1800년, 39세경) 및 강진 유배기의 『아방강역고我邦疆域考』(초고본, 1811년 봄, 50세)에 실린 「위례고慰禮考」·「한성고漢城考」 등이 있다.[3] 본고에서는 이상의 글에 기초하여 정약용의 백제사 인식을 재조기

인의 입장을 계승한 것이다. 실학의 역사학 가운데에는 서로 대립되는 갈래들이 있다(이에 대하여는 조성을, 『조선후기 역사학의 발달』, 지식산업사, 1997 참조). 신채호는 역사지리학 면에서는 한백겸의 『동국지리지』와 정약용의 『아방강역고』의 견해를 비판하였다. 그리고 이런 신채호의 역사학에 대하여 실증적으로 의미가 있다는 주장도 있으나 한국 근대의 문헌고증사학의 관점에서는 잘 받아들이지 않는 것이 일반적이라고 여겨진다. 한국 근현대 역사학에서 문헌고증사학이 주류를 점하여 왔으며 신채호의 역사학과 우리의 근대 문헌고증사학과는 단절이 있다고 해야 할 것이다. 다만 신채호의 우리 고대사 상像은 오히려 북한의 역사학에 계승된 측면이 있다고 할 것이다.

2 정약용의 역사학에 대한 필자의 연구로는 다음의 논문들이 있다. 조성을, 「아방강역고에 나타난 정약용의 역사인식」, 『규장각』 15, 1992; 「정약용」, 『한국의 역사가와 역사학』, 창작과비평사, 1994; 「정약용의 역사이론 전개와 그 성격」, 『국사관논총』 93, 2000 (『조선후기사학사연구』, 한울, 2004 재수록); 「실학자의 역대 수도 · 천도론-기호남인계를 중심으로」, 『한국사연구』 127, 2004; 「百濟 滅亡의 原因에 關한 實學者의 見解-丁若鏞을 中心으로-」, 『전통문화논총』 4, 2006; 「조선 중 · 후기 백제사 인식」, 『백제사총론』, 충남역사문화연구원, 2007. 6. 본고는 이상의 연구에 기초하여 종합적으로 정리하는 것이므로 기존 연구와 중복되는 부분이 있으나 일일이 주로 밝히지는 않기로 한다.

와 강진 유배기로 나누어 고찰한 다음 맺음말 부분에서 본론에서의 논의를 요약하고 정약용의 백제사 연구가 갖는 특징, 사학사적 위치, 오늘 우리에게 갖는 의미 또는 우리에게 제시하는 과제 등에 대하여 생각해보고자 한다.

2. 재조 시의 백제사 연구

정약용의 최초의 역사학 관련(역사지리학) 저술인 「지리책」(1789년, 28세, 규장각 초계문신抄啓文臣 시절 국왕 정조正祖에게 올린 글)에는 백제사와 관련하여 다음과 같은 언급이 있다.

> 마한은 지금의 호서·호남 지역이며 진한·변한은 지금의 영남 지역임이 의심할 바 없습니다. 다만 김부식은 최치원의 「상태사장上太史狀」에서 "마한은 고려(고구려)이며 백제는 진한이고 진한은 신라이다"라고 한 것을 수록하였습니다. 마한이 고구려가 되었다고 한 것은 기준箕準이 본래 평양에서 남쪽 금마(익산)로 옮겨왔는데 평양이 마침내 고구려가 되었으므로 이렇게 말한 것이고, 변한이 백제가 되었다고 한 것은 중국과 우리나라 역사서에 명확한 증거가 없습니다. 『후한서後漢書』에 "변한은 진한의 남쪽이다"라고 하였는데 백제가 어찌 신라의 남쪽이 되겠습니까? 옛 호조참의 신臣 한백겸韓百謙은 수로왕이 홍기한 금관가락(금관가야)을 변진이라고 하였는데 이는 바꿀 수 없는 정론定論입니다. 삼국 경계를 분별해 보고 신臣(정약용)은 신라의 강토는 바로 지금 영남에 해당하는 지역이고 …… 백제의 경계는 본래 한강 이북에 있었으나 고구려의 압박을 받아 한수 이남이 되었고 남쪽으로는 전라도 지역을 모두 차지하였을 따름입니다.[4]

3 「지리고」, 「조룡대기」, 「백제고」의 연대고증은 조성을, 『여유당집의 문헌학적 연구-시율 및 잡문의 연대고증을 중심으로-』(혜안, 2004) 해당 조목 참조. 『아방강역고』는 강진시기의 초고본과 해배 이후의 수정본이 있다. 본고의 대상이 되는 「위례고」, 「한성고」에 대하여는 수정·보완이 없는 것으로 판단된다. 『아방강역고』 초고본과 수정본의 저작시기 및 서지학적 문제들에 대하여는 조성을, 「아방강역고에 나타난 정약용의 역사인식」 참조.

4 「지리책」, 『여유당전서』 1, 152쪽(쪽수는 경인문화사 영인본의 것을 따름).

이상에서 보면 정약용은 한백겸의 설을 따라서 변한이 가야, 마한이 백제가 되었다는 입장(마한 → 백제)에서, 마한이 고구려가 되고 변한이 백제가 되었다는 기존 최치원과 김부식의 설을 비판하였음을 알 수 있다. 아울러 백제의 북쪽 경계가 원래 한강 이북에 있다가 고구려의 압박으로 뒤에 한강 이남으로 옮겨졌으며 남쪽으로는 전라도 지역을 모두 포괄하는 것으로 생각하였음도 알 수 있다.[5]

두 번째로 「조룡대기」(1795년 9월, 33세, 금정찰방 시절)에는 아래와 같은 언급이 있다.

> 금년(1795) 가을 내가 금정에 있을 때 (친구) 한원례韓元禮가 부여현을 맡고서 누차 내게 편지를 보내 부여의 고적을 보라고 권하였다. 마침내 구월 보름 배를 타고 고란사에서 내려 이른바 조룡대에 올라 이를 살펴보고서 "우리나라 사람들이 이와 같이 아주 황당하구나"라고 탄식하였다. 조룡대는 백마강의 남쪽에 있으므로 실로 소정방이 여기에 올랐다면 (당나라) 군사들은 이미 다 건너왔다. 어찌 눈을 부릅뜨고 노력하여 용을 낚을 필요가 있었겠는가? 조룡대는 백제성의 북쪽에 있으므로 실로 소정방이 이 조룡대에 오를 수 있는 것은 성이 이미 함락된 뒤이어야 한다. 배를 타고 온 (당나라) 군사가 이미 강의 입구로 들어와 성의 남쪽에 도달하였다면 바로 상륙하지 어찌 하여 십여 리를 더 거슬러 올라가 이 조룡대 아래에 내렸겠는가.[6]

조룡대의 위치로 보아 소정방이 여기에 오를 수 있는 것은 이미 당나라 군사가 이곳을 건너 사비성이 함락된 뒤의 일일 것이라고 추론하여 소정방이 백마강을 건너기 위하여 용을 잡았다고 하는 것은 말이 되지 않는다고 한 것이다. 백제 사비성 함락과 관련된 비합리적 설화에 대하여 구체적 정황과 논

5 『아방강역고』의 「馬韓考」에서 백제와 마한의 관계에 대하여 처음에는 백제가 마한에 신속臣屬하였던(百濟之臣屬馬韓) 것으로 이해하였다(『여유당전서』 6).

6 「조룡대기」, 『여유당전서』 1, 288쪽.

리로써 반박하는 것이라고 하겠다. 이미 금정시기에 역사를 합리적으로 해석하려는 태도가 확립되어 있었음을 알 수 있다.

세 번째로 정약용은 「백제론」(1800년경, 39세 무렵)에서는 백제의 흥망을 수도首都의 위치와 관련하여 다음과 같이 논하였다.

> '백제는 삼국 가운데 최강'이었으나 가장 먼저 망하였다. …… 나라의 역년歷年은 정도定都에 따른 경우가 많다. 반드시 요충지에 의거하여 위엄 있게 제어하는 형세가 견고하여 움직이지 않아서 백성들의 마음을 단단히 묶은 뒤에야 하루아침에 환란이 있을 때 명령이 행해지고 세력을 모을 수 있다. 백제는 처음에는 위례에 도읍하였다. 위례란 지금 한양 동북에 위치하였다. …… 북쪽은 도봉산과 삼각산이 막고 있고 '남쪽으로 한강을 끼고 있으며 비옥한 들이 천리나 되어 남해까지 이어진다.' 이것은 이른바 하늘이 내린 금탕金湯의 땅이다. 그러므로 나라가 495년이나 지속되었다. …… 문주왕 때에 이르러 웅진(공주)에 도읍하고 다시 부여로 옮겨 185년 만에 망하였다. 이로 보면 지리地利를 소홀히 할 수 있겠는가? '부여는 큰 들 가운데 있어 백 리 내에 의거할 장벽이 없으며 막아줄 울타리가 없다.' '의자왕이 황음한 군주로서 방자하여 경계를 게을리하여 졸지에 큰 적을 만났는데' 사방이 관망하고 여러 읍이 머뭇거리며 오지 않아서 마침내 도성을 지키지 못하여 신라가 그 배후를 칠 수 있었다. 그러므로 나라를 세우는 자가 능히 지세를 살피어 도읍을 세워 한결같이 여기에서 움직이지 않을 수 있다면 외모外侮가 이와 같지 않을 수 있다.[7]

이상에서 보면 우선 정약용이 "백제는 삼국 가운데 최강"이라고 하여 삼국 가운데 백제를 최강으로 본 것이 주목된다. 이것은 삼국 가운데 일반적으로 고구려를 최강으로 보는 것과는 다른 점에서 주목된다. 백제를 최강이라고 한 것은 "남쪽으로 한강을 끼고 있으며 비옥한 들이 천 리나 되어 남해까

7 「백제론」, 『여유당전서』 1, 240쪽.

지 이어진다"는 점에 근거한 것으로 보인다. 이것은 농업생산력의 관점에서 국력을 평가하는 것이라고 하겠다. 마한→백제설이 백제강국론과 연결된다. 마한이 삼한 가운데 가장 강성하였기 때문이다.

다음으로 "부여는 큰 들 가운데 있어 백 리 내에 의거할 장벽이 없으며 막아줄 울타리가 없다"라고 하여 백제의 멸망 원인을, 수도를 방어하기 어려운 곳에 옮긴 것으로 설명한 점이 주목된다.

그러나 정약용이 국가를 지속하기 위한 조건으로, 방어하기 좋은 지리적 이점을 좋다고만 생각한 것은 아니다. 「백제론」과 거의 동시기에 지어졌다고 생각되는 「고구려론」에서는 고구려의 멸망 원인을 인간의 주체적 대응과 관련하여 다음과 같이 설명하였다.

> 고구려는 졸본에 40년 도읍하고 불이성(국내성)으로 천도하여 425년이나 지속되었다. 이때는 군사가 강건하여 강토를 널리 개척하였고 한漢나라와 위魏나라 교체기에 중국이 여러 차례 군사를 보냈으나 이길 수 없었다. 장수왕 15년에 이르러 평양으로 천도하여 239년 만에 망하였다. 민民이 많고 물산이 풍부하며 성곽이 공고하였으나 도움이 되지 못하였다. 이것은 어째서인가? '압록강 이북에 있을 때에는 기후가 차고 지역이 몽고와 접하고 …… 사방에 적이 있어 방비가 군건하였다. 이것이 장구히 지속된 까닭이다. 평양은 압록강 · 청천강 이남에 있고 …… 견고한 성과 큰 진이 겹겹이 밖에서 보호 …… 평양 사람들이 어찌 두려움이 있었겠는가?' …… 진晉나라와 송宋나라가 남쪽으로 천도하여 천하를 잃었으니 이것이 중국의 교훈이며 고구려와 백제가 남쪽으로 천도하여 나라를 잃었으니 이것은 우리나라의 일이다. …… 병법에 말하기를, '사지死地에 둔 뒤에야 살아날 수 있다'고 하였다.[8]

위 인용문에서 보면 "압록강 이북에 있을 때에는 기후가 차고 지역이 몽

8 「고구려론」, 『여유당전서』 1, 240쪽.

고와 접하고 …… 사방에 적이 있어 방비가 굳건하였다. 이것이 장구히 지속된 까닭이다. 평양은 압록강·청천강 이남에 있고 …… 견고한 성과 큰 진이 겹겹이 밖에서 보호 …… 평양 사람들이 어찌 두려움이 있었겠는가?" 라고 한 것이 주목된다. 지리적 이점보다는 약점이 오히려 인간을 적극적이고 주체적으로 응전하게 하여 고구려가 초기에는 강하고 장기지속할 수 있었다는 것이다. 이리하여 "진晉나라와 송宋나라가 남쪽으로 천도하여 천하를 잃었으니 이것이 중국의 교훈이며 고구려와 백제가 남쪽으로 천도하여 나라를 잃었으니 이것은 우리나라의 일이다" 라고 하였다.

문제는 이 주장은 일견 방어상의 불리한 지리적 조건을 백제 멸망의 원인으로 본 「백제론」에서의 주장과 모순되는 것처럼 보이는 점이다. 위에서 보듯이 고구려가 국내성 시절 그렇게 강성하였던 이유에 대하여 차가운 기후, 이웃에 강한 적국이 많은 것 등의 객관적 형세로 설명하였다. 여기에서의 인간의 주체적 응전이라는 것도 차가운 기후, 사방에 강한 적이 있다는 객관적 형세에 기초한 것이다. 따라서 「백제론」에서 지리적 요인을 강조한 것과 「고구려론」에서 주체적 대응을 주장한 것은 상호 모순되는 것이 아니다. 기본적으로 객관적 형세 또는 지리적 요인을 역사의 동인으로 보는 것이다. 이런 객관적 형세로서의 지리적 요인과 인간의 주체적 응전이 결합하여 역사를 움직여간다고 생각한 것으로 볼 수 있다. 「고구려론」에서는, 인간의 주체적 응전 자체를 주관적으로 강조하는 것이 아니라 객관적인 지리적 요인으로 설명하려 한 것이다.[9]

---

9 사실 토인비의 "주체적 응전" 이라는 이론 역시 주관주의적으로 인간의 주체성을 일방적으로 강조하는 것은 아니다. 적당한 수준의 응전이라는 지리적 조건에서 주체적 응전이 발생하는 것으로 보는 것이기 때문이다. 즉 적당한 객관적 조건의 형성 아래 주체적 대응이 가능하다는 입장이라고 할 수 있다.

한편 이 「고구려론」에서 백제 멸망의 원인을 고구려와 같은 차원에서 설명하고 있으므로, 백제 멸망의 원인을 방어상의 불리한 조건으로만 설명하려는 것이 아니라 오히려 지리적 장점, 즉 백제가 남쪽으로 천도하여 북쪽 국경과 멀어지고 북쪽 국경과 수도 사이에 방어할 수 있는 성들이 있는 점에 의해 방비태세가 해이하게 된 것으로 파악한 것으로 여겨진다. 따라서 백제 멸망과 관련된 「고구려론」에서의 이런 설명 역시 「백제론」에서의 설명과 모순되는 것이 아니다. 양자 모두 기본적으로 지리적 요인에 의해 설명하는 것이기 때문이다. 「백제론」에서 설명한, 방어하기 어려운 평야에 있다는 지리적 단점과 지리적 장점(국경에서 멀리 떨어진 점)이 동시에 백제의 멸망 원인으로 작용하였다고 생각한 것이라고 할 수 있다. 다만 「백제론」에서도 "의자왕이 황음한 군주로서 방자하여 경계를 게을리하여 졸지에 큰 적을 만났는데"라고 하여 주체적 요인에 대하여 언급하였다. 의자왕이 이렇게 된 것을 정약용은 아마도 지리적 이점에서 기인한 것으로 생각하였을 것이다.

역사적 요인에 대한 정약용의 초기 견해는 전통적인 유자儒者의 견해와 큰 차이가 없었다. 그가 규장각 초계문신 시절 지은 「지리책」(1789, 28세)에서는 "옛사람이 말하기를, (국가의 안위는) 덕에 있는 것이지 지세의 험함에 있는 것이 아니라고 하였고 또 말하기를, 지리地利가 인화人和보다 못하다고 하였습니다"라고 하여 도덕적 요인을 지리적 요인보다 앞세웠다.[10] 이렇게

10 「지리책」, 『여유당전서』 1, 152쪽. 이것은 왕도정치王道政治를 주장하는 『맹자孟子』 이래 유가儒家의 전통적 견해이다. 즉 「지리책」을 지을 28세 때까지는 아직 유가의 전통적 견해에 속해 있으며 자신의 독창적 견해를 전개하지 못하였다고 생각된다. 다만 중간에 보면 금金나라와 원元나라는 북경에 도읍을 정하여 사방을 통제할 수 있었으며, 돈황敦煌 등 요충지를 장악하는 것이 성쇠와 관련된다고 하여 형세의 중요성에 대하여도 언급하였다. 즉 이 시기에도 형세를 중시하는 인식의 단초를 갖고 있었다고 할 수 있다. 다만 지리地利를 중요하게 보는 관점은 이미 『맹자』에 보인다. 『맹자』에서는 '天時不如地利'라고 하였다. 그러나 기본적으로 덕과 왕도정치를 가장 중시하므로 덧붙여 '地利不如人和'라고 하였다.

지리적 요인을 강조하는 것은 초기 「지리책」의 견해와 달라진 것이다.

3. 강진 유배기의 백제사 연구

강진시기 저술된 초고본 『아방강역고我邦疆域考』(1811)에서 백제사와 관련된 것은 「위례고慰禮考」·「한성고漢城考」 등이다. 먼저 「위례고」에 대하여 살펴보기로 한다. 정약용은 「위례고」에서 위례성의 위치에 대하여 고증하였다. 백제의 첫 수도 위례성의 위치에 대하여는 『삼국유사』에서 '직산稷山'이라고 비정한 이래 모든 역사서와 역사지리서 등에서 일관되게 같은 견해를 견지해왔다. 이에 대하여 처음으로 다른 견해를 제시한 것은, 신경준의 『강계고疆界考』에 따르면 '목옹木翁'의 견해이다.[11] 정약용도 마찬가지로 한강 이북이라고 보면서 이 위치를 보다 구체적으로 지적하였다. 그는 「위례고」에서 "백제시조 온조가 처음 도읍한 곳이 바로 당시 한양 성곽의 동북쪽이다"라고 하였다.[12] 이런 생각에서 정약용은 『삼국사기』 온조왕 원년의 "부아악에 올라가서 거처할 만한 곳을 살피고 …… 온조가 하남위례성河南慰禮城에 거하였다"라고 한 기사는 원래 온조왕 13년의 일을 추기해놓은 것이라고 하였다.[13]

이리하여 정약용은 백제의 첫 도읍이 한강 북쪽에 있다가, 온조왕 13년에

---

11 『여암전서』 1, 232쪽.

12 "百濟始祖 首都之地 在今漢陽城東北十里之地 三角山山之東麓"(『여유당전서』 6, 335쪽). 정약용이 '목옹'의 저술을 본 것 같지는 않고 자신이 독자적으로 유사한 결론에 도달한 것으로 여겨진다. 이 '목옹'이 누구인지 현재 확실히 알 수 없으나 목재木齋 이삼환李三煥이라고 보기는 어려우며 혹 홍여하洪汝河일 가능성을 생각해볼 수 있다.

13 「위례고」, 『여유당전서』 6, 336쪽 . 이 문제에 대하여 정약용은 『삼국사기』 찬자가 이 기사는 국도國都 선정과 관련되는 것이므로 「백제본기」의 맨 앞부분으로 옮겨놓았다고 설명하였다. 원래는 한강 북쪽에 위례성이 있었다가 온조 14년 한강 이남으로 옮겨간 것은 북쪽과 동쪽 적의 침략을 피해 한강 남쪽으로 피해 간 것이라고 보았다.

한강 남쪽으로 옮긴 것으로 보고 이 한강 남쪽의 성을 하남위례성이라 하고 하남위례성의 위치를 광주廣州 고읍古邑으로 비정하였다.[14] 또 「위례고」에서는 백제가 한강 남쪽 하남위례성으로 도읍을 옮긴 뒤에도 원래 하북의 위례성도 다시 수축修築하여 하남위례성과 더불어 '이경二京'으로 했다고도 하였다.[15] 다만 처음 위례성의 위치에 대하여 직산이라는 설이 나오게 된 것에 대하여는 "문주왕이 웅진으로 천도할 때, 직산은 문주왕이 잠시 머무른 곳이다. …… 문주왕이 잠시 이곳에 머물면서 북쪽으로 옛 도읍의 소식을 살펴보고 남쪽 새 도읍의 사무를 관장하였다"라고 하여 문주왕이 천도과정에서 잠시 직산에서 머문 데에 기인한 것으로 보았다.[16]

다음으로 「한성고」에 대하여 살펴보기로 한다. 백제의 한성에 대하여는 백제의 개루왕이 만든 것으로서, 정약용 당시의 한양성내라고 생각하였다.[17] 다만 정약용은 한강 북쪽에 두 개의 성, 남성南城과 북성北城이 있었다고 본다.[18] 한강 북쪽의 남성은 한성을 가리키며 북성은 애초의 하북위례성河北慰禮城을 가리킨다. 따라서 협의의 한성은 남성을 말하며 광의의 한성은 남성·북성을 아울러 말한다. 이와 같은 한성 인식을 갖고서 정약용은 한양을 고구려에서 유래하는 것으로 보는 김부식 이래의 견해를 비판하였다.[19] 이것은 한강 유역에 대한 고구려의 영향력을 가급적 축소하여 보려는 입장과

14 "溫祚王十三年 徙都漢水之南 卽今廣州古邑也 當時謂之河南慰禮城"(「위례고」, 『여유당전서』 6, 335쪽). 이것은 종래 남한산성으로 비정해온 것과 약간 다르다.

15 "南慰禮雖已成都 北慰禮益復修營 當時皆以爲南北二城"(『여유당전서』 6, 336쪽).

16 "文周王徙都熊津 稷山者 文周王 暫留之地也 …… 暫留此縣 北探舊都之消息 南管新都之事務"(「위례고」, 『여유당전서』 6, 337쪽).

17 "漢城者 百濟蓋婁之所開荒也 今我京城之漢陽路 卽其故地" (「한성고」, 『여유당전서』 6, 337쪽).

18 "漢城之中 有南北二城"(「한성고」, 『여유당전서』 6, 338쪽).

19 "漢陽雖本四郡之地 其破天荒者 百濟也 至長壽王時 始爲高句麗所焚 乃金富軾以來 每以漢陽壓作高句麗舊物 不亦謬乎"(「한성고」, 『여유당전서』 6, 337쪽).

관련된다. 이 한성으로의 천도시기에 대하여는 근초고왕 26년이라고 하였으며[20] 한성이 백제의 수도였던 기간의 하한下限에 대하여는 일반적 견해와 마찬가지로 개로왕 말년까지라고 하였다.[21]

이상 백제의 수도에 대한 정약용의 견해는 전체적으로 다음과 같이 정리할 수 있다. 처음에는 한양 동북쪽에서 시작된 작은 나라였으나 온조왕 13년에 한강 이남의 하남위례성(광주 고읍)으로 천도하였고, 근초고왕 26년에 한강 이북의 한성(한양)으로 천도하였으며 개로왕 말년에 고구려의 공격을 받아 수도를 남쪽으로 옮기게 되었다. 이런 수도의 변화를 그는 국세의 강약으로 설명하였다. 근초고왕 때 국세가 강해져 북으로 고구려를 제압하게 되자 한성으로 천도하게 되었다는 것이다.[22]

한편 「한성고」에서는 백제의 강토는 온조왕 때부터 이미 패하浿河 이남 황해도 지역을 모두 확보했다고 하였다.[23] 이것은 온조 13년의 영토 획정 기사에 의거한 것으로 이 기사에 언급된 북쪽 경계 패하를 대동강으로 비정함에 따라서 온조 때부터 이미 황해도 지역 전체가 백제의 강역이었다는 견해를 갖게 된 것이다. 정약용에 앞서 안정복安鼎福은 『동사강목東史綱目』에서 패하를 황해도 저탄豬灘으로 비정함으로써 황해도 가운데 평산 이하 지역을 백제의 영역으로 보았다. 정약용의 견해는 안정복의 견해에서 한 걸음 더 나아간 것이라고 하겠다.[24]

---

20 "至近肖古王二十六年 乃自漢南 徙都漢城 …… 百濟史云 近肖古王二十六年冬 王與太子帥精兵三萬 侵高句麗攻平壤城 麗王力戰拒之 中流矢死 王引軍退 移都漢山 ○鏞案 此云移都者 自河南慰禮城北遷于漢陽也"(「한성고」, 『여유당전서』 6, 338쪽).

21 "至蓋鹵王末年 句麗燒城殺王 而百濟南遷 漢城爲百濟舊京" (「한성고」, 『여유당전서』 6, 338쪽).

22 "及其强盛 旣光兵力 旣足以東侵新羅 北困句麗 於是乎 渡漢水而居其北" (「한성고」, 『여유당전서』 6, 338쪽).

23 "按百濟自溫祚時已得浿河(大同江)之南 凡定疆界撫飢荒 皆至浿河之南 卽今之遂安谷山 尙不得爲高句麗之所有" (『여유당전서』 6, 338쪽).

24 조성을, 「조선 중·후기 백제사 인식」 가운데 『동사강목』에 대한 언급 부분 참조. 백제를

또 정약용은 「한성고」에서 백제가 한성에서 남쪽으로 수도를 옮긴 뒤에도 50여 년간 한성과 한강 이북의 주군州郡이 여전히 백제의 영토였다고 하면서[25] 그 증거로 『삼국사기』 동성왕 4년 말갈靺鞨이 한성을 습격하여 포로로 300여 호를 잡아간 기사, 무령왕 7년 겨울 고구려가 말갈과 함께 횡악산 아래 진둔進屯한 것을 무령왕이 격파한 기사, 그리고 무령왕 23년 무령왕이 한성에 가서 한성 주민을 징발하여 쌍현성을 쌓은 기사를 제시하였다.[26] 안정복은 정약용에 앞서서 백제의 웅진 천도 이후에 한강 유역의 영유권이 반복된 것으로 보았다.[27] 정약용의 이와 같은 견해는 안정복의 견해를 토대로 하면서 한 걸음 더 나아간 것이라고 하겠다. 이것은 한강 유역에 대한 고구려의 영향력을 가급적 축소하여 보려는 의도이며 웅진 천도 이후에도 백제를 여전히 강국으로 보려는 입장과 관계가 있다.

덧붙여 정약용은 「한성고」에서 무령왕이 죽은 뒤 30여 년간은 한성의 일이 역사서에 보이지 않으므로 혹시 그 사이에 고구려가 한성을 얻었다가 다시 잃은 것이 아닌가라고 추정하였다.[28] 그리고 『삼국사기』 진흥왕 12년조

초기부터 매우 강성한 나라로 보는 견해는 안정복에게서 시작된 것인데 이것은 안정복 이후 기호남인계 역사인식의 특징으로 보인다. 이것은 영남남인계가 신라를 중심으로 보려는 것과 다른 점이다. 안정복의 역사학은 주자학의 명분론적 강목체 역사학에 기초하였으므로 기본적으로 성리학적 역사학으로 보아야 하지만, 한백겸 이래의 역사지리학을 더욱 발전시켰다는 실학적 성격이 있다. 이것을 계승하면서 더욱 발전시킨 것이 정약용의 『아방강역고』라고 할 수 있다.

25 "其後五十餘年 漢城及漢北州郡 猶爲百濟之物" (『여유당전서』 6, 338쪽).

26 『여유당전서』 6, 339쪽. 지명이동설에 따라서 백제 문주왕의 남천 이후 지명이 이동했다고 생각하는 견해가 있으며(이기백, 「웅진시대 백제의 귀족세력」, 『백제연구』 9, 1978) 이에 대한 반론도 있다(김병남, 「백제 웅진시대의 북방영역」, 『백산학보』 64, 2002). 이것은 남천 이후 백제의 강역과 관계되는 문제이다.

27 조성을, 「조선 중·후기 백제사 인식」 가운데 『동사강목』에 대한 언급 부분 참조.

28 "武寧王既卒後三十餘年 漢城之事 不見史册 或者句麗暫得漢城 旋復失之" (『여유당전서』 6, 339쪽).

의 한성이 신라의 소유가 되었다는 기사를 인정하는 한편, 『삼국사기』「지리지」 및 『고려사』「지리지」에서 경기도 한강 이남 · 이북 지역 및 충청도 동북 지역 10여 읍이 고구려의 모읍某邑이었다는 기사도 근거가 없지는 않을 것이라고 하면서, 진흥왕 12년에 백제와 신라가 연합하여 고구려를 칠 때 백제가 평양을 공격했다는 기사에 대하여 의문을 표명하였다.[29] 이상 「위례고」, 「한성고」에서의 백제강역관은 수정본 『아방강역고』에서도 변함이 없다.

4. 맺음말

이상 본론에서의 내용을 요약하면 다음과 같다. 첫째, 정약용은 「지리고」(28세)에서 한백겸의 설을 따라서 변한이 가야, 마한이 백제가 되었다는 입장에서, 마한이 고구려가 되고 변한이 백제가 되었다는 기존 최치원과 김부식의 설을 비판하였다. 마한 → 백제설은 백제강국론과 연결된다. 다만 처음에는 백제가 마한에 신속되어 있었던 것으로 이해하였다.

둘째, 「지리고」에서 정약용은 백제의 북쪽 경계가 원래 한강 이북에 있다가 고구려의 압박으로 뒤에 한강 이남으로 옮겨졌으며 남쪽으로는 전라도 지역을 모두 포괄한다고 생각하였다.

셋째, 금정찰방 시절에 지은 「조룡대기」(34세)에서 조룡대의 위치로 보아 소정방이 여기에 오를 수 있는 것은 이미 당나라 군사가 이곳을 건너 사비성이 함락된 뒤의 일일 것이라고 추론하고, 소정방이 백마강을 건너기 위하여 용을 잡았다고 하는 것은 말이 되지 않는다고 하였다. 금정찰방 시절에 이미

29 『여유당전서』 6, 339쪽. 필자의 졸견으로는 진흥왕 12년 기사의 평양은 남평양으로서 한성을 가리키는 것이라고 보면 무리가 없을 것으로 여겨진다.

역사를 합리적으로 해석하려는 태도가 확립되어 있었음을 알 수 있다.

넷째, 정약용은 「백제론」(39세 무렵)에서 삼국 가운데 백제를 최강으로 보았다. 이것은 삼국 가운데 일반적으로 고구려를 최강으로 보는 것과는 다르다는 점에서 주목된다. 백제를 최강이라고 한 것은 농업생산력의 관점에서 국력을 평가하는 것이다.

다섯째, 「백제론」에서는 백제의 멸망 원인을 수도를 방어하기 어려운 곳에 옮긴 것으로 설명하였다.

여섯째, 「백제론」과 거의 같은 시기에 지어진 것으로 여겨지는 「고구려론」(39세 무렵)에서는 인간의 주체적 응전을 강조하여, 지리적 이점보다는 약점 덕에 고구려가 초기에는 강하고 장기지속할 수 있었다고 하였다.

일곱째, 「고구려론」에서의 이런 설명과 「백제론」에서의 설명은 서로 모순되는 것이 아니다. 양자 모두 기본적으로 지리적 요인에 의해 설명하는 것이다. 주체적 응전 자체를 지리적 요소에 의해 결정되는 것으로 보기 때문이다. 「백제론」에서 설명한, 방어하기 어려운 평야에 있다는 지리적 단점과 「고구려론」에서 말한 백제 사비성의 지리적 장점(국경으로부터 멀리 떨어져 있음)이 동시에 백제의 멸망 원인으로 작용하였다고 본 것이라고 할 수 있겠다.

여덟째, 이러한 객관적인 지리적 요인을 강조하는 입장은, 『맹자』 이래 도덕적 요인을 지리적 요인보다 앞세워온 전통적 유자의 견해를 답습하였던 초기 「지리책」(28세)의 견해와는 다르다.

아홉째, 정약용은 「위례고」(1811)에서 백제의 첫 도읍이 한강 북쪽에 있다가, 온조왕 13년에 한강 남쪽으로 옮긴 것으로 보았다. 다만 위례=직산설이 나오게 된 것은 문주왕이 천도과정에서 잠시 직산에서 머문 데에 기인한 것으로 보았다.

열째, 「위례고」에서 온조 13년 천도하여 간 한강 남쪽의 성이 하남위례성이라 하고 하남위례성의 위치를 광주 고읍으로 비정하였다.

열한째, 「위례고」에서 백제가 한강 남쪽 하남위례성으로 도읍을 옮긴 뒤에도 원래 하북의 위례성도 수축하여 하남위례성과 더불어 '이경'으로 했다고도 하였다.

열두째, 「한성고」에서 백제의 한성에 대하여는 백제의 개루왕이 만든 것으로서, 그 위치에 대하여는 정약용 당시의 한양성내라고 하였다. 그러면서 이 한성에는 북성(원래의 하북위례성)과 남성(개루왕이 건설한 것) 둘이 있다고도 하였다

열셋째, 「한성고」에서 위와 같은 수도의 변화를 그는 국세의 강약으로 설명하였다. 근초고왕 때 국세가 강해져 북으로 고구려를 제압하게 되자 한성으로 천도하게 되었다고 하였다.

열넷째, 「한성고」에서 백제의 강토에 대하여 백제의 강토는 온조왕 때부터 이미 패하(대동강으로 비정) 이남 황해도 지역을 모두 확보했다고 하였다.

열다섯째, 백제를 강국으로 보며 처음부터 강토가 넓었다고 본 것은 안정복의 견해를 계승하여 더욱 발전시킨 것이고 이것은 영남남인계와는 다른, 기호남인계 학자의 입장을 반영한다.

열여섯째, 정약용은 「한성고」에서 백제가 한성에서 남쪽으로 수도를 옮긴 뒤에도 50여 년간 한성과 한강 이북의 주군이 여전히 백제의 영토였다고 하였다. 이것은 고구려의 영향력을 가급적으로 축소하여 보고 웅진 천도 이후에도 백제를 여전히 강국으로 보려는 견해와 관계가 있다.

열일곱째, 정약용의 위와 같은 견해는 안정복이 『동사강목』에서 백제의 웅진 천도 이후 한강 유역의 영유권이 반복된 것으로 본 견해를 토대로 하면서 더 발전시킨 것이다.

열여덟째, 「한성고」에서 정약용은 무령왕이 죽은 뒤 30여 년간은 한성의

일이 역사서에 보이지 않으므로 혹시 그사이에 고구려가 한성을 얻었다가 다시 잃은 것이 아닌가라고 추정하였다.

스무째, 진흥왕 12년에 백제와 신라가 연합하여 고구려를 칠 때 백제가 "평양"을 공격했다는 기사에 대하여 의문을 표명하였다.

이상 정약용의 백제사 인식의 특징은 다음과 같이 말할 수 있겠다. 첫째, 백제사를 한성시대 이래, 웅진·사비시대까지 강국으로 보는 점에서 삼국시대 전체를 신라 중심, 또는 고구려 중심으로 보는 견해와는 다르다. 특히 본고에서 언급되지 않았지만 정약용은 고구려를 상당히 부정적으로 평가하는 측면이 있다.[30]

둘째, 역사에서 도덕적 요인보다는 지리적 요인이라는 객관적 형세를 중시하였고 주체적 응전이라는 주체적 요소도 결국 지리적 요인에 의하여 설명하였다. 이리하여 백제의 멸망 원인을 도덕적 요인보다는 지리적 요인에 의하여 설명하였다.

셋째, 백제를 강국으로 인식하며 백제의 멸망을 지리적 요인으로 설명한 것은 영남남인과 구별되는 기호남인계 실학자의 입장으로 볼 수 있다.

다음으로 정약용 백제사 인식의 사학사적 위치에 대하여 생각해보기로 한다. 첫째로 정약용의 역사지리 인식은 한백겸의 『동국지리지』의 삼한 인식을 계승한 것이며 양자의 중간에 있는 『동사강목』의 역사지리 고증의 영향도 받았다고 생각된다.

둘째로 정약용의 이러한 초기 백제의 수도 변천 및 그 위치 비정은 이후 한진서韓鎭書의 『해동역사海東繹史』「지리고地理考」 및 김정호金正浩의 『대동지지大東地志』 등에도 영향을 미쳤다. 근대 이후 학자들 가운데에도 정약용

30 조성을, 「아방강역고에 나타난 정약용의 역사인식」 참조.

의 주장을 부분적으로 지지하는 학자들이 적지 않다.[31]

셋째로 정약용은 근대 이후 일본인 학자에 의해 제시되어 한국인 학자들에게 이어진, 『삼국사기』 초기 기록의 연대에 대한 회의가 나타나지 않는다.

넷째로 본고에서 미처 언급하지 않았지만 정약용의 역사지리 비정은 대체로 『후한서』에 기초하며 『삼국지』와의 차이에 주목하지 않았다. 이것은『삼국지』와의 차이에 대하여 주목하는 근대 이후의 연구와는 차이가 있다.

다섯째로 역사적 요인의 설명에서 도덕적 요인보다는 지리적 요인에 입각해 설명하고자 한 것은 주자학의 명분론적 도덕주의를 벗어나는 것이다. 이렇게 역사에서 객관적 형세를 중시하는 것은 이미 성호星湖 이익李瀷 단계에 나타났으나 정약용 단계에 이르러 구체적으로 역사지리학과 결부시키는 것으로 발전하였다.[32]

끝으로 근대 이후의 우리 역사학과 실학의 연구성과와의 단절을 21세기 한국사 연구가 새로이 잇고자 할 때, 정약용의 백제사 연구가 현재 우리에게 갖는 의미 또는 우리에게 제시하는 과제에 대하여 생각해보고자 한다.

첫째, 현재에도 도덕적 잣대로 역사를 설명하려는 입장이 남아 있는 상황에서 정약용이 백제의 멸망 원인을 도덕적 요인보다는 지리적 요인에 입각

31 예를 들면, 현재 백제의 처음 도읍지를 "하북위례성"으로 보고 그 위치를 고고학적 증거에 입각하여 밝히려는 노력이 계속되고 있다. 위례=직산설의 부정은 이제 학계에서 일반적으로 받아들이는 견해이다.

32 그러나 이익과 정약용이 역사에서 도덕적 평가를 배제한 것은 아니다. 다만 이들은 주자학의 도덕적 가치를 인정하지 않으며 역사의 현실을 도덕적인 것으로 합리화하는 것, 헤겔식으로 말하자면 "현실적인 것은 이성적인 것이다"라고 하여 현실을 합리화, 정당화시키는 것에 대해 비판한 것이다. 덧붙여 주자도 현실의 전개과정을 도덕적으로 정당한 것으로 합리화하고자 하지는 않았다. 주자와 이익 · 정약용과의 차이는 지향하는 도덕적 가치의 차이점에 있다. 또 정약용과 이익 사이에도 차이가 있다. 이런 점들에 대하여는 조성을, 「주희와 이익의 역사이론 비교」(『한국사연구』 122, 2003) 및 조성을, 「정약용의 역사이론의 전개와 성격」(『국사관논총』 93, 2000) 참조(상기 두 논문은 모두 조성을, 『조선후기 사학사 연구』에 재수록).

해 설명하고자 하는 태도, 그리고 주체적 요인조차 객관적으로 설명하고자 하는 태도는 현재 우리가 계승하여 더욱 정교하게 발전시킬 필요가 있다.

둘째, 정약용이 백제사 연구에서 제시한 역사지리학의 구체적 성과는 근대 이후의 연구성과와 비교하면 그 한계와 문제점을 인식할 수도 있지만, 역으로 그의 역사지리학에서 어떤 시사를 얻을 수도 있다는 개방적 자세가 필요하다고 생각된다. 예를 들면, 백제의 웅진 천도 이후 한성과 관련된 기사에 기초하여 백제가 천도 이후에도 상당 기간 동안 한강 유역을 영유했다는 정약용의 주장을 단순히 지명이동설로 부인할 수 있을 것인지가 문제이고, 직산이 문주왕이 웅진으로 천도하는 도중 잠시 머무른 곳이라는 주장은 고고학적 성과와 더불어 재음미할 수 있는 것이라는 생각이 들기도 한다.

셋째, 정약용은 매우 합리적 입장에서 서는 한편, 자료를 포괄적으로 다루는데 『삼국사기』 초기 기사의 연대에 대해 회의하지 않았다. 이것은 그의 역사학이 갖는 시대적 한계일 수 있다. 고대사 전공자가 아닌 필자가 함부로 말할 위치에 있지 않지만, 우리가 근대 이후 삼국 초기의 역사상에 어떤 편견을 갖게 되었을지도 모른다는 생각도 하면서 『삼국사기』 초기 기록에 접근해가는 방식도 필요하지 않을까 한다.

물론 여기에는 기본적으로 고고학적 연구성과가 반영되어야 하고[33] 중국·일본 등과의 비교사적 연구도 필요하겠지만, 『삼국사기』의 성립과정에 대한 사학사적 재검토가 요청된다. 즉 『삼국사기』에 반영된 국내자료는 어디에서 출발하여 어떤 경로를 거쳐 변화·발전되었고 만일 연대조정이 이루어졌다면 누가, 언제, 왜 그런 일을 하였는가에 대하여 밝히는 작업이 되어야 할 것이다. 이것이 선행되어야 현재의 연대조정 작업이 더욱 설득력을 가

---

33 다만 고고학적 연구성과라는 것이 기존의 역사상을 변화시킬 수도 있지만, 오히려 기존의 선입관에 입각하여 유물을 해석하여 기존의 설을 보조하는 기능을 할 수 있다고 생각된다.

질 수 있을 것이다. 현재의 연대조정론, 해체재구성론 등은 자의적인 면이 있음을 완전히 부정할 수 없으며 삼국 가운데 한 부분의 연대를 고쳐 읽을 때 다른 부분, 타국과의 관계는 어떻게 되는가 하는 문제에 대한 심사숙고가 필요하리라 여겨진다.

넷째, 필자가 알기로 현재의 한국고대사 연구는 『후한서』보다는 『삼국지』에 기초하고 있다. 정약용이 『삼국지』를 보았으면서도 대체로 『후한서』에 입각한 것은 『후한서』가 보다 정리된 모습을 보이기 때문인 점도 있겠지만, 그가 양자의 차이점과 상호 모순에 주목하지 않았기 때문이라고 할 수 있다. 이것은 정약용의 연구 수준의 한계라고 할 수도 있겠지만, 역으로 크게 볼 때 양자가 대동소이하다고 그가 생각하였기 때문일 수도 있다. 덧붙여 정약용은 『후한서』의 기사와 『삼국사기』 초기의 기사와의 관계에서 모순을 느끼지 않았던 것으로 여겨진다. 앞으로 『삼국지』의 기사, 『후한서』의 기사 및 『삼국사기』 초기의 기사 3자를 상호 모순 없이 통일적으로 이해할 수 있는 방법은 없을까 하는 생각을 해본다.

『목간이 들려주는 백제 이야기』

윤선태

1. 들어가며

자신의 책을 소개한다는 것 자체가 쑥스러운 일이라 글 첫머리를 어떻게 하나 고민하면서 수도 없이 지우고 또 쓰고 있다. 결국 책에 얽힌 필자의 잘못과 만용을 먼저 고백하는 이상한 머리말이 되고 말았다.

『목간이 들려주는 백제 이야기』는 백제문화개발연구원의 역사문고 시리즈 중 하나로 간행되었다. 집필의뢰가 있었던 2004년 당시 필자는 팔도의 대학을 누비는 소위 '보따리장사'였다. 배고픈 강사에게 연구원 측에서 내민

尹善泰 동국대학교 사범대학 역사교육과 교수.

저서로 『한국 고대 · 중세 고문서연구』(공저, 서울대학교출판부, 2000), 『美濃國戶籍の綜合的研究』(공저, 東京堂出版, 2003), 『고대동아시아와 백제』(공저, 서경, 2003), 『韓國出土木簡の世界』(공저, 雄山閣, 2007), 『목간이 들려주는 백제 이야기』(주류성, 2007)가 있다. 논문으로는 「월성해자 출토 신라 문서목간」(『역사와 현실』 56, 2005), 「백제의 문서행정과 목간」(『한국고대사연구』 48, 2007), 「목간연구의 현황과 전망」(『한국고대사연구의 새 동향』, 서경, 2007) 등이 있다.

꽤 많은 연구비는 달콤한 유혹이었고, 공부의 부족은 생각도 않고 어려운 과제를 덥석 물어버렸다. 그게 결국 탈이 났다.

당시까지 백제목간은 출토 점수點數가 미미하였고, 그것조차 조사보고서가 제대로 간행되지 않은 상태였다. 더욱이 필자는 신라목간에 대해서는 어느 정도 연구성과가 있었지만, 백제목간에 대해서는 「한국 고대목간의 출토 현황과 전망」(『한국의 고대목간』, 국립창원문화재연구소, 2004)이라는 글에서 간단히 개관한 것이 전부였다.

집필을 수락했지만 앞이 깜깜했다. 다행히도 백제 역사문고 시리즈가 30권이 넘는 거질巨帙이었고, 다른 집필자 분들이 완성원고를 착실히 제출해주셨기 때문에, 처음 2년 반은 원고제출을 쉽게 미루면서 관련연구를 진행할 수 있었다. 그러나 마지막 8개월은 거의 매주 걸려오는 독촉전화와 싸워야 했다. 필자의 책은 늦어도 2007년 봄에는 출간되었어야 했는데, 내용을 조금이라도 보완해보겠다는 필자의 편집증이 마지막까지 연구원의 신병순 이사님을 골치 아프게 했다. 필자를 믿고 끝까지 지켜봐주신 그분께 미안함과 고마움을 다시 한 번 표한다.

이렇게 분외分外의 일을 맡아 가슴 졸인 3년 반이었지만, 백제목간 연구는 필자에게 여러 가지 큰 행운들을 안겨주었다. 우선 그 사이에 덩그런 평생직장을 얻게 되었다. 내 연구실을 얼마나 갖고 싶었던가! 연구실에서 밤을 새우며 목간의 묵서墨書를 읽고 또 읽었다. 한국목간학회도 탄생했다. 이젠 외롭지 않다. 목간 및 출토 문자자료의 체계적인 정리와 학제學際 연구에 공감하는 동학同學들이 옆에 있고, 진지한 토론이 늘 나를 흥분시킨다.

2. 목간과의 인연

필자가 목간과 인연을 맺게 된 것은 「신라촌락문서新羅村落文書」 때문이었다. 학부 2학년 시절 이태진 선생님의 '사회제도사' 수업 때 복사물이었지만 원본 문서를 처음 접했고, 문서 속에 기록된 '계연計烟'에 관한 은사님의 정교한 분석에 감탄하면서 자료의 마력魔力 속으로 깊이 빠져들었다. 당대當代의 자료들은 만질 때마다, 마치 이걸 만들었던 옛사람이 바로 옆에 서 있는 듯한 착각이 든다. 그 서늘한 느낌이 내 직감을 각성시킨다.

촌락문서는 민정문서民政文書, 촌락장적村落帳籍으로 불리기도 하며, 신라 국가에서 세금수취를 위해 촌락 단위로 여러 항목들을 집계한 장부를 말한다. 고대사회의 인민 지배방식과 당시 촌락의 경제적 상황을 구체적으로 알 수 있는 유일한 자료다. 그런데 남아 있는 문서가 단 두 장에 불과하기 때문에, 이를 제대로 이해하기 위해서는 관련자료의 확대가 절실히 필요했다. 자연스럽게 필자는 신라와 이웃했던 '고대 동아시아 세계'로 시야를 넓혀, 촌락문서를 전후하여 작성된 고대 동아시아 각국의 수취대장들을 면밀히 분석하는 연구방법을 택할 수밖에 없었다. 이러한 시공간의 확대 속에서 필자는 운 좋게도 또 다른 사료史料와 만나게 된다. 그것이 바로 '목간木簡'이었다.

목간은 종이가 일반화되기 이전에 널리 사용되었던 서사재료書寫材料인데, 종이가 일반화된 뒤에도 나무의 내구성으로 인해 장거리를 이동하는 세금의 짐표, 즉 '하찰荷札'로 애용되었다. 필자는 고대일본의 하찰들을 보면서 그 형태와 묵서가 안압지에서 출토된 신라목간들과 매우 유사하다는 것을 발견하게 되었다. 또 일본의 정창원正倉院에 보관되어 있는 「사하리가반부속문서佐波理加盤附屬文書」도 신라 중앙에서 세금에 묶인 하찰에 기초하여 작성한 공물貢物 수납대장임을 확신하게 되었다. 필자가 1997년에 발표한 「정창원 소장 '사하리가반부속문서'의 신고찰」(『국사관논총』 74)은 그러한 분석 끝에 나온 논문이다.

물론 필자보다 앞서 일본목간학회에서 와세다대학의 이성시 선생님이 이미 안압지목간 속에서 신라의 하찰을 추출하고 그에 관해 문제제기한 사실을 나중에 알게 되었지만, 당시에는 신라하찰의 최초 발견에 제 스스로 고무되어 목간이야말로 신라사 연구를 발전시킬 새로운 돌파구라며 월성해자 등 신라의 다른 목간분석에 시간가는 줄 몰랐다. 특히 지도교수이신 노태돈 선생님은 당신께 온 함안 성산산성 출토 신라목간의 컬러사진과 적외선사진을 아낌없이 건네주시며 필자의 목간 연구를 독려해주셨다. 지금은 그보다 질 좋은 관련사진들이 많지만, A4용지에 일일이 사진을 오려붙이고 목간의 형태, 크기, 묵서판독안을 정리한 그때의 자료분류철은 은사님의 따뜻한 마음과 함께 아직도 간직하고 있다. 1999년에 발표한 「함안 성산산성 출토 신라목간의 용도」(『진단학보』 88)는 그 결과물이다.

함안목간은 신라가 진흥왕 대인 561년 무렵에 이미 하찰을 제작하였고, 낙동강의 조운漕運을 통해 세금을 운반하였음을 생생하게 보여주는 자료다. 또 고대일본의 하찰에도 상당한 영향력을 미쳤음을 말없이 증언해주었다. 이 목간의 발굴로 신라하찰의 존재를 확신했던 필자의 연구방향은 더욱 큰 힘을 얻게 되었다. 더욱이 1999년 말 한국고대사학회가 주최한 함안목간 국제학술회의에 토론자로 참여하여 사계화謝桂華, 히라카와 미나미平川南, 이성시 선생님 등 중국과 일본에서 활동하고 계신 쟁쟁한 목간연구자들을 만나고 교류할 수 있게 된 것은 필자의 목간 연구에 새로운 전환점이 되었다. 특히 히라카와 미나미 선생님은 뵐 때마다 "목간은 결국 고고학적 유물이다. 형태관찰에 소홀하지 말라"며 부족한 필자의 목간 연구가 나아갈 바를 알려주셔서 언제나 선생님의 말씀을 경청하고 있다.

백제목간과의 첫 만남은 더욱 특별했다. 신라고문서와 목간을 주제로 박사과정을 마친 필자는 2001년 충남대학교 BK21 백제학교육연구단에 재직하게 되었다. 당시 해외연구자 초청연사로 오신 일본의 저명한 목간연구자 도노 하루유키東野治之 선생님이 백제목간을 보고 싶어해, 그와 함께 부여문화재연구소를 방문해 궁남지 백제목간을 조사한 것이 만남의 단초였다.

필자 역시 그동안 지면으로만 봐왔던 백제목간들을 실견實見하는 기회여서 마음이 설레었다. 그때까지 신라목간은 여러 번 조사했지만, 궁남지목간처럼 매끄럽게 잘 다듬어진 목간은 난생처음 보았다. 신라목간이 투박한 선머슴의 팔뚝이라면, 백제목간은 날씬한 처녀의 종아리 같았다. 목간의 외형 하나만으로도 백제의 서사문화가 신라보다 높은 수준에 도달해 있었음을 쉽게 짐작할 수 있었다. 백제목간은 아름답다는 표현이 어울릴 정도로 목간의 제작에 상당한 공이 들어가 있었다. 백제목간은 첫 만남부터 필자를 사로잡았다.

그런데 부여 답사를 마치고 돌아와 궁남지목간의 묵서를 검토하면서, 필자는 더욱더 백제목간에 깊숙이 빠져들고 말았다. 당시 백제가 정丁·중中·소小의 연령등급제를 실시하고 있었기 때문이다. 정중제丁中制는 인민에 대한 국가적 수취가 경감되는 변화 속에서 수당隋唐 대에 정착된 새로운 연령등급제였는데, 친당적親唐的이었던 신라보다 당에 의해 멸망당했던 백제가 이 제도를 먼저 수용했다는 점이 필자를 흥분시켰다.

물론 백제 도량형 연구를 통해 백제의 중국문화 수용양상이 고구려-신라 계통과는 달랐다는 것을 그전부터 알고 있었지만, 백제의 연령등급제를 통해 이 점이 더욱 분명해졌다. 백제는 중국의 척도제나 연령등급제의 변화를 큰 시차 없이 그대로 수용하였으나, 고구려-신라-고대일본에서는 '고구려척高句麗尺'처럼 척도제를 크게 변용시켰고, 수당이 등장한 이후에도 남북조시대의 율령을 꽤 오랫동안 고수하였다. 결국 고대 동아시아 세계에는 중국문화가 전파, 수용되는 과정에 고구려와 백제를 축으로 하는 서로 다른 별개의 네트워크가 존재하고 있었던 셈이다.

필자가 「신라촌락문서」를 연구하기 위해 시야를 고대 동아시아 세계로 확대하지 않았다면 이런 미묘한 차이를 발견할 수 있었을까? 공부가 마치 정해놓은 길을 따라가는 것 같아, 발견 당시 온몸에 소름이 돋았던 기억이 난다. 의외의 자료에서 필자는 운명처럼 평생을 걸고 고민해야 할 "고대 동아시아 세계의 소통疏通"이라는 새로운 화두를 얻게 되었다. 『목간이 들려주는 백제 이야기』도 그 첫 번째 노력의 결과물이라 할 수 있다.

3. 목간 이해의 기초

우리의 경우 목간은 아직 역사교과서에도 소개되지 않은 무척 생소한 자료다. 독자들의 이해를 돕기 위해 책의 전반부에 도론導論으로 목간이란 무엇이며, 한국 고대목간의 출토 현황과 종류 등을 개괄적으로 검토하는 몇 개의 장을 마련하였다.

목간보다 종이가 혁신적인 서사재료이지만, 종이는 내구성이 약해 오늘날까지 보존된 것이 극히 적다. 물론 목간도 특수한 조건하에서만 보존된다. 극히 건조한 기후가 아니면, 그 반대로 산소가 차단되어 목재의 부식이 지연된 매우 습한 유적, 예를 들어 우물, 연못, 저수지, 배수로 등에서 주로 출토된다. 또 보존된 목간도 이미 표면의 묵서가 사라져 적외선의 도움을 받아야만 읽을 수 있는 것이 대부분이다.

중국과 일본에서는 목간이 수십만 점이나 발굴되었지만, 우리는 현재 수백 점에 불과하다. 그러나 최근에 와서야 고고학자들이 저습지의 보존환경에 대해 주목하기 시작하였기 때문에, 목간 출토 유적과 목간 출토 점수는 기하급수적으로 증가할 것이 분명하다. 필자가 책을 쓸 때만 해도 전체 목간은 350점 정도였다. 그런데 1년이 조금 지난 현재 600점을 돌파하였다는 것이 이를 잘 말해준다.

한국고대사를 전공하는 사람이면 누구나 부딪히는 문제지만, 우리에게는 고대사회를 설명할 수 있는 사료가 턱없이 부족하다. 문헌자료는 중세의 시각에서 고대사를 정리한 것이라 한계가 분명하다. 그나마 중원고구려비, 백제사택지적비, 단양신라적성비 등 고대의 금석문이 하나 둘 발견되어 숨통을 틔워주었지만, 엄밀히 말한다면 이 자료들 역시 목간에 비해서는 매우 제한적인 측면을 갖고 있다.

금석문은 재료의 성격상 오랫동안 기억되고 전승되기를 기대하면서 어렵게 문자를 각인刻印한 것이기 때문에 그 기록내용이 특수하다. 이른바 정치적 · 종교적 '기념비'가 대부분이다. 또한 금석은 무겁기 때문에, 정보전달력이 공간적으로 매우 제한될 수밖에 없다.

그러나 목간은 재질이 나무여서 주변에서 쉽게 구할 수 있고, 또 가벼워서 이동이 가능한 서사재료이기 때문에, 목간에 기록될 내용은 앞서와 같은 재료적 제약을 크게 받지 않는다. 이로 인해 목간에는 개인의 간단한 글자연습에서부터 국가의 복잡한 행정문서에 이르기까지 고대사회의 각종 기록물이 모두 확인된다. 더욱이 목간의 묵서는 당대인의 육필肉筆이며, 그 내용이나 형태, 출토지 등을 통해 목간의 제작과 폐기에 이르는 '목간의 일생(life cycle)'을 추적할 수 있기 때문에, 기록내용 외에 문자생활 전반에 관한 다양한 정보들을 얻을 수 있다. 목간의 자료적 가치가 남다른 점은 바로 여기에 있다.

백제목간은 필자가 이 책을 쓸 때만 해도 50여 점에 불과했고, 출토지가 도성이었던 부여에만 집중되어 지방사회의 목간문화를 알 수 없었다. 그러나 현재 출토 점수는 200점을 상회하며[1], 지방인 나주 복암리 백제 제철유적에서도 중요한 문서목간이 출토되었다.

"인간은 책보다 오래가는 구조물을 짓지 못한다"는 유명한 말이 있다. 이를 증명이라도 하듯 백제인들도 자신들의 일상을 목간에 담아, 천 년도 훨씬 지난 오늘의 우리에게 무언가를 말하려 한다. 그것을 만지고, 읽고, 이야기할 수 있는 시대에 태어난 필자는 분명 행운아임에 틀림없다.

4. 백제목간과 사비도성

책에서 필자는 백제목간 속의 다양한 정보 중에서도 목간 출토 유적과 목간의 묵서내용을 비교하는 방법을 통해 사비도성의 공간구조를 집중적으로 검토해보았다. 사비도성에서 발굴된 목간들은 출토지점 주변의 경관景觀과 목간을 제작했던 주체를 알려주기 때문에 이러한 방법이 충분히 가능하다.

고대국가의 도성은 독특한 도시경관과 상징적인 장엄의례를 통해 국가권력의 위엄과 중심을 연출해낸다. 도성은 마치 거대한 극장과 같다. 도성이라는 무대장치에서 베풀어진 장엄의례는 세금을 운반하여 상경하는 지방인에게도, 도성에 거주하는 관료에게도 똑같이 거대한 국가권력을 체감케 하여, 그들의 마음속에 국가에 대한 충성과 복속의식을 불러일으키는 힘으로 작용한다.

특히 도성의 경계지점은 도성과 지방을 연결하는 접점이고, 지방인이 도성으로 들어오는 입구이며, 도성이 사방으로 뻗어나가는 출발점이라는 점에서

1 물론 200점 중 반 이상이 능산리사지 출토 목간부스러기이다. 목간은 표면의 묵서를 칼로 깎아 재사용할 수 있다. 칼이 지우개다. 이때 묵서가 있는 깎여진 목간껍질을 '삭설削屑' 또는 '목간부스러기'라고 부른다.

백제국가 전체를 압축적으로 상징한다. 결국 도성의 경계지점은 지방을 포섭하고 종속하는 도성의 중심성을 구현하는 데 가장 적합한 장소라고 할 수 있다.

부여 능산리목간으로 볼 때, 사비도성의 경계에는 독특한 경관이 연출되어 있었다. 도성의 입구에는 도성과 왕권을 수호하는 국가사찰과 왕릉이 건립되었고, 또 역병疫病 등 도성으로 들어올 수 있는 부정不淨과 전염병을 막기 위해 정기적으로 도신道神에게 제사하였고, 그 결과로 '남근男根'을 일으켜세웠다. 도성 경계의 '나성羅城'도 전쟁만을 고려한 방어벽은 아니었다. 나성은 도성 안의 백제 지배층들을 무너뜨릴 수 있는 모든 것들—적賊일 수도, 반역일 수도, 또한 전염병일 수도 있는—과 그들이 느끼는 모든 불안심리를 잠재우는 도성의 경계를 장엄했던 가장 거대한 경관이었다. 도성의 경계에 연출된 나성과 국가사찰과 도제道祭를 통해, 사비도성은 지방과 격절隔絶된 신성한 공간으로 거듭나게 된다. 사비도성은 경계지점의 이러한 독특한 비일상적 경관을 통해 비로소 도성인과 지방인 모두가 느끼고 의식하는 중심의 장場으로 승화되었다.

백제의 국가권력이 자신의 중심성을 표현하기 위해 의도적으로 가설한 상징적 무대장치들은 도성의 경계지점에만 있었던 것은 아니다. 필자는 관북리목간과 궁남지목간 등을 기초로, 사비도성의 동·서에 각각 위치해 있었던 '우이성嵎夷城'과 '신구성神丘城', 그리고 도성 내부에 존재했던 '부이部夷'로 불리어진 귀화인의 집단거주지 등을 추출하였다.

당나라는 '우이도행군총관嵎夷道行軍摠管', '신구도행군총관神丘道行軍摠管' 등 신구와 우이를 백제 정복군단의 명칭으로 삼았다. 이는 당시 이 지명들이 백제를 표상하는 이미지를 갖고 있었음을 말해준다. 사비도성을 동서 좌우에서 분식粉飾하고 있던 신구와 우이는 일단 우이가 해가 뜨는 동쪽 끝을, 신구는—여러 뜻이 있지만—이 세계의 서쪽 끝인 서왕모西王母가 사는 곤륜산崑崙山을 비유한 사례가 주목된다.

결국 우이와 신구는 백제 영토의 일부에 국한된 단순한 지명이 아니었다. 백제왕권은 사비도성의 동서에 각각 우이와 신구를 의도적으로 배치하여, 이를 통해 사비도성을 천하를 통섭統攝하는 세계의 중심공간으로 표상하려 하였다. 그렇기 때문에 반대로 당나라는 이러한 성격의 우이와 신구를 백제침공로의 군단명칭으로 삼아, 이에 대한 점령이 곧 백제 전체를 장악하는 것이라는 이미지 효과를 노렸다.

한편 사비도성 내부에는 '부이'로 불리어진 귀화인이 거주하고 있었다. 이와 관련하여 『수서隋書』에 중국인, 고구려인, 신라인, 왜인倭人 등이 백제도성에 거주하고 있다고 특별히 언급한 사실이 주목된다. 당시 북위北魏가 낙양에 사이四夷의 귀화인이 거주하는 특별한 공간을 별도로 설정했던 것처럼, 백제도 도성에 신라, 고구려, 왜, 중국 등에서 귀화해온 사람들을 부이로 명명하여 집단으로 거주시켰을 가능성이 충분히 예상된다. 궁남지목간에 기록된 '서부후항西部後巷'이 바로 그러한 공간 중의 하나일 수 있다.

이로 볼 때 7세기 백제에는 자신을 중화中華로, 주변국을 번이蕃夷로 인식하는 중화사상이 존재하였음을 알 수 있다. 최근 7세기 말 백제 패망 이후 일본으로 망명한 백제왕씨나 백제귀족들이 고대일본의 제국적帝國的 세계관 확립에 깊이 관여하였을 가능성이 제기되고 있다. 즉 백제를 고대일본의 번국蕃國으로 위치시키고 동시에 고대일본의 변경에 거주하였던 에미시蝦夷나 하야토隼人 등을 이적夷狄으로 차별화하였던, 고대일본의 중화의식이 백제계 귀화인들에 의해 고안, 도입되었다는 것이다.

백제인들이 『일본서기』 편찬 시에 제출한 '백제삼서百濟三書'를 보면 일본천황에 대한 백제왕의 신종臣從을 의도적으로 강조하고 있으며, 탐라(현 제주도)를 남만南蠻으로, 역대 백제왕이 일본천황에 대해 스스로를 서번西蕃으로 비칭卑稱하는 등 이들 백제인의 자료 속에서 중화사상에 기초한 이적과 번국 등의 의도적인 공간배치의식이 확인된다는 점이 주요 근거로 제시되었다. 백제목간에서 확인되는 사비도성의 좌우·동서에 있었던 우이와 신구, 그리고 사비도성 내부에 존재했던 귀화인인 부이 등으로 볼 때 이러한 주장은 충분히 설득력이 있다.

사비도성을 내외에서 분식한 이러한 특수한 공간들은 그 작명 속에 분명히 도교적인, 신비주의적 세계관이 깃들어 있다. 이러한 공간편성 방식은 이 시기 백제가 사비도성을 천하의 중심으로 연출하기 위해 진행했던 일련의 작업들, 예를 들어 신선사상에 바탕을 둔 사비도성 주변의 삼산三山 배치, 그리고 그곳 삼산에 신인神人이 살면서 서로 왕래하였다는 내러티브narrative, 사방계산四方界山과 오악五嶽의 설정, 방장선산方丈仙山을 모방한 궁남지의 건설, 오제五帝에 대한 제사체계의 성립 등과 맥락이 닿아 있다.

이러한 작업은 궁극적으로 신비주의를 통한 백제왕권의 절대화를 지향하였다. 최근 미륵사지석탑 서탑의 사리장치에서 발견된 「사리봉안기舍利奉安記」는 필자의 이러한 결론을 더욱 확실히 뒷받침해준다. 당시 백제인들은 무왕을 '대왕폐하大王陛下'라고 불렀다. 남만과 부이를 거느리고, 우이와 신구의 중심에 섰던 천하의 지존인 백제왕을 '폐하'가 아닌 다른 말로는 부를 수 없었을 것이다.

5. 맺음말

과거의 백제사 연구는 구체성이 결여되어 있었다. 이는 백제사를 구성하고 설명할 사료 자체가 절대적으로 부족했기 때문이다. 『삼국사기』의 「백제본기」에도 대외교류관계를 전하는 중국 측 자료를 제외하면 남은 것이 별로 없다. 그러나 2000년대에 들어와서는 상황이 달라지고 있다. 부여의 능산리사지를 비롯해, 관북리, 쌍북리, 동남리, 심지어 멀리 나주 복암리유적에서도 연이어 백제목간이 출토되어 우리를 기쁘게 하였다. 백제의 일차자료에 목말라있던 학계로는 오랜 가뭄 끝에 내린 단비와도 같은 희소식이었다.

최근 부여권의 개발과 함께 백제유적에 대한 발굴 건수가 증가하고 있기 때문에, 앞으로 더욱 많은 백제목간들이 출토될 것으로 기대된다. 특히 부여는 백마강의 범람지대라는 점에서 목재유물의 보존환경을 고려할 때 목간자료의 대규모 발굴도 기대되는 지역이다. 이제야말로 '자료부족'이라는 백제 연구의 원초적 한계가 해결될 조짐이 보이기 시작하고 있다. 우리도 중국의 '주마루삼국오간走馬樓三國吳簡'이나 일본의 '나가야왕가목간長屋王家木簡'처럼 우물 속이나 목간 폐기장에서 수만 점, 아니 수십만 점이 한꺼번에 발굴될 날이 그리 멀지 않았다고 생각된다.

목간의 묵서는 단편적인 기술이라고 하더라도, 당대當代의 살아있는 정보와 어휘를 담고 있기 때문에 역사 연구에 미치는 영향력과 파급도가 매우 크다. 예를 들어 그동안 중국승려의 저술로 알려져 있던 혜균慧均의 『대승사론현의기大乘四論玄義記』가 백제승려의 저술로 새롭게 밝혀지게 된 것도 능산리사지의 백제목간에 기록된 '보희사寶憙寺'가 중요한 근거가 되었다. 앞으로 백제목간은 자료부족으로 허덕여왔던 백제사 연구를 새로운 국면으로 이끌 원동력이 될 것이라고 믿어 의심치 않는다.

백제목간은 신라목간에 비해 그 수는 비록 적지만, 질적인 측면에서 매우 다양한 정보들을 담고 있다. 특히 기존의 연구에서 불모지였던 백제의 율령, 문서행정, 심지어 도성 내외의 경관 등에 대해서도 목간자료를 제대로만 활용한다면 접근이 가능하리라 생각된다. 백제목간의 발굴은 백제사 연구에 일대 혁신을 가져올 새로운 전환점이 분명하다. 앞으로 봇물 터지듯 목간이 발굴되고, 또 이를 활용한 참신한 연구들이 콸콸 쏟아졌으면 좋겠다.

아차산 고구려 보루 발굴 10년, 성과와 의의

최종택

1. 머리말

1997년 9월 27일 오후, 아차산 정상의 속칭 헬기장으로 불리는 곳에서 조촐한 행사가 있었다. 1500여 년이 넘도록 그곳에 묻혀 있던 고구려 유적의 발굴을 고하는 개토제開土祭였다. 계절은 이미 가을의 문턱을 넘어서고 있었지만 아직은 늦여름의 더위가 남아 있었다. 필자와 필자의 은사이신 임효재 발굴조사단장, 박명섭 이사를 비롯한 구리문화원 관계자 등 20여 명의 발굴단원들은 경건하게 제를 올렸다. 남한 최초의 고구려 유적 발굴은 이렇게 시작되었다.

崔鍾澤 고려대학교 인문대학 고고미술사학과 부교수.
논문으로 「集安 '高句麗王陵' 出土遺物의 諸問題」(『한국고대사연구』 41, 2006), 「南韓地域 高句麗 土器의 編年研究」(『先史와 古代』 24, 2006), 「고고자료를 통해 본 백제 웅진도읍기 한강유역 영유설 재고」(『百濟研究』 47, 2008) 등이 있다.

| 그림 1 | **나팔입항아리**
1988년 몽촌토성에서 출토된 것으로 긴 목과 나팔처럼 벌어지는 아가리를 특징으로 하는 대표적인 고구려 토기 중 하나이다. 이 토기의 발견을 계기로 남한에서 고구려 유적에 대한 조사가 본격적으로 진행되었다. 발달된 어깨에는 네 개의 띠고리손잡이가 달려 있고, 그 아래 좌측에는 벽사辟邪를 의미하는 우물 정(井) 자 부호를 새겨넣었다. 주로 부장용이나 의례 용기로 사용되었다. 높이 59cm. ©서울대학교박물관

그 일이 있기 10여 년 전 필자에게는 잊을 수 없는 일이 있었다. 서울올림픽이 열렸던 그해 겨울, 필자는 서울대학교박물관 작업실에서 몽촌토성夢村土城에서 출토된 토기조각들을 복원하느라 밤샘작업을 하고 있었다. 수많은 백제 토기조각 중에서 낯선 토기조각 하나를 찾아냈고, 한 달여간의 작업 끝에 형태를 복원할 수 있었다. 복원된 토기는 이제까지 남한에서는 출토된 예가 없는 전형적인 고구려 토기였다. 계속된 작업으로 상당량의 고구려 토기들을 복원할 수 있었고, 475년 백제 한성을 함락시키고 몽촌토성에 주둔했던 고구려군이 사용한 것임을 밝혀낼 수 있었다. 그로부터 몇 년 뒤에는 1977년에 발굴되어 그동안 백제고분으로 알려져 있던 서울 구의동유적이 고구려 군사요새였음을 밝혀냈다.

이를 계기로 한강 유역에서 고구려 유적을 찾는 조사가 본격적으로 진행되었다. 1994년에는 아차산 일원에서 20여 개소의 고구려 보루堡壘가 확인

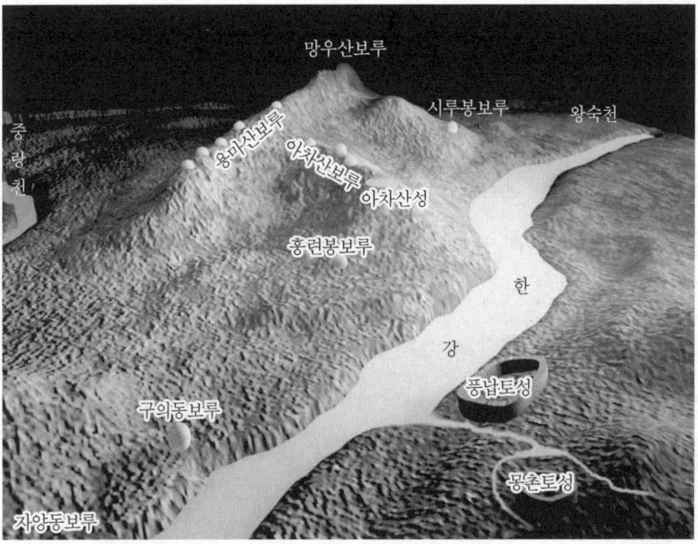

| 그림 2 | **아차산 일원의 유적 분포도**
구리시와 서울시의 경계를 이루는 아차산 일원에는 20여 기의 고구려 보루와 아차산성이 있으며, 한강 이남에는 백제의 수도였던 풍납토성과 몽촌토성이 있다. 당시의 사람들은 역사의 뒤편으로 사라졌지만 그들이 남긴 유적은 1500여 년 전 고구려와 백제가 한강 유역을 놓고 각축을 벌이던 역사를 말없이 증언하고 있다. ©서울대학교박물관

되었고, 1997년부터 아차산 4보루에 대한 발굴조사가 시작되었다. 두 달여 간의 작업 끝에 내부시설물의 절반가량을 조사하였으며, 이듬해 추가 발굴함으로써 처음으로 고구려 군사요새의 전모를 밝혀낼 수 있었다. 이어 시루봉보루를 발굴하였으며, 현재 발굴성과를 바탕으로 아차산 일원 17개 보루가 국가사적 제455호로 지정되어 관리되고 있다. 2004년부터는 홍련봉 1보루, 홍련봉 2보루, 용마산 2보루, 아차산 3보루 등이 발굴되었거나 발굴 중에 있다. 이러한 일련의 발굴을 거쳐 1,500여 년 전 고구려 군사들이 주둔하였던 보루의 모습이 하나둘 밝혀지고 있다.

2. 보루의 분포

서울과 구리의 경계를 이루고 있는 아차산은 용마봉과 망우산 등 주변 산지를 포함한다. 아차산 동쪽으로 왕숙천, 서쪽으로 중랑천이 남쪽의 한강으로 흘러들고 있어 육로교통은 물론 수로교통에도 아주 중요한 위치를 차지한다. 해발 285m의 아차산은 그리 높은 산지는 아니지만, 충적평야지대와 한강에 인접해 있어 주변 지역을 살피기에 최상의 위치라 할 수 있다. 이러한 까닭에 아차산은 고대부터 현대에 이르기까지 군사적으로 중요한 자리를 차지하고 있으며, 아차산 고구려 보루의 입지도 이러한 지리적·지형적 이점을 바탕으로 하고 있다.

| 그림 3 | 동쪽 상공에서 본 홍련봉 1보루 전경(2004)
타원형의 석축성벽 안쪽에 여러 기의 건물지와 저수시설, 배수시설 등이 설치되어 있다. 성벽을 쌓기 전에 보루 외곽으로 목책을 두르고 지면을 평탄하게 고른 후 시설물을 설치하고, 나중에 성벽을 축조하였다. ⓒ고려대학교고고환경연구소

아차산 일원에는 모두 21개소의 보루가 분포해 있는데, 이 중 7개의 보루가 발굴되었거나 조사가 진행 중이다. 아차산 일원의 보루는 입지에 따라 한강변의 보루와 아차산 능선 상의 보루로 구분된다. 한강변의 보루들은 구의동보루와 자양동보루처럼 나지막한 단독구릉 상에 입지하였지만 한강 남북안의 평지를 잘 살필 수 있는 위치에 있다.

아차산과 용마산의 보루들은 능선 상의 작은 봉우리 정상에 입지해 있는데, 2줄로 배치되어 있다. 서쪽의 용마봉 줄기를 따라 늘어서 있는 보루들은 중랑천 일대를 방어하기 위하여 배치되었으며, 아차산 줄기의 보루들은 왕숙천변을 방어하기 위한 것이다. 한편 홍련봉과 구의동보루 등 한강변의 보루들은 한강 이남과 한강의 수로를 감시하거나 방어하기 위하여 배치된 것으로 보인다. 각각의 보루들은 400~500m가량 떨어져 있으며, 각 보루는 목책이나 석축 등의 시설로 서로 연결되었을 가능성이 크다.

3. 보루의 구조

아차산 일원의 보루는 원형 또는 타원형의 평면을 이루고 있으며, 기본적으로 외부의 성곽과 건물을 비롯한 내부시설물로 구성되어 있다. 외부의 성벽은 주변에서 구하기 쉬운 화강암 석재를 이용하였는데, 아차산 4보루처럼 치석治石을 하여 잘 다듬은 석재를 사용하여 비교적 정치하게 축조한 경우도 있으나 대부분은 치석되지 않은 석재가 많이 사용되었다. 홍련봉 1보루를 제외하고는 모두 1~4개 소의 치雉가 설치되어 있다.

발굴조사를 통해 밝혀진 보루의 축조과정은 다음과 같다. 먼저 봉우리 정상부의 평탄면을 중심으로 보루의 윤곽을 정하고 이를 따라 목책을 설치한다. 목책과 목책 사이에는 판재를 끼워서 막고 내부에는 필요한 지점에 배수

| 그림 4 | **아차산 4보루 3호 건물지 전경**(1997)
아차산 정상에 위치한 4보루는 1997~1998년에 걸쳐 발굴되었다. 3호 건물지 내부에는 온돌 3기와 저수시설 2기 및 배수시설이 설치되어 있다. 건물지 외곽에는 간이대장간도 설치되어 있다. 100여 명의 군사가 주둔하였던 것으로 추정된다. ⓒ서울대학교박물관

시설을 설치한 후 그 위에 마사토와 점토를 깔아서 평탄하게 정지整地한다. 동시에 보루의 일정한 지점을 굴토掘土하여 저수시설이나 저장시설을 구축하며, 내부에서 나온 흙은 보루를 평탄화하는 데 사용한다. 이어 여러 기의 건물을 포함한 지상시설물들을 축조하고, 목책의 바깥쪽으로는 다시 성벽을 쌓고 목책과 성벽 사이는 마사토와 점토를 교대로 다져서 채운다.

보루 내부의 시설물로는 지상건물과 저수시설, 배수시설 등이 기본적이다. 병사들의 막사로 사용된 건물은 일부 움집 형태도 있지만 대부분은 방형

이나 장방형으로 돌과 점토를 섞어 쌓은 담장식 벽체에 맞배식 지붕을 덮은 구조이다. 대부분의 건물은 5×7m 내외의 크기이나 아차산 4보루 3호 건물지는 폭 10m, 길이 45m에 이르는 대형건물이다. 벽체의 가운데에는 문비석이 놓여 있어서 이곳에 출입문이 있었던 것을 알 수 있으며, 건물지 내부 중앙에는 보를 받치던 기둥을 세웠던 기둥구멍과 초석이 배치되어 있다. 이 건물의 내부에는 강당과 2기의 저수시설, 3기의 온돌방이 배치되어 있었다.

건물지 내부에는 온돌이 설치되어 있는데, 온돌은 방고래가 하나뿐인 이른바 '쪽구들'로서 'ㄱ' 자형과 직선형의 두 종류가 있다. 온돌은 지금의 구조와는 달리 벽난로와 같은 형태인데, 모두 외고래 형식으로 판석을 세워서 벽체를 만들고, 그 위에는 역시 납작하고 긴 판석으로 뚜껑을 덮은 뒤 짚을 섞은 흙으로 미장한 형태이다. 온돌의 아궁이는 온돌고래와 직교하는 방향으로 설치되어 있는데, 아궁이 좌우에 좁은 판석을 세우고 그 위에 기다란 이맛돌을 올려서 아궁이를 만들었다. 온돌 아궁이 가운데에는 좁고 긴 돌을 세워 아궁이에 걸린 솥의 밑바닥을 받치도록 고안하였다. 가장 규모가 큰 온돌은 'ㄱ' 자형으로 전체 고래의 길이는 9m에 이른다. 아궁이가 2개나 설치되어 있고, 아궁이 옆에는 불씨를 저장하던 곳도 있다. 이러한 형태의 온돌은 건물 벽을 따라 설치한 것으로 건물 내부의 공기를 데워주는 역할을 하였다. 이러한 구조는 평상平床에서 생활하던 고구려 사람들의 생활방식과 관련이 있다.

성곽이나 보루와 같은 방어시설에서 물의 확보는 필수적이다. 모든 내부에는 1~2기의 저수시설이 갖추어져 있다. 저수시설은 풍화암반토를 네모나게 굴토하여 만들었으며, 벽체와 바닥에는 개흙(뻘)을 채워 방수처리를 하였다. 벽체에는 통나무를 쌓아가며 개흙을 채웠다. 사용할 당시에는 통나무가 노출되어 벽체의 역할을 하였을 것으로 보인다. 홍련봉 2보루는 통나무

| 그림 5 | **아차산 4보루 3호 건물지 내부 온돌**(왼쪽, 1997) **및 복원도**(오른쪽)
아차산 4보루에서 조사된 온돌 중 가장 큰 온돌로, 아궁이가 2개이며 온돌고래의 총길이는 9m가량 된다. 오른쪽은 이를 복원해놓은 모습이다. 병사 10여 명이 기거하던 온돌방의 절반가량을 복원한 모습으로 고구려 사람들의 생활의 한 단면을 잘 보여준다. 방안에는 벽채를 따라 'ㄱ' 자로 꺾인 온돌고래가 있고, 한쪽에는 낮은 시렁 위에 저장용 큰항아리들이 놓여 있다. 2개의 아궁이에는 쇠솥이 걸려 있고, 그 위에는 뚜껑 덮은 시루가 올려져 있다. 아궁이 주변에는 여러 가지 생활용기가 정리되어 있고, 아궁이 왼쪽에는 불씨 저장소와 철제 낫이 있다. ©서울대학교박물관

대신 석재를 사용하여 벽체를 만든 저수시설이 확인되지만 개흙을 채워 방수처리한 점에서는 같은 기능을 한 것으로 보인다. 저수시설 주위로 기둥구멍을 확인할 수 있는 경우도 있어 야외에 노출된 경우에는 지붕 구조물이 있었던 것으로 보인다. 저수시설의 규모는 약간씩 차이가 있으나 저수용량은 비교적 일정한 것으로 보아 보루의 규모에 따라 확보해야 할 저수용량이 정해져 있었던 것으로 보인다.

그 외에도 보루의 특징에 따라 여러 가지 시설물이 설치되었다. 아차산 4보루와 용마산 2보루는 건물지 외곽에 간이대장간 시설이 설치되어 있어서 철기류에 대한 간단한 수리 정도는 직접 했던 것으로 추정된다. 홍련봉 2보루에서는 용도를 정확히 알 수 없는 소성燒成과 관련된 시설이 확인되었으며, 아차산 3보루에서는 단야鍛冶시설로 추정되는 시설물과 저수시설과 동일한 형태의 저장고가 확인되기도 하였다. 또한 아차산 3보루에서는 방앗간이 확인되었는데, 방아확과 볼씨가 함께 배치된 상태로 발굴되었으며, 인접

| 그림 6 | 아차산 3보루 방앗간(왼쪽, 2005) **및 안악 3호분 벽화의 방앗간**(오른쪽)
아차산 3보루 축대 아래에서 방아확과 함께 방아채를 걸었던 한 쌍의 볼씨가 발굴되었다. 357년에 축도된 황해도 안악 3호분 벽화에 묘사된 방앗간과 같은 구조의 디딜방아다. 인근의 아차산 6보루에서도 같은 구조의 방앗간이 확인되었다. 아차산의 방앗간은 6세기 전반경의 것으로 벽화의 방앗간보다는 늦지만 실물자료로는 처음 발굴된 것이다. 당시 아차산에 주둔하였던 병사들의 생활을 엿볼 수 있게 하는 중요한 자료이다. ⓒ고려대학교고고환경연구소(왼쪽), 조선유적유물도감(오른쪽)

| 그림 7 | 아차산 4보루 출토 토기류(왼쪽) **및 홍련봉 1보루 출토 연화문와당**(오른쪽)
고구려 토기는 고운 점토질의 바탕흙을 사용하였으며, 모든 토기가 납작바닥이라는 점도 특징이다. 30여 종류의 그릇이 있으며, 이 중 항아리와 시루 및 접시, 사발 등은 오늘날 우리가 사용하는 전통옹기와 유사한 모양이다. 또한 제작기법도 옹기의 그것과 유사한 것으로 밝혀지고 있어서 고구려 토기가 오늘날 우리가 사용하는 전통옹기의 원형임을 알 수 있다. ⓒ서울대학교박물관(왼쪽), 고려대학교고고환경연구소(오른쪽)

한 아차산 6보루에서도 같은 형태의 방앗간 시설물이 확인되었다. 이러한 각종 시설물들로 보아 이들 보루에 주둔한 고구려군이 다양한 기능을 수행할 수 있는 병사들로 구성되어 있었으며, 출토된 철제 농공구들은 이들이 평상시에는 농사와 같은 생업에도 종사하였음을 보여준다.

4. 출토 유물

아차산 일원의 고구려 보루에서는 많은 양의 유물이 출토되었는데, 가장 많은 양을 차지하는 것이 토기류이다. 출토된 토기류는 대략 24개 기종으로 분류되며, 용도에 따라 저장용, 조리용, 배식용, 운반용 등으로 사용된 실용기와 부장용이나 의례용으로 사용된 비非실용기로 대별되는데, 대부분 일상생활에서 사용된 실용기이다.

일반적으로 고구려 토기는 백제나 신라 및 가야의 것과는 확연히 구별된다. 고구려의 토기는 바닥이 납작하고 고운 점토로 제작한 것이 특징이다. 아차산 일대의 보루에서 출토된 고구려 토기는 주로 6세기 전반에 해당되는 것으로, 점토띠를 만들어 테쌓기 방식으로 기형을 갖춘 다음 회전대나 물레를 이용하여 토기의 표면을 매끄럽게 다듬었다. 표면 색조로는 황색, 회색, 흑색 계통이 주를 이룬다. 한강 유역의 고구려 토기는 이후 사비도읍기의 백제 토기를 비롯하여 통일신라 토기에도 영향을 미친다. 오늘날 우리가 일상생활에서 사용하고 있는 옹기 역시 고구려 토기에서 그 기원을 찾을 수 있다.

홍련봉 1보루에서는 다량의 기와와 함께 연꽃무늬 수막새 6점이 출토되었다. 6점 모두 동일한 기와틀로 제작된 것은 아니나 같은 양식에 속한다. 막새 면에는 단판연화문과 변형화판을 교대로 4판씩 배치하였다. 연판蓮瓣

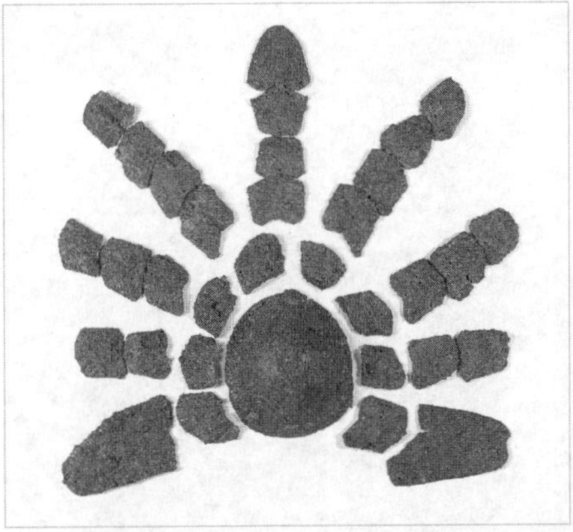

| 그림 8 | **아차산 4보루 출토 철제투구**(왼쪽) **및 마구류**(오른쪽)
정수리를 가리는 복발과 여기에 가죽으로 연결되었던 여러 매의 소찰로 이루어진 투구이다. 벽화에는 다양한 형태의 투구가 확인되는데 실물로 출토된 자료는 매우 드물다. 온돌 아궁이에 버려진 채로 출토되었다. 오른쪽은 등자와 재갈로 아차산 보루에도 기병이 있었음을 보여주는 중요한 자료이다. ©서울대학교 박물관

사이에는 8개의 삼각형 주문珠文을 도드라지게 새겼으며, 가운데 자방子房에는 2조의 돋을테를 둘렀다. 이러한 와당은 남한 지역에서는 처음 출토되는 것으로, 고구려에서 기와나 와당은 왕궁이나 사찰 및 관청 등 공공건물에만 사용된 점으로 미루어 홍련봉 1보루의 위상을 짐작하게 해준다.

토기 다음으로 많은 양을 차지하는 것이 철기류인데, 기능에 따라 무기류·마구류·농기구류·공구류·용기류 등으로 구분할 수 있다. 출토된 철제 무기류와 농공구류는 오늘날의 강철과 그 강도가 유사한 것으로 확인되어 고구려의 뛰어난 제철기술을 입증해주고 있다. 일반적으로 고구려의 무기는 공격용과 방어용으로 나뉘며, 공격용 무기는 활과 화살·칼·창을 기본으로 하고 있는데, 아차산보루에서는 이들 기본적인 무기 외에도 다양한 무기들이 출토되었다. 특히 10여 명의 병사들이 주둔하였던 구의동보루에서는 2자루의 칼과 9자루의 창, 4자루의 도끼와 함께 3천여 발의 화살이 확인되어

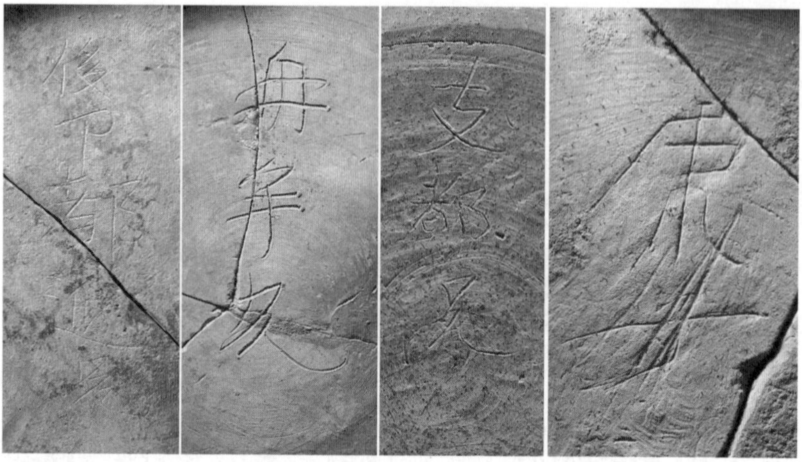

| 그림 9 | **아차산보루 출토 토기명문 각종**
아차산보루에서는 여러 종류의 문자와 부호가 새겨진 토기가 여러 점 출토되었다. 왼쪽부터 3점은 아차산 4보루에서 출토된 것으로 '후부도○형後部都○兄', '염모형冉牟兄', '지도형支都兄'으로 판독된다. 고구려에는 '형兄'으로 끝나는 관등명이 여럿 있으나 이들은 문헌기록에 보이지 않는다. 중국 집안集安 시 모두루총의 묘지에 광개토대왕 당시 북부여 수사守使를 지낸 염모冉牟라는 사람이 등장하는 것으로 보아 이들도 사람 이름과 관계된 것일 가능성이 크다. 맨 오른쪽은 홍련봉 2보루에서 출토된 것으로 경자년庚子年을 의미하며 서기 520년에 해당된다. 아차산보루의 연대를 알려주는 중요한 자료이다. ©서울대학교박물관(왼쪽부터 3장), 최종택(오른쪽)

당시 고구려군의 부대편제와 무기 보유 현황을 잘 보여준다.

아차산 일원의 보루에서 출토된 농기구로는 보습과 삽날·살포·낫 등이 있으며, 공구류로는 굴지구나 목공구로 사용된 단조철부와 끌 및 여러 종류의 정이 있다. 이들 농공구류는 기능에 따라 서로 다른 재질의 철기를 사용하였으며, 제작기법도 다양하여 발달된 고구려 제철기술을 보여준다. 농공구류 외에도 쇠솥과 철제 항아리 등의 다양한 그릇들이 출토되어 당시 최전방까지 넉넉한 물자가 보급되었음을 알 수 있다. 철제 무기나 농공구류들 뿐만 아니라 재갈과 재갈멈추개, 등자, 교구 등의 마구류도 소량 확인되고 있다. 이는 각 보루에 주둔하고 있는 고구려의 지휘관급들 정도는 말을 타고 산에 올랐음을 시사한다.

5. 연대와 기능

아차산의 보루들은 475년 백제 수도 한성 함락이라는 역사적 정황으로 보아 아차산 일원의 475년을 전후한 시점에 축조되었으며, 551년 백제가 한강 유역을 탈환할 때까지 사용된 것이 분명하다. 그러나 475년 이전에 한성의 바로 북쪽에 보루들을 축조하는 것은 불가능하므로 이 보루들은 475년 이후 어느 시점에 축조된 것으로 보아야 한다.

몽촌토성과 아차산 일원의 보루에서 출토된 고구려 토기 중 시간에 따른 형식의 변화가 잘 감지되는 나팔입항아리 등 토기류를 분석해보면 몽촌토성 출토 고구려 토기류는 5세기 후반, 아차산 일원의 고구려 토기는 6세기 전반 경으로 편년된다. 몽촌토성 서남지구에서 확인되는 고구려의 온돌건물지를 비롯한 지상건물지, 다량의 고구려 토기의 존재를 근거로 475년 이후 일정기간 몽촌토성에 고구려군이 주둔하였음을 알 수 있다.

아차산 일원의 고구려 보루는 발굴조사된 유적의 구조나 농기구와 간이대장간 등의 시설물의 존재, 출토 유물의 수량으로 보아 비교적 오랫동안 고구려군이 주둔하였던 것으로 보인다. 홍련봉 2보루에서 520년에 해당하는 '경자庚子' 명 토기편이 출토됨으로써 새로운 절대연대가 확보되었으며, 아차산보루에 대한 연대관은 더욱 명확해졌다. 이러한 연구성과에 따르면 몽촌토성 내 고구려 유적은 475년 직후 고구려에 의해 축조되어 500년을 전후한 시점까지 사용되었으며, 아차산 일원의 고구려 보루는 500년을 전후한 시점부터 551년까지 사용된 것이다.

아차산보루의 기능은 일반적으로 고구려의 한강 유역 진출 및 경영과 밀접한 관련이 있다. 아차산은 지리적으로 한강 상류에서 하류 지역으로 오는 중요한 길목에 위치하며, 중랑천과 왕숙천변을 방어하기에 적합한 위치이

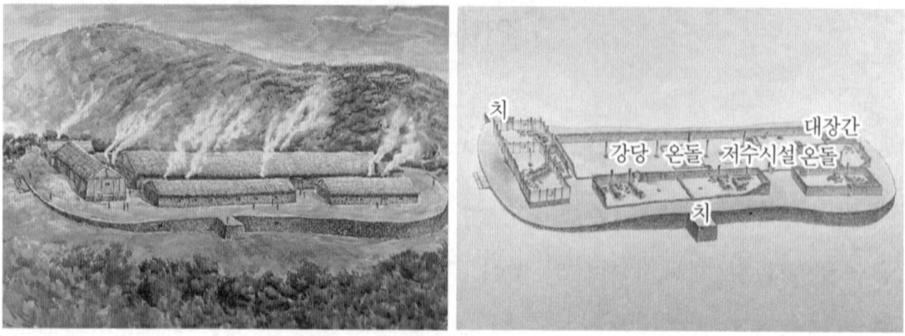

| 그림 10 | **아차산 4보루 복원 조감도**(왼쪽) **및 투시도**(오른쪽)

아차산 정상의 속칭 헬기장으로 불리는 곳에 위치한 보루를 복원한 모습으로 뒤편에는 용마산 4보루와 5보루 등 2기의 보루가 보인다(왼쪽). 둘레 256m의 성벽에는 4개의 치가 설치되어 있고, 안쪽에는 7기의 막사용 건물이 있는데, 100여 명의 군사가 주둔하였던 것으로 추정된다. 건물지 내부에는 1기 이상의 온돌과 저수시설 및 배수시설 등이 갖추어져 있는데, 가장 규모가 큰 3호 건물지에는 3기의 온돌방과 강당, 2기의 저수시설 및 배수시설 등이 갖추어져 있다(오른쪽). 이처럼 단위부대의 모습이 완벽하게 발굴된 것은 고구려 유적이 밀집한 북한이나 중국에서도 유례가 없는 것으로 함께 출토된 3천여 점의 유물과 더불어 고구려 연구에 더없이 중요한 자료가 되고 있다. ©서울대학교박물관

다. 아차산 일원의 고구려 보루들은 475년 한성 공함攻陷 직후 몽촌토성과 진천, 청원, 대전 등지로 남하하였던 고구려군이 500년 무렵 한강 북쪽으로 철수하여 구축한 것으로, 한강을 경계로 하여 중랑천변 일대를 방어하기 위해 구축한 것이다. 고구려가 백제의 한성을 함락시킨 후 어떻게 이 지역을 관리하였는지는 자세히 알 수 없다. 문헌기록과 발굴결과를 볼 때 고구려는 한강 유역에 평양과는 다른 별도로서 한성 또는 남평양을 설치하였던 것으로 추정되며, 아차산보루는 이들 도시 외곽을 방어하는 기능을 한 것으로 생각한다. 홍련봉 1보루에서는 아차산 일대의 보루 중 유일하게 기와와 와당이 출토되었다. 고구려에서는 기와의 사용이 궁궐이나 관공서, 사찰 등에 제한되었다는 기록과 관련해볼 때 홍련봉 1보루가 아차산 일원의 보루를 통괄하는 기능을 하였을 가능성이 크다. 또한 홍련봉 2보루는 보루의 구조나 출토 유물로 보아 군수물자의 생산 및 보급창고의 역할을 수행하였을 가능성이 크다. 이러한 점으로 미루어 각각의 보루들은 서로 다른 기능을 가지고

있었던 것으로 추정된다.

6. 아차산 고구려 보루 발굴의 의미

여러 정치·사회적 제약으로 그동안 고구려 고고학 연구는 부진을 면치 못했었다. 특히 남한 지역에서는 자료의 부재로 연구 자체가 불가능한 정도였다. 아차산 고구려 보루의 발굴은 남한 지역에서 고구려 고고학 연구의 시발점이 되었다. 이를 계기로 경기도 양주, 임진강 유역, 충북 진천과 청원, 대전 등지에서 고구려 유적조사가 이루어지고 있으며, 최근에는 용인, 판교, 동탄 등 경기도 지역과 충주에서 5세기 후반으로 추정되는 고구려고분이 조사되고 있고, 강원도 지역에서 고구려 토기의 출토가 보고되고 있다.

이제까지 북한과 중국에서 많은 고구려 성곽이 발굴되었다. 그러나 아차산 보루처럼 전면 발굴을 통해 전모가 드러난 유적은 드물다. 변방에 위치한 소규모 보루라는 한계가 있음에도 이로써 고구려 방어시설의 구조를 명확히 밝혀낼 수 있었던 것은 커다란 수확이라 할 수 있다. 또한 발굴을 통해서 많은 유물이 출토되었다. 토기의 경우에는 지금까지 북한이나 중국에서 발굴하여 보고한 수량에 버금가는 양의 유물이 보고되었다. 10여 년간 상당한 분석이 이루어져서 고구려 토기의 제작기법 등 기본적인 특징과 변천과정 등에 대한 상세한 연구가 이루어졌다.

아차산보루 발굴을 통해서 고구려군의 편제에 대해서도 새로운 사실을 밝혀낼 수 있었다. 문헌기록에 따르면 4~5세기 고구려는 보병과 기병으로 구성된 3만~5만 명의 병력을 동원하였음을 알 수 있으나 더 자세한 편제에 대해서는 알기 어려웠다. 그런데 아차산보루를 발굴함으로써 이에 대한 새로운 분석이 이루어지게 되었다. 551년 백제군의 기습으로 전멸당한 것으로

| **그림 11** | **구의동보루 철솥 출토 상황**(왼쪽, 1977) **및 복원된 철솥과 시루**(오른쪽)
구의동보루는 불에 타서 폐기되었는데, 온돌 아궁이에 철솥과 철호가 걸려 있었으며 많은 양의 토기와 철제 무기가 고스란히 남아 있었다. 이는 다른 보루에서는 완전한 형태의 철솥이 한 점도 출토되지 않는 점과 대조적이다. 구의동보루를 제외하고는 불에 타서 폐기된 유적도 없다. 이런 상황으로 미루어 한강변에 인접한 작은 초소의 성격인 구의동보루에 있던 병사들은 551년 가을 백제군의 기습으로 전멸하였으며, 아차산보루의 병사들은 철솥과 무기를 거두고 철수한 것으로 해석할 수 있다. 또한 구의동보루에서 출토된 무기류의 수를 통해 10여 명의 병사가 주둔했던 것도 알게 되었다. ⓒ서울대학교박물관

파악되는 구의동보루는 여기서 발굴된 유물 분석에 따르면 10여 명의 군사가 주둔하고 있었다. 개별 병사는 모두 창을 소지하고 있었는데, 이 중 지휘관급 2명은 칼도 함께 소지하고 있었다. 또 병사 1인당 300발 정도의 화살을 보유하고 있었으며, 근접전에서 적의 갑옷과 투구를 격파하는 데 사용된 도끼 4자루는 부대원이 공동으로 사용한 것으로 보인다. 아차산 4보루에는 구의동보루와 같은 규모의 온돌이 있는 건물이 10기 있으므로 100명의 군사가 주둔하였음을 알 수 있으며, 이보다 작은 보루에는 50명의 병사가 주둔하였던 것으로 추정된다. 이는 고구려군의 부대가 10명, 50명, 100명 단위의 부대로 구성되어 있었음을 보여주는 것이다. 아차산 일원에는 20여 기의 보루가 있으므로 대략 2천여 명의 병사들이 상주하고 있었음도 알 수 있게 되었다.

주지하듯 삼국은 한강 유역을 놓고 치열한 각축을 벌였으며, 이는 문헌기록을 통해 어느 정도 사실이 밝혀지고 있다. 그러나 기록이 소략하고 곳곳에 모순된 내용이 있어서 475년 한성 함락 이후부터 551년 백제의 한성 회복에 이르는 동안의 상황은 상당 부분 베일 속에 가려 있었다. 이제 아차산 고구려 보루의 발굴과 지난 10여 년간의 연구를 통해 당시의 상황을 어렴풋이나마 그려볼 수 있게 되었다.

문헌기록과 그간의 연구성과를 종합해 당시 상황을 재구성해볼 수 있다. 서기 475년 장수왕이 이끄는 3만의 고구려군은 7일간의 공격으로 북성(풍납토성)을 함락하고, 남성(몽촌토성)으로 피신했던 백제의 개로왕을 사로잡아 아차성(아차산성) 아래에서 죽인다. 장수왕은 남녀 포로 8천 명을 잡아 돌아가지만 고구려 부대 중 일부는 몽촌토성에 주둔하면서 남진을 시도하여 진천의 대모산성, 청원의 남성골산성을 거쳐 대전까지 진출한다. 그 후 웅진으로 천도한 백제가 동성왕 대에 다시 전열을 정비하여 한강 유역으로 북상해 옴에 따라 500년 무렵에 고구려군은 몽촌토성을 버리고 한강을 경계로 아차산 일원에 보루를 구축한다. 한강을 경계로 대치하던 고구려군은 551년 백제군의 공격으로 한강 유역에서 철수한다.

이상에서 최근 10여 년간 아차산 일원에서 이루어진 발굴조사와 연구성과 중 중요한 내용을 간추려보았다. 이들 유적은 남한에서 처음으로 발굴된 고구려 유적으로 학술적인 면에서 고구려 고고학 연구에 새로운 전기를 마련하였다. 그동안 남북분단이라는 정치적인 상황 때문에 고구려에 대한 연구는 북한을 중심으로 이루어질 수밖에 없었다. 중국에 대한 여행이 자유로워지면서 중국에서의 고구려 연구도 일부 시도되었지만 자료에 대한 접근에는 한계가 있었다. 특히 최근 중국이 '동북공정'이라는 국가적 사업의 일환으로 고구려사를 중국사라고 왜곡하고 있는 현실에서 아차산 고구려 유적이

가지는 중요성은 다시 말할 필요도 없다. 아차산 일대의 고구려 보루의 발굴 성과는 북한의 개설서에도 반영될 정도로 관심이 높으며, 앞으로 남북 간의 학술교류에서도 중요한 역할을 할 것이다.

이처럼 중요한 고구려 유적이 아차산에 밀집분포해 있다. 그러나 대부분의 유적이 등산로 개설과 군사시설 및 체육시설의 설치로 훼손되고 있다. 발굴된 유적을 포함한 아차산 일원의 고구려 유적을 묶어 사적공원으로 만들고, 현장을 정비하여 답사코스를 개발하며, 기념관과 박물관을 설치하는 등 종합적인 발굴 및 보존·활용대책의 수립이 절실히 필요하다. 이미 정비를 마친 한강 남안의 백제 유적지들과 연계하여 한강을 중심으로 하는 고구려·백제 수학여행 코스 개발도 고려해볼 만하다.

내가 읽고 싶은 '한국사'

복거일

1. 한국사학에 바라는 것

역사학은 과거를 다룬다. 과거는 존재한 모든 것들을 뜻한다. 사람에 관련된 것으로 좁혀도, 과거는 이제까지 살았던 모든 사람들의 삶을 포함한다. 그래서 역사학을 충분히 넓게 정의하면, 이 세상에서 역사학의 범위에서 벗어나는 것은 없다. 그런 뜻에서 역사학은 궁극적 학문이다.

역사학의 범위가 그렇게 넓다는 사정은 역사학이 방법론을 정립하기 어렵다는 함의를 품는다. 포퍼Karl Popper가 지적한 대로, 지금 역사학은 자신의 방법론을 지니지 못한 채 다른 학문들에서 빌려오거나 사소하고 피상적인

卜鉅一 소설가, 사회평론가.
저서로 장편소설 『비명을 찾아서』(문학과지성사, 1987), 역사평론집 『죽은 자들을 위한 변호: 21세기의 친일문제』(알음, 2003) 등이 있다.

설명에 의존할 수밖에 없다. 외부 사람들에게 역사학의 부족함으로 비치는 것들이 실은 그런 방법론적 어려움에서 나왔을 수도 있다.

내게 주어진 주제는 '한국사학에 바란다' 지만, 사정이 그러하므로, 나로선 무척 조심스러울 수밖에 없다. 역사학을 전공하지 않는 사람들이 모르는 여러 가지 현실적 및 방법론적 문제들이 있을 터이기 때문이다. 대신 내가 읽고 싶은 한국사 개설서의 모습을 제시함으로써, 한국사를 대하면서 아쉬웠던 점들을 드러내고자 한다.

2. 보다 너른 맥락 속의 한반도 역사

한국사 개설서를 읽을 때, 먼저 받는 느낌은 한국 사람들의 역사가 나머지 인류의 역사와 너무 단절되었다는 것이다. 한국 사람들의 삶은 인류 전체의 삶의 한 부분이고, 자연히, 인류문명의 맥락에 놓여야 비로소 뜻이 제대로 드러난다. 그러나 지금까지 나온 한국사 개설서들은 그렇게 한국 사람들의 삶을 인류문명의 맥락에서 설명하려는 노력을 거의 보이지 않았다.

한국에서 일어난 일들은 적어도 동아시아의 맥락에서 살펴야 뜻이 온전히 드러날 수 있다. 한국사회에서 나온 중요한 변화들 가운데 한국사회의 내생적 동력에 의해 나온 것들은 드물다. 한국사회가 문명의 변두리에 자리 잡았고 상대적으로 작았으므로, 한국 사람들의 삶에 큰 영향을 미친 사건들은 거의 다 외생적 요인들에 의해 생겨났다. 고대부터 개항기까지는, 한국사회는 크고 앞선 중국으로부터 정치적 및 지적 영향을 크게 그리고 지속적으로 받았다. 개항 뒤에는 유럽문명의 영향이 압도적이었다. 따라서 한국사는 세계를, 적어도 동아시아를, 포함하는 큰 그림 속에서 제대로 기술될 수 있다. 아쉽게도, 개설서들이 그렇게 큰 그림을 보여주는 경우는 드물다.

가장 뛰어난 개설서로 꼽히는 이기백 선생의 『한국사신론』(개정판, 1976)도 예외가 아니다. 『한국사신론』은 한국사학의 전통을 개관한 '서장' 다음 제1장에서 '원시공동체 사회'를 다루었다. 거기서 처음 나오는 것은 한반도의 구석기시대인데, 대략 3만 년 전의 일로 추측된다. 이어 신석기시대가 다루어졌다. 그 이전의 얘기는 없다. 이처럼 소략한 설명만으로 석기시대의 삶을 이해하기는 어렵다.

지구에 생명체가 처음 나타난 것은 대략 40억 년 전으로 추정된다. 인류가 침팬지로부터 갈라져 독립된 종으로 분화한 것은 대략 400만 년에서 700만 년 전으로 추정된다. 현생인류는 대략 20만 년 전의 동아프리카에서 나타났다고 여겨진다. 이런 진화과정에 대한 개략적 설명은 그 뒤의 인류역사를 이해하는 데 꼭 필요하다.

현생인류는 발생지인 동아프리카에서 나와 온 세계로 퍼졌다. 4만 년에서 5만 년 전에 여러 차례에 걸쳐 유라시아 대륙으로 이주했고 뒤에 다른 모든 대륙들로 퍼졌다. 이들이 이동한 경로들에 대한 지식은 근년에 상당히 정확해졌다. 그런 지식은 원시인들이 한반도에 정착한 과정과 그들이 지닌 문화를 짐작하는 데 도움이 된다.

지금 유라시아 대륙의 대부분에서 쓰이는 언어들은 1만 5천 년 전경에 살았던 종족인 '노스트라트인(Nostrats)'의 언어 '노스트라틱 언어(Nostratic language)'에서 파생되었다는 이론이 널리 받아들여진다. 이 원시언어의 구성은 학자마다 상당히 다르다. 그러나 가장 큰 갈래는 '유라시아틱Eurasiatic'이라는 데에는 모두 동의한다. 유라시아틱에는 다시 세 갈래가 있다. 가장 큰 갈래는 '인도-유럽어족(Indo-European)'으로 유럽의 모든 언어들이 여기 속하는데, 힌디어와 그것의 조상어인 산스크리트어도 여기 속한다. '우랄어족(Uralic)'은 마자르어와 핀란드어가 중심이고, '알타이어족(Altaic)'은 한국어를 포함한다. 언어고고학의 성과와 한반도 고고학의 성과가 합쳐지면, 한반도에 들어온 고대 사람들의 정체가 더욱 또렷해질 터이다.

해외에 널리 소개된 한우근 선생의 개설서『The History of Korea』(1970)도 사정이 비슷하다. 그 책의 제1장 'Primitive Society'는 "사람들이 처음 한국에 이른 때는 아직 확정되지 않았다The date at which human beings first came to Korea has not yet been determined"는 문장으로 시작된다. 그리고 후기 구석기시대인 3만 년 전에는 분명히 한반도에 사람들이 살았다는 설명을 내놓는다. 좀 느닷없다는 느낌이 들 수밖에 없다. '그 사람들은 어디서 왔는가?'라는 자연스러운 물음에 대한 답은 마련되지 않았다.

개설서의 해설만으로는 그들이 지녔던 문화도 이해하기 어렵다. 인류문명은 약 5만 년 전부터 빠르게 발전하기 시작했다. 그리고 13,000년 전부터 혁명적 발전을 보였다. 현생인류의 출현과 인류문명에 대한 얘기가 애초에 없었으므로, 석기시대의 의미와 그 석기들을 사용한 사람들의 문화를 제대로 보여주기 어렵다. 구석기시대와 신석기시대 사이의 큰 차이도 느끼기 어렵다. 근년에 인류의 출현과 원시시대의 삶에 관한 지식이 빠르게 늘어났다. 그런 지식을 소개한다면, 한반도의 석기시대의 모습을 더욱 잘 드러낼 수 있을 것이다.

3. 동아시아 속의 한반도

더욱 너른 맥락으로부터의 단절이라는 문제는 한반도 역사와 직접적으로 관련된 동아시아의 역사에서도 그리 크게 줄어들지 않는다. 어느 사회에서나 변화의 주요 동력은 내생적 요인들이다. 그러나 아무리 크고 자족적인 사회라도 외부의 영향으로부터 자유로울 수는 없다. 자연히, 외부의 영향이 내생적 요인들에 어떻게 영향을 미쳐서 사회적 변화를 낳았는가를 살피는 일이 긴요하다. 한반도의 지리적 위치와 문명사적 지위 때문에, 한반도의 역사를 쓸 때는 맥락의 단절이 유난히 큰 문제를 낳는다.

이 점은 한반도의 첫 국가인 고조선에 대한 기술에서부터 드러난다. 고조선은 처음부터 전국시대의 강력한 제후국인 연燕과 대립했고, 기원전 4세기 말엽 연이 강성해지면서, 차츰 서쪽 영역으로부터 물러났다. 이어 고조선 안으로 이주해온 한인漢人들이 강대한 세력을 이루어 위만조선왕조가 세워졌다. 마침내 기원전 108년에 한漢 제국에 의해 정복되어, 고조선의 옛 땅엔 한의 식민지들인 4군이 세워졌다.

300년이 넘는 그 기간 중국에서는 혁명적 변화가 있었다. 느슨한 봉건국가인 주周가 쇠퇴하고 제후국들이 발흥해서 서로 다툰 춘추전국시대는 중국의 고대문명이 절정에 이른 시기였다. 거기서 나온 물질적 역량과 제국주의 사조가 진秦·한漢 제국의 대외 확장정책을 낳았다. 그런 중국사회의 발전을 배경지식으로 지녀야, 고조선의 운명을 제대로 읽을 수 있다. 아쉽게도, 우리 개설서에는 그런 배경지식이 너무 소략해서, 독자들이 너른 맥락에서 고조선의 흥망을 이해하기 어렵다. 변화에 적응하면서 위기들을 잘 넘기던 고조선이 갑자기 멸망해서 재기하지 못하고 400년 동안 중국의 식민지가 된 사정을 이해하기 어렵다.

그 뒤로 이웃나라들과의 교섭은 한국사회의 운명에 결정적 영향을 미친 변수였다. 특히, 중국대륙의 패권국가가 쇠퇴하고 내륙 초원 지역의 유목민족이 갑자기 발흥해서 국제정치적 구도가 흔들리면, 한국사회는 어김없이 큰 위기를 맞았다. 그런 지정학적 구도에 대한 상세한 설명은 한반도 역사의 이해에 큰 도움이 될 것이다.

4. 지식에 대한 관심

한국사 개설서들에서 내가 아쉬움을 느끼는 또 하나의 부분은 지식에 대한 관심과 설명의 부족이다. 지식의 근본적 중요성에 대해서 모두 잘 알지만, 개설서들에서 한국사회의 지식에 관한 지식을 얻기는 쉽지 않고, 자연히, 한국사회가 진화한 과정을 이해하기도 힘들다. 한국사회가 늘 문명권의 변두리에 자리 잡아서 지식을 문명의 중심부로부터 받아들였으므로, 지식의 유입에 대한 상세한 설명은 한국역사의 이해에서 결정적 중요성을 지닌다. 안타깝게도, 문명의 중심부로부터 들어온 지식이 내재화되어서 한국사회를 바꾸는 동력이 되는 과정에 대한 설명은 너무 소략하다. 자연히, 역사의 기술이 주요 사건들의 나열을 넘어서기 어렵다.

이 점은 맨 먼저 낙랑에 대한 의도적 소홀함에서 괴롭도록 뚜렷이 드러난다. 한이 세운 식민정권인 낙랑군은 기원전 108년부터 기원후 313년까지 400년 넘게 한반도 중심부에 존속했다. 먼 대륙의 식민정권이 이처럼 오래 존속했다는 사실 자체가 많은 것들을 시사해준다.

낙랑의 긴 역사가 말해주는 얘기들 가운데 가장 두드러진 것은 중국 중심부와 한반도 사이에 존재했던 지식의 격차가 무척 컸다는 사실이다. 지식의 격차가 크지 않았다면, 식민정권이 그렇게 오래 존속할 수 없었을 것이다. 이런 사실은 그 기간에 한국에 유입된 지식의 양이 무척 많았으리라는 것을 가리킨다. 자연히, 한반도 주민들의 삶은 낙랑군의 수도인 평양을 중심으로 이루어졌을 것이다. 아울러, 완전한 고대국가의 모습을 갖춘 삼국의 갑작스러운 출현도 낙랑을 통해서 중국의 발전된 사회적 기술(social technology)이, 즉 국가를 조직하고 통치하는 갖가지 제도들이, 들어와서 퍼졌다는 점을 고려해야 제대로 설명이 된다.

그러나 개설서들은 낙랑을 너무 소략하게 다루었다. 『한국사신론』의 경우, 본문이 450여 쪽인 책에서 낙랑에 할애된 것은 겨우 3쪽이다. 400년 넘게 한반도의 중심국가였던 존재에 대해 1%도 안 되는 지면을 배정한 것이다. 『The History of Korea』의 경우도 비슷하니, 500쪽이 넘는 책에서 낙랑에 할애된 것은 5쪽이 채 못 된다.

중국이 처음으로 이룬 제국인 진·한 제국의 발전된 문명은 낙랑을 통해서 한반도에 처음으로 효율적으로 들어왔다. 그리고 그 지식들이 그 뒤 줄곧 한국사회와 문화의 틀을 이루었다. 물론 한반도 원주민들의 삶에도 긍정적 영향을 미쳤을 것이다. 낙랑의 역할에 대한 의도적 외면은 낙랑을 멸망시킨 고구려의 출현을 너무 갑작스럽게 만든다. 중국대륙의 한 제국이 점차 쇠락해도 번영하던 낙랑을 문득 무너뜨린 고구려의 출현은 분명히 낙랑을 통해 들어와서 퍼진 중국문명에 힘을 입었을 터이다. 그러나 낙랑의 역할에 대한 기술이 없으니, 고구려가 자라난 과정을 설명하는 일은 어려울 수밖에 없다.

5. 지식의 관점에서 본 일본의 역할

지식에 대한 관심의 부족은 일본의 식민통치에 대한 기술에서 더욱 두드러진다. 일본은 동아시아의 여러 나라들 가운데 가장 먼저 유럽문명을 받아들였다. 그리고 근대화에 성공해서 선진국의 반열에 오른 유일한 나라가 되었다. 이 과정에서 일본은 유럽문명의 우월한 지식이 동아시아로 들어오는 도관導管 노릇을 했다. 일본은 우월한 지식을 흡수해서 그것을 자신의 전통과 처지에 더욱 잘 맞는 형태로 바꾸었다. 그리고 일본에 의해 그렇게 적응된 지식은 또한 다른 동아시아 국가들에게도 원래 지식보다 잘 맞았고 그래서 그들에 의해 훨씬 쉽게 흡수되었다.

이 점은 한자에 바탕을 두고 조어造語를 했던 나라들에서, 즉 중국과 일본 그리고 조선에서, 추상적 단어들이 대부분 일본 학자들에 의한 유럽 개념들의 번역을 통해서 나왔다는 사실에서 잘 드러난다. 더욱 너른 맥락에서, 18세기 전반 현명한 쇼군 도쿠가와 요시무네德川吉宗의 치세에 일본인 '난학자蘭學者'들에 의한 서양서적들의 번역과 그에 따른 조어활동은 7세기 당唐 제국의 중국인 불교학자들에 의한 불경의 번역과 그에 따른 조어활동 이래 동아시아에서 가장 중요한 문화적 사건이었다는 주장도 성립된다.

놀랍게도, 두 세기 넘게 지난 지금도 일본은 서양의 지식을 이 지역에 들여오는 도관 역할을 하고 있다. 서양의 과학과 기술은 대체로 일본을 통해서 동아시아로 들어온다. 일본은 최신 기술을 먼저 흡수해서 그것을 바꾸고 개선한다. 일본사회에 맞게 변형된 그런 기술은 다른 동아시아 국가들에게도 훨씬 다루기 쉽고 효율적이므로, 그들은 원래의 서양기술보다 일본의 기술을 선호한다. 그래서 일본은 도관 역할을 계속한다. 한국의 거대하고 줄곧 늘어나는 대일본 무역적자는 이 사실을 증명한다. 기술을 찾는 한국기업들에게는 일본기업들은 발전된 기술의 편리한 원천이다. 중국기업들도 마찬가지인데, 발전에서의 격차 때문에 드물지 않게 중국기업들은 한국기업들이 적응시키고 개선한 기술을 선호한다는 점만이 다르다.

이것은 일본이 동아시아에 한 큰 공헌이다. 유럽문명의 우월한 지식을 흡수하고 적용하는 일과 자신을 봉건적 국가에서 현대적 국가로 바꾸는 일에서 성공함으로써, 일본은 이 지역의 다른 나라들의 현대화에 공헌했다. 그리고 그런 공헌은 아직도 이어지며 예측 가능한 미래에도 그러할 것이다.

이렇게 보면, 동아시아 현대사의 근본적 조건은 가파른 지식의 물매를 타고 유럽문명의 우월한 지식이 들어온 것이었으며 일본의 공헌과 침략은 그것의 이차적 효과들이었다. 한번 이 사실이 받아들여지면, 일본의 침략은 종래의 평가와는 미묘하게 다른 뜻을 지닌다. 두 문명들 사이에 지식 수준에서 격차가 있으면, 그런 격차는 우월한 문명의 지식을 열등한 문명으로 밀어넣는 압력으로 작용하고 그런 압력은 대체로 평형이 나올 때까지 존재할 것이다.

19세기 동아시아의 경우, 지식들 사이의 격차가 컸으므로, 압력도 컸고 유럽지식의 유입과정도 어쩔 수 없이 폭력적이었다. 그리고 일본의 침략은 그런 폭력적 과정의 한 부분이었다. 일본의 침략이 나오지 않았더라도, 그 과정은 여전히 폭력적이었을 터이며, 아마도 유럽강국에 의한 이 지역의 상당 부분의 군사적 정복이라는 형태를 했을 것이다. 우리는 19세기에 유럽의 강국들이 동아시아에서 영토와 이권을 차지하기 위해 무력을 사용하기를 조금도 꺼리지 않았다는 사실을 떠올려야 한다. 좀 거칠게 말하면, 러일전쟁에서 일본이 승리함으로써, 확장주의적 러시아의 역할이 확장주의적 일본의 그것으로 바뀌었을 따름이다. 그래서 폭력의 총량은 대체로 비슷했으리라는 추측은 비합리적이 아니다.

이런 현상에 대해 지구의 열평형(thermal equilibrium)은 적절한 유추를 제공할 것이다. 태풍은 지구 위에서 가장 폭력적인 물리적 현상들 가운데 하나며 인류에게 큰 피해를 준다. 그것의 폭력성은 열대와 극지역들 사이의 열이 평형을 이루지 못한 데서 나온다. 열대는 극지역들보다 햇볕을 훨씬 많이 받으므로, 그 두 지역들 사이에는 큰 열불평형이 존재한다. 태풍은 그렇게 큰 열불평형이 바로잡히는 과정들 가운데 하나다. 열불평형이 큰 한, 태풍은 있을 것이다. 태풍은 그것의 진로에 있는 사람들에겐 재앙이다. 그러나 태풍들이 없다면, 지구는 살기에 덜 적당한 곳일 터이다.

일본의 현대화는 태풍이었다. 그것은 유럽문명과 동아시아 문명 사이에 있던 지식의 큰 불균형에서 나왔다. 그래서 그것은 폭력적일 수밖에 없었다. 그리고 그런 폭력성에서 일본 사람들을 포함한 동아시아 사람들이 많은 괴로움을 겪었다. 그러나 우리는 그것의 폭력성이 그것의 원인들이나 궁극적으로 좋은 효과들에 대해 우리 눈길을 가리지 않도록 해야 한다.

위의 진술은 물론 일본의 침략을 정당화하지 않는다. 일본의 무단침략과 약탈적 일본군대와 모리배들에 의해 저질러진 만행들은 무엇으로도 정당화될 수 없다. 그리고 그들의 죄에 대한 엄한 판결은 어떤 식으로도 도전 받을 수 없다. 위의 진술은 일본의 침략은 일본의 현대화의 한 측면이었고 일본의 현대화 자체도 두 문명들 사이의 지식의 불균형이 차츰 줄어드는 과정의 한 부분이었음을 가리킬 따름이다.

6. 일본에 대한 이해의 부족

지식에 대한 관심의 부족은 유럽문명이 동아시아와 한반도에 들어오는 과정에서 일본이 성공적으로 수행한 도관의 역할에 대한 이해의 부족과 외면을 낳았다. 그리고 그런 이해의 부족과 외면은 여러 면으로 한반도의 역사에 대한 기술을 부족하고 뒤틀리게 만들었다.

첫째, 일본이 성공적으로 근대화를 이룬 요인들에 대한 관심과 연구의 부족을 불렀다. 지금까지 유럽문명을 받아들여 근대화를 이루어 선진국의 반열에 오른 나라는 일본뿐이다. 따라서 일본의 경험은 모든 뒤진 나라들에 대해 교훈적이고, 조건들이 아주 비슷했던 동아시아 나라들에게는 특히 쓸모가 크다. 그러나 일본이 침략적 확대정책으로 동아시아의 나라들에 워낙 참혹한 해를 입혔으므로, 역사가들은 자연스럽게 일본의 무도한 행태에 초점을 맞추었고, 일본의 경험에서 배우려는 노력은 나오기 어려웠다. 그래서 사회발전을 위한 논의들에서 일본의 역사를 전공한 역사학자들이 기여할 수 있는 것은 결코 작지 않았다. 불행하게도, 그들의 공헌은 아주 작거나 부정적이었다.

둘째, 일본의 식민통치 기간에 한국사회가 자라나고 이룬 것들에 대한 이해의 부족을 불렀다. 한국사회는 일본의 통치를 받으면서, 유럽의 문명을 받아들여 근대사회로 진화했다. 1870년대에 처음 개항했을 때, 한국사회는 중세사회였다. 1948년 대한민국이 섰을 때, 한국사회는 이미 근대화를 성공적으로 치른 사회였다. 안타깝게도, 우리 역사학계에는 일본의 통치 아래서 한국사회가 크게 발전했다는 사실을 인정하려 하지 않는 조류가 거셌다. 그래서 한국사회가 20세기 전반에 빠르게 진화해온 과정에 대한 지식이 거의 없다.

경제사가들은 식민지의 경험이 독립국가의 모습에 결정적 영향을 미치며 그런 영향은 아주 오래 간다는 것을 밝혀냈다. 우리 경우에도 일본 식민지 시기의 사회구조와 제도가 기본적 틀을 이루었고 그런 틀은 지금도 도처에서 쉽게 찾을 수 있다. 우리가 우리 사회의 구조와 움직임을 잘 이해하려면, 그래서 일본의 통치를 받았던 시기에 마련된 제도들을 잘 이해해야 한다. 아쉽게도, 그런 지식은 거의 없다.

셋째, 한반도의 역사가 주로 일본의 폭력적 행태를 기술하고 일본이 유럽 문명의 도관 노릇을 한 사정을 놓치다 보니, 한국사회는 내생적 동인을 지니지 못하고 그저 외부의 영향에 휘둘리고 착취당하는 존재로 기술되었다. 그러나 일본의 통치를 받았던 시기에도 한국사회는 빠르게 진화했고 덕분에 근대사회로 발전했다. 그런 진화와 발전은 물론 일본을 통해 받아들인 유럽 문명의 우월한 지식에 크게 힘입었다. 그런 지식을 받아들여 한국사회가 진화했고 발전했다는 사실이 중요한 것이다. 그 지식이 유럽에서 나왔고 그것의 유입에 일본의 식민 당국이 주도적 역할을 했다는 사정은 부차적 중요성을 지닐 따름이다. 한국사회가 유럽문명의 지식을 받아들여 근대화를 성공적으로 이룬 이 시기의 역사를 '일제의 조선수탈사'로 한정하는 것은 역사의 왜곡일뿐더러 한국사학이 우리 사회의 발전에 실질적으로 기여할 기회를 없애는 일이다.

7. 민족주의로부터 자유로운 역사학

인류역사에서 아주 작은 부분을 따로 떼어내어 독립된 주제로 다루면, 어쩔 수 없이 갖가지 형태의 변형이 나온다. 위에서 지적한 너른 맥락으로부터의 단절과 지식에 대한 소홀이라는 문제들도 본질적으로 한반도의 역사만을 따로 다루는 데서 나온 변형에 속한다.

다른 편으로는, 그런 변형에는 우리 역사학자들이 자신들의 민족주의적 정서를 역사의 해석과 기술에 투사해서 나온 부분도 작지 않다. 나로서는, 역사학자들의 노력으로 충분히 극복될 수 있는 문제라는 점에서, 이것이 가장 문제적이라고 생각한다. 학자의 책무는 사실의 기술이지 자신의 이념에 충실하게 복무하는 것이 아니다. 민족주의가 아무리 자연스럽고 강력하다 하더라도, '민족주의 사관'은 본질적으로 그르고 궁극적으로 모든 이에게 해롭다.

우리가 일본의 식민통치 아래서 민족적 차별과 압제를 받았을 때, 민족주의는 자연스러울 뿐 아니라 정당한 이념이었다. 그런 상황에서는 우리가 따라야 할 자유민주주의가 민족주의의 모습을 할 수밖에 없었다. 이제 자유민주주의는 민족주의의 도움을 받을 필요가 없다. 세계화와 다문화의 시대에선 민족주의는 실은 자유민주주의를 구현하는 데 드물지 않게 장애로 작용한다. 민족주의는 원숙한 심적 상태는 못 되므로, 그것에 매이면, 무엇이든 한계를 지니게 된다. 언젠가는 민족주의에서 자유로운, 원숙한 개설서가 나오기를 기대해본다.

영산강유역 장고분의 정체

임영진

1. 머리말

장고분은 5세기 말에서 6세기 중엽 사이에 영산강 유역을 중심으로 축조되었던 독특한 무덤이다. 장고분은 그 형태에 있어 우리의 전통적인 고분과

林永珍 전남대학교 인류학과 교수.
저서로 『몽촌토성』(송파문화원, 2001), 『백제의 영역변천』(주류성, 2006) 등이 있으며, 논문으로는 「한국 수혈주거지 소고」(『백산학보』, 1984), 「고구려 · 백제」(『한국고고학보』, 1988), 「백제초기 한성시대 고분연구」(『한국고고학보』, 1993), 「마한의 형성과 변천에 대한 고고학적 고찰」(『한국고대사연구』, 1995), 「전남지역 석실분의 백제계통론 재고」(『호남고고학보』, 1997), 「영산강유역권의 분구묘와 그 전개」(『호남고고학보』, 2002), 「백제식 적석총의 발생 배경과 의미」(『한국상고사학보』, 2007), 「마한분구묘와 오월토돈묘의 비교 검토」(『중국사연구』, 2007) 등이 있다.

* 이 글은 『백제의 건축과 토목』(백제문화사대계 연구총서 15, 충청남도역사문화연구원, 2007)에 수록된 「장고분(전방후원형고분)」을 토대로 작성된 것이며 인용 및 참고문헌은 생략하였다.

는 크게 다르기 때문에 그동안 무덤이라는 사실을 인식하지 못하다가 1980년대 초부터 확인되기 시작하여 지금까지 14기가 알려져 있다. 장고분은 고대 일본에서 성행하였던 전방후원분前方後圓墳과 동일한 외형을 가지고 있는데 바로 그 이유 때문에 첫 확인 당시부터 많은 사람들의 관심을 끌었으며 계속해서 적지 않은 논쟁을 불러일으키고 있다.

한국에도 일본의 전방후원분과 유사한 고분이 존재할 가능성이 있다는 견해는 간헐적으로 제기되어 오다가 1983년에 영남대학교에 근무하던 강인구 교수에 의해 획기적인 견해가 발표되었다. 한국에도 일본의 전방후원분과 동일한 고분들이 상당수 존재하며 이 고분들이 일본 전방후원분의 기원이 되었다는 내용이었다. 이에 대해 한일 간에 긍정론과 부정론이 교차하면서 본격적인 논란이 벌어지기 시작하였는데, 지목된 고분들 가운데 일부는 후대의 변형으로 인해 그렇게 오인된 것임이 밝혀지는 한편 전형적인 장고분들이 새로이 확인되었다.

지금까지 알려진 한국의 장고분은 일본의 전방후원분과 구조가 동일하지만 필자가 전방후원분이라는 일본의 명칭 대신 장고분이라는 새로운 명칭을 쓰는 데는 분명한 이유가 있다. 전방후원분이라 함은 국제적으로 고대 일본의 야마토大和정권을 상징하는 것으로 인식되어 왔으며 '전방후원분 체계'는 고분의 형태, 규모, 매장주체시설, 부장품 등에 따라 야마토정권의 위계관계를 파악하는 고고학적인 해석틀로 사용되어 왔다. 당시 영산강 유역이 야마토정권의 지배 아래 있었다면 일본의 명칭을 그대로 따라야 하겠지만 후술하다시피 모든 상황을 고려해보아도 그러했을 가능성은 없다. 이와 같은 상황에서 영산강 유역의 이 고분들에 대해 전방후원분이라는 용어를 사용한다면 우리 스스로 야마토정권의 '전방후원분 체계'를 수용하는 것이 되며, 국제적으로 영산강 유역의 역사적 정체성에 큰 오해를 불러일으키게 된다. 필자는 이러한 문제 때문에 새로운 용어가 필요하다고 보았는데, 이러한 고분들이 전통악기인 장고를 닮았다고 해서 오래 전부터 현지에서 장고산, 장고봉, 장고촌 등으로 불려왔으므로 이를 취해서 장고분이라 부르는 것이다.

일본의 전방후원분은 3세기 중엽경에 시작되어 7세기 중엽에 소멸되기까지 전국적으로 6,000여 기가 축조된 데 비해 한국의 장고분은 5세기 말부터 6세기 중엽까지 10여 기가 축조되었을 뿐이다. 따라서 영산강 유역 장고분에 대한 현재까지의 논의는 이 고분이 일본의 전방후원분에 기원을 둔 것이라는 전제 아래 그 피장자가 누구이며 어떠한 배경에서 영산강 유역에 축조되었느냐 하는 데 집중되어 있다. 이 글 역시 그러한 문제를 중심으로 영산강 유역 장고분의 정체를 파악해보는 데 주안점을 두도록 하겠다.

2. 장고분의 분포

지금까지 확인된 14기의 장고분은 1991년 영암 자라봉고분을 필두로 하여 2008년 해남 용두리 장고분에 이르기까지 모두 8기가 발굴되었고 나머지 6기는 그 존재만 확인되어 있다. 앞으로도 조사의 진전에 따라 새로운 장고분이 더 확인될 가능성은 남아 있겠지만 그다지 높지 않으며 군집된 상태로 조사될 가능성은 없다고 본다. 확인된 장고분들은 주로 영광, 함평, 광주, 담양, 영암, 해남 등 당시 영산강 유역의 핵심지역인 나주의 외곽지역에 산재되어 있다는 점과 대부분 단독으로 분포하고 있다는 점이 무엇보다도 중요한 특징이다(그림 1).

영산강 유역이 아닌 지역에서는 전북 고창에서 1기가 확인되었는데 고창은 실제 생활권에 있어서는 인접한 영광과 함께 영산강 유역권에 포함되는 지역이다. 고창을 비롯한 전북 서남부 지역은 영산강 유역과 마찬가지로 지

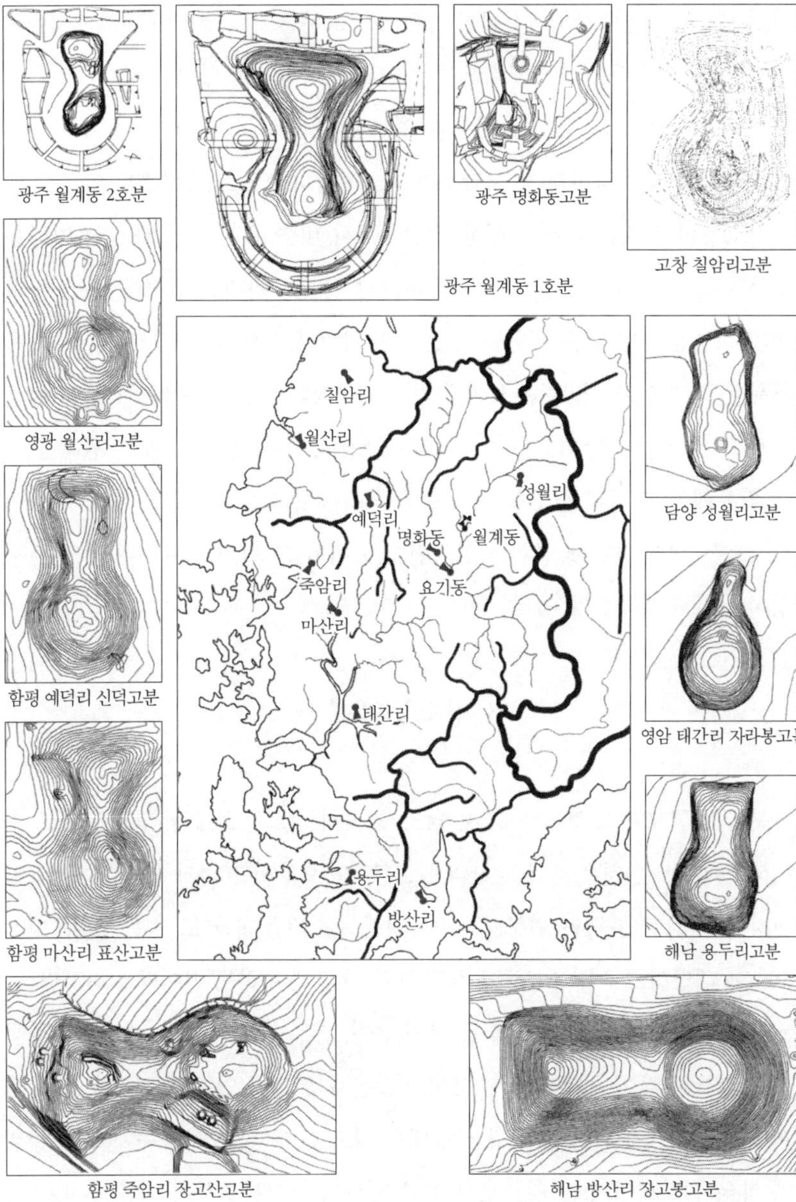
광주 월계동 2호분
광주 월계동 1호분
광주 명화동고분
고창 칠암리고분
영광 월산리고분
함평 예덕리 신덕고분
함평 마산리 표산고분
담양 성월리고분
영암 태간리 자라봉고분
해남 용두리고분
칠암리
월산리
예덕리
명화동
월계동
성월리
죽암리
요기동
마산리
태간리
용두리
방산리
함평 죽암리 장고산고분
해남 방산리 장고봉고분

| **그림 1** | 장고분 분포도

상의 분구墳丘에 매장주체시설이 설치되는 고분들이 유행하여 고고학계에서는 이미 영산강 유역권에 포함되는 지역으로 설정되어 있다. 따라서 이 글에서 사용하는 영산강 유역은 단순한 영산강 수계권을 의미하는 것이 아니라 문화적 동질성이 강한 전북 서남부까지를 포함하는 것으로 하겠다.

장고분의 입지는 대부분 구릉 정상부로서 비슷하다. 영암 태간리 자라봉고분과 광주 요기동 조산 장고분이 비교적 평지에 가까운 입지를 보일 뿐 나머지 장고분들은 낮은 구릉의 능선상에 위치하고 있다. 대부분 방부方部를 구릉 위쪽에 두고 매장주체시설이 있는 원부圓部를 구릉 아래쪽에 두어 원부에서 평야가 잘 조망되도록 하고 있다. 함평 죽암리 장고산고분은 원부를 구릉 위쪽에 두고 방부를 구릉 아래쪽에 둔 점에서 다른 장고분들과 다른데 이 장고분은 원래 바다에 인접해 있었던 것이어서 그 입지와 관련된 것일 가능성이 있다고 생각된다.

3. 장고분의 분구

분구의 규모가 가장 작은 것은 담양 고성리 장고분으로서 30m 내외로 추정되고, 가장 큰 것은 해남 방산리 장고봉고분으로서 70m가 넘는다. 당시 영산강 유역의 전통적인 원분圓墳이나 방분方墳 가운데 규모가 큰 것이 30~50m에 해당하므로 장고분들은 상당히 큰 규모에 속하는 편이라고 하겠다.

장고분은 평면 형태상 크게 두 가지 유형으로 구분된다. 하나는 광주 월계동 장고분과 같이 원부와 방부 사이에 짧은 연결부가 있는 것으로 방부 쪽에서 바라보면 사람의 흉상과 같은 형태를 띠고 있다. 다른 하나는 원부와 방부가 바로 연결되어 있는 것으로서 해남 방산리 장고봉고분이 대표적이다. 전자는 주로 영산강 서북부인 함평·광주와 영광 지역에 분포하며 다수를 차지

〈표 1〉 영산강 유역의 장고분 일람표

	전장	방부		허리부		원부		방부 방향	기타
		폭	고	폭	고	직경	고		
영암 자라봉고분	35	7.5	2.25	9	2.25	23.5	5	남	수혈석실
함평 신덕고분	51	25	4	19	3.25	30	5	북	횡혈석실
광주 월계동 1호분	45.3	31.4	5.2	14.5	3.8	25.8	6.1	서북서	횡혈석실
광주 월계동 2호분	34.5	22	3.0	14.5	1.5	20.5	3.5	서남서	횡혈석실
광주 명화동고분	33	24	2.73	12	1.87	18	2.73	서북	횡혈석실
해남 장고봉고분	77	38	9	31	6.25	44	10	북	횡혈석실
해남 용두리고분	40.5	17	3.5	15	3	23	5	서남	횡혈석실
함평 장고산고분	70	37	7	24	4.5	39	8	서남	측량조사
함평 표산고분	46	26	4	13	3.5	25	5	서북서	측량조사
영광 월산리고분	41.2	19	2.5	11	2	22.5	6	서북	측량조사
고창 칠암리고분	53.2		29.6			34		서남	(횡혈석실)
담양 성월리고분	38	15				18		서	측량조사
담양 고성리고분	(24)	12				14		동서	측량조사
광주 조산고분	(50)							서남	지표조사

하고 있고, 후자는 주로 영산강의 동남부인 영암·해남 지역에 분포하는 경향을 보여주고 있다.

지금까지 발굴조사된 장고분들은 모두 분구 주위에 주구周溝시설을 갖추고 있는데, 아직 발굴되지 않은 장고분 가운데에도 주구 흔적이 확인된 예가 있으며 나머지 장고분에도 주구가 있을 것으로 추정된다. 또한 분구와 주구 사이에는 분주토기墳周土器나 분주목기와 같은 분주물이 배치된 장고분이 많으며 아직 확인되지 않은 다른 장고분에도 배치되었을 가능성이 높다.

그동안 영산강 유역의 장고분들에 대해 각각의 모델이 일본의 전방후원분에 있을 것으로 보고 분구 형태와 크기를 바탕으로 각각의 모델을 찾으려는 노력이 있었다. 이는 영산강 유역 각 장고분의 피장자가 그 모델이 된 일본의 전방후원분 세력과 밀접한 관련을 가질 것이라는 추정 아래 이루어진 작업이었다. 그러나 일본의 전방후원분은 6,000기가 넘을 뿐만 아니라 규모의 편차가 크고 각 지역별로 뚜렷이 구분되지도 않기 때문에 분구의 규모와 외형상의 유사성만 가지고 일본 내의 모델을 찾아내는 작업은 대단히 어려운 일이다. 일본과의 관계를 파악하는 데 있어서는 매장주체시설과 출토 유물을 비교 검토하는 것이 중요하다.

4. 장고분의 매장주체시설

장고분의 매장주체시설은 석실인데 영암 자라봉고분만 수혈식竪穴式이고 나머지는 모두 추가장追加葬이 가능한 횡혈식橫穴式이다. 전남 지역에서는 장고분뿐만 아니라 원분이나 방분에서도 횡혈식 석실이 다수 확인되고 있으며 서로 다른 특징을 띤 3가지 유형으로 뚜렷이 구분되고 있다(〈표 2〉).

이 가운데 장고분에서 확인된 횡혈식 석실은 주로 작은 할석割石을 벽돌처럼 쌓았으며, 문주석·문지방석·미석楣石·현문玄門 등의 시설을 잘 갖추고 있는 영산강식에 해당한다. 영산강식 석실은 장고분뿐만 아니라 원분이나 방분에서도 확인되고 있는데, 이 고분들 역시 장고분의 경우와 마찬가지로 강이나 대하천을 끼고 있는 낮은 구릉 위에 대부분 단독으로 존재하면서 석실과 분구의 규모가 크고 석실이 분구의 중간에 위치하는 특징을 보여주고 있다.

그동안 영산강식 석실은 백제석실의 영향을 받아 축조된 것이라는 견해와 일본 규슈九州석실과 관련된 것이라는 견해로 나누어져 있었지만 전남 지역에서 가장 이른 시기의 것이라는 사실에 대해서는 일치된 견해를 보여주고 있다. 즉 전남 지역에서는 백제식 석실묘가 도입되기 이전에 영산강식 석실

<표 2> 전남 지역 횡혈식 석실의 종류

입지	군집 여부	분구 형태	분구 규모	석실 위치	장축 방향	평면 형태	천장 형태	유형구분
낮은 구릉	단독 위주	방형	20~40m	지상	불규칙	세장방형	평천장	남해안식
낮은 구릉	단독 위주	원형 방형 장고형	20~30m 30~40m 30~70m	지상	동서 위주 (불규칙)	장방형	맞조임천장 (4벽조임)	영산강식
산록경사면	군집 위주	원형	10~20m	지하	남북	장방형	맞조임천장 평사천장 평천장	백제식

묘가 기존의 옹관묘와 함께 사용되었다는 것에 대해 이론이 없으므로, 장고분을 이해하기 위해서는 영산강식 석실의 기원과 각 석실들의 축조시기를 구체적으로 알아볼 필요가 있다.

영산강식 석실의 기원에 대해서는 아직 해결되어야 할 과제가 남아 있지만 이제는 일본 규슈 지역의 석실과 관련되어 있음을 부인하는 연구자는 찾아보기 어렵다. 규슈 지역의 석실들은 북규슈형北九州型과 히고형肥後型으로 세분되며 두 가지 모두 영산강 유역에서도 찾아볼 수 있다. 영산강식 석실의 연대에 대해서는 많은 연구자들이 각각 다른 견해를 내고 있는데 이는 도굴로 인해 부장품을 알 수 없는 상황에서 석실의 구조를 중심으로 편년하였기 때문이다. 다행히 나주 복암리 3호분에서 11기의 횡혈식 석실을 포함한 40여 기에 달하는 매장주체시설이 층서관계를 이루면서 부장품들과 함께 조사되었기 때문에 이를 바탕으로 석실의 변천과정을 잘 파악해볼 수 있게 되었다. 석실의 편년 설정에서 가장 확실한 기준은 묘광의 중복관계를 비롯한 석실 간의 층서관계이며 그 다음에는 석실의 구조와 출토 유물의 차이이다.

복암리 3호분에서 시기가 가장 빠른 96석실은 1호 옹관에서 출토된 유공광구소호有孔廣口小壺 등의 부장 유물로 미루어 보아 5세기 4/4분기에 해당할

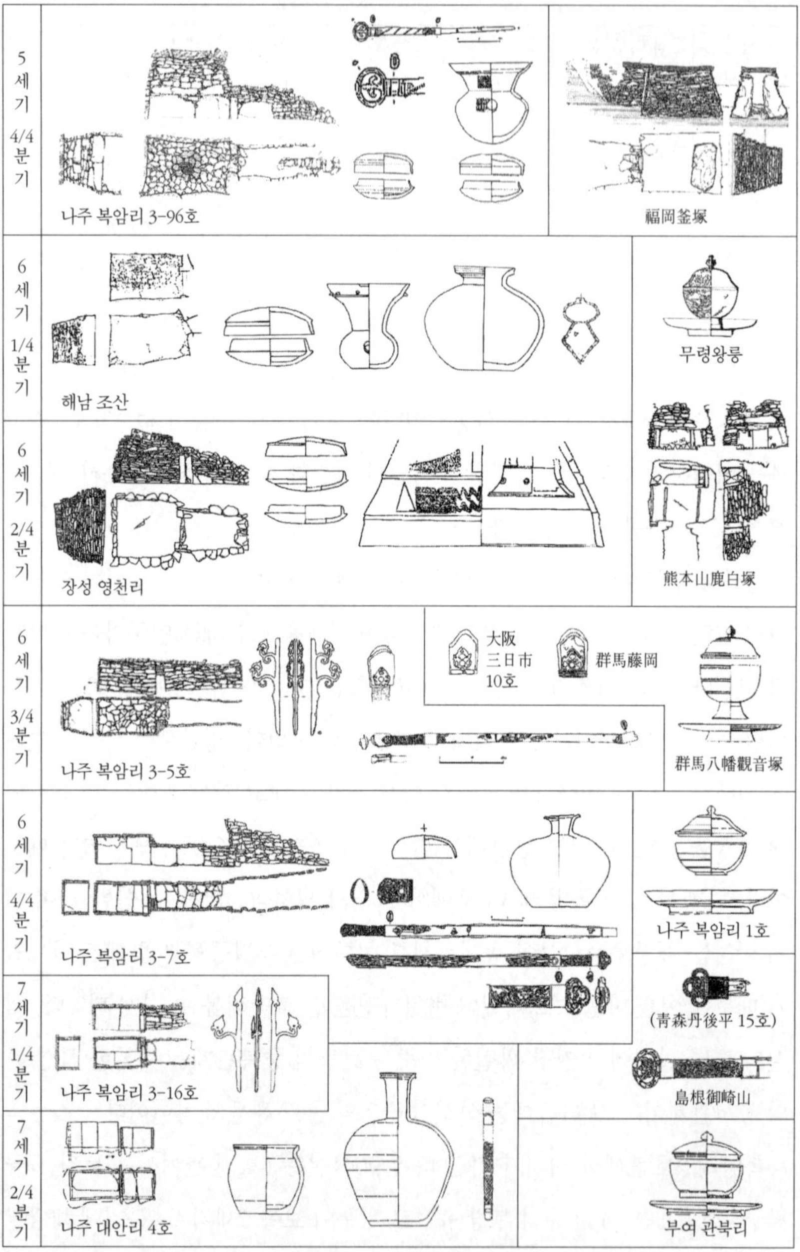

| 그림 2 | 영산강 유역 석실 변천도

것으로 판단된다. 따라서 구조에 있어 복암리 3호분 96석실에 선행하거나 병행하는 것으로 추정되는 광주 월계동 1호분은 늦어도 5세기 4/4분기에 축조되었다고 볼 수 있다. 영산강식 석실로는 비교적 늦은 편인 광주 명화동고분은 보주형宝珠形 손잡이가 달린 토기뚜껑과 분주토기를 통해 6세기 2/4분기로 추정된다. 광주 월계동 1호분보다 한 단계 늦은 월계동 2호분은 6세기 1/4분기, 함평 신덕고분은 개배蓋杯와 마구류로 보아 6세기 2/4분기에 해당하며 광주 명화동고분보다 약간 앞설 것으로 보인다. 백제식 석실은 영산강식 석실에 이어 6세기 3/4분기부터 나타나고 있다(그림 2).

5. 장고분의 출토 유물

그동안 발굴조사가 이루어진 장고분들은 모두 도굴의 피해를 입었는데 이는 매장시설이 석실이기 때문이며 아직 발굴이 이루어지지 않은 장고분 역시 그러할 것으로 추정된다. 그러나 분주토기와 제사祭祀유물들은 주구에 매몰된 상태로 발굴되어 좋은 연구자료가 되고 있다. 특히 분주토기는 장고분이 아닌 다른 고분에서도 출토되기 때문에 서로 비교해볼 수도 있다.

분주토기는 고분의 분구를 장식했던 원통형의 특수토기로서 일본의 하니와埴輪에 해당한다. 한국에서는 1917년 나주 신촌리 9호분에서 처음으로 출토되었지만 당시에는 정확한 용도를 파악하지 못하였다. 1984년에는 서울 몽촌토성에서 원통형의 특수토기가 출토되어 일본의 하니와와 동일한 용도일 것이라는 견해도 나온 바 있지만 고분과는 무관하며 백제기대器臺의 초기 유형임이 밝혀졌다.

고분과 직결되는 분주토기가 본격적으로 출토되기 시작한 것은 1993년 광주 월계동 장고분의 시굴조사부터이다. 이어 1994년에는 광주 명화동고분의 분구 주변에서 열을 이루고 출토되었으며 1996년에는 나주 복암리 2호분을 시작으로 장고분이 아닌 토착적인 고분들에서도 출토되기 시작하여 지금까지 20여 기의 고분에서 출토되었다.

분주토기는 형태, 공반관계, 분포지역, 고분 종류 등에 따라 다양하게 구분될 수 있지만 계통적으로 보면 통筒A형形, 통B형, 호형壺形의 3가지로 구분된다. 통A형은 영산강 유역의 중심지역인 나주 일대의 방형고분이나 원형고분에서 출토되고, 통B형은 주변의 장고분에서만 출토되고 있어 지역적으로나 고분의 종류에 있어 뚜렷하게 대비되는 특징을 보여준다. 호형은 영산강 유역의 전통적인 제형梯形고분과 방형고분에서 출토된다.

분주토기의 발생 배경에 대해 그동안 이루어진 연구성과를 보면 크게 2가지 견해로 구분된다. 하나는 일본의 하니와를 모델로 했다는 견해이고, 다른 하나는 일본과의 관계를 배제할 수는 없지만 자생의 가능성도 고려해볼 필요가 있다는 견해이다. 현재까지 알려진 자료를 검토해보면 일본의 하니와는 야요이시대 기비吉備 지역의 특수토기로부터 발전하였다고 보는 것이 타당하므로 시기적으로 더 늦은 한국의 분주토기가 일본과 무관하게 시작되었다고 보기는 어렵다. 당시 영산강 유역의 지배세력들이 일본과 교류하고 있었던 것이 분명하므로 일본의 고분에 장식용 토기를 배치하는 것에 착안하여 새로운 형태의 분주토기를 만들어 사용하였을 가능성을 배제하기 어려운 것이다.

영산강 유역의 분주토기는 4세기경부터 호A형, 통A형, 통B형의 순서로 사용되기 시작하였는데 6세기 중엽경이 되면 더 이상 사용되지 못하게 된다. 고고학적으로 6세기 중엽은 영산강 유역의 마지막 마한 세력이 백제에 병합되는 시기이다. 이 시기가 되면 장고분에서 출토된 통B형의 분주토기는 장고분 자체와 함께 더 이상 지속되지 못하고 중단되는 한편, 전통적인 고분에서 출토된 통A형과 호형의 분주토기는 한국에서는 중단되지만 6세기 중엽 이후 일본으로 파급되어 사용되었다(통A형은 鳥取縣 井手挾 9호분에서, 호형은 三重縣 北野유적, 日田市 天滿古墳群, 埼玉縣 中の山古墳 등에서 찾아볼 수 있다).

영산강 유역의 전통적인 고분에서 사용되었던 호형과 통A형의 분주토기가 6세기 중엽경 일본으로 파급되는 과정에서는 현지 마한 주민들의 이주가 수반되었던 것으로 추정된다. 마한권 주민의 일본 이주가 장기간에 걸쳐 간헐적으로 이루어졌음은 고고학적 증거를 통해 밝혀졌으며, 이는 백제의 영역 확장과 직결되는데 이에 대해서는 후술하도록 하겠다.

토기로는 개배가 가장 많이 출토되었는데 현지에서 제작된 것과 백제에서 들어온 것으로 대별되어 왔다. 후자는 공주 정지산유적 출토품과 상통하는 것으로서 나주 복암리 세력이 백제와 연결되면서 들여온 것으로 보았는데, 최근의 견해에 따르면 나주 지역에서 제작되어 백제로 반입된 것일 가능성도 있다. 연대는 광주 월계동 1호분 주구 출토품이 5세기 4/4분기, 광주 명화동 고분 출토품이 6세기 2/4분기로 추정된다. 기타 유공광구소호, 발형鉢形기대, 삼족토기 등이 있다.

이 가운데 삼족토기는 광주 월계동 1호분 주구에서 출토되어 이 고분의 주인공과 백제와의 관련성이 거론되기도 한다. 그러나 이 삼족토기는 5세기 4/4분기에 해당하는 1호분 축조 시의 부장품이 아니라 주구에 퇴적된 제사 유물 가운데 맨 위층에서 조사되었고 그 시기가 6세기 2/4분기에 해당한다. 즉 백제에 병합된 뒤에 사용된 제사용품에 불과하기 때문에 반세기가량 앞선 시기의 피장자 자체를 백제와 관련된 인물로 보는 것은 무리한 추정이다.

금속유물로는 함평 신덕고분 출토 유물들이 중요하다. 반구형 장식을 갖춘 환두대도環頭大刀는 국내에서 유일하며 일본에서 반입된 것임이 분명한데, 그 피장자의 성격에 따라 일본과의 교섭을 통해 반입된 것인지 일본에서 직접 가지고 들어온 것인지 판명이 날 것이다. 은으로 장식된 쇠창 역시 일본에서 6세기 대에 유행하였던 것이며 고삐, 운주 등의 마구는 백제에서 제작된 것으로 파악되고 있다.

6. 장고분의 피장자와 축조 배경

(1) 기존 견해들의 검토

영산강 유역의 장고분에 있어 가장 큰 관심사는 그 피장자와 축조 배경이다. 그동안 제기된 견해는 상당수에 달하며 각각 세부적인 점에 있어서는 약간씩 다른 내용을 담고 있지만 크게 보면 다음과 같이 4가지 견해로 구분된다. 따라서 유사한 견해에 대한 개별적인 검토는 생략하고 크게 구분되는 4가지 견해의 핵심적인 내용만 정리해보도록 하겠다.

1) 일본에서 망명한 왜인설

영산강 유역 장고분의 분포 상황과 축조시기에 주목하고 일본의 내부사정으로 인해 더 이상 일본에서 거주하기 어려운 사람들이 망명해온 것으로 본 견해이다. 그러나 그 망명지가 영산강 유역에 국한된다는 점이 문제점으로 남는다. 이 견해에 대해서는 뒤에서 자세히 언급하도록 하겠다.

2) 일본이 파견한 왜인설

일본에서 파견되어 영산강 유역과 일본 사이에 교역과 같은 특수한 역할을 수행하였던 왜인이라고 보는 견해이다. 당시 영산강 유역과 일본 사이에 적지 않은 교류가 있었음은 이미 여러 연구자들에 의해 밝혀진 사실이다. 그러나 왜에서 그러한 역할을 하는 집단이 영산강 유역에 들어와 있었다면 조선시대에 왜인을 위해 동래에 설치했던 왜관이나 일본에서 1636년에 포르투갈인들을 위해 설치했던 나가사키長崎 데지마出島의 예를 보듯이, 일본에서 들어온 왜인들이 교역에 편리한 지역에 집중적으로 거주하였을 것이지만 장고분들이 내륙 오지에 해당하는 지역까지 단독분 위주로 분산되어 있다는 점에서 수용하기 어려운 견해이다.

3) 토착세력자설

영산강 유역의 외곽에 산재하고 있었던 군소 토착세력자들이 남하하는 백제의 압박 속에서 새로운 돌파구를 찾아 왜와 교류하면서 도입하였다고 보는 견해이다. 당시 백제의 영산강 유역 장악 기도에 대응하는 군소 토착세력의 자구책으로 이해될 수 있고, 그러한 점에서 가장 많은 연구자들이 제기하였던 견해이다. 그러나 이 견해는 현지의 고고학적 현상이 그러한 해석을 어렵게 한다는 것을 간과하였다는 점이 문제이다. 이와 같은 견해가 성립되기 위해서는 일본의 전방후원분이 도입되기 전에 그러한 무덤을 쓸 수 있는 역량을 가진 현지 토착세력의 존재가 먼저 입증되어야 할 것이다. 그러나 대부분의 장고분들은 단독분 위주로 산재하기 때문에 현지 토착세력과는 무관하다는 사실을 웅변해줄 뿐이다.

4) 백제가 파견한 왜인설

백제가 공주로 천도한 직후 영산강 유역에 대한 직접적인 장악력이 떨어지자 왜계 백제관료를 파견하여 토착세력을 견제하였고 이들에 의해 장고분이 축조되었다는 견해이다. 1990년대 후반에 집중적으로 제기되었던 토착세력자설이 앞에서 지적한 바와 같은 문제점으로 인해 설득력을 상실하게 되자 새로이 제기되기 시작한 대안이다. 그러나 왜계 백제관료가 활동하였다면 백제 도읍지가 중심무대였을 것임에도 불구하고 백제 도읍지 일대에서는 장고분을 찾아볼 수 없다는 점, 영산강 유역을 견제하기 위해 왜계 백제관료를 파견하였다면 다수의 왜병을 함께 파견하였을 것인데 수장급의 장고분만 조사되고 있다는 점이 문제이다. 이 견해는 그동안 많은 연구자들이 지지하였던 토착세력자설이 성립할 수 없다는 것을 인식하였다는 점과 영산강 유역 장고분의 성격을 보다 다양한 각도에서 살펴볼 수 있게 하였다는 점에서 연구사적인 의미가 있겠지만 『일본서기』에 나타난 왜계 백제관료를 너무 확대 해석한 것이 아닌가 생각된다.

(2) 장고분의 피장자와 축조 배경

앞에서 살펴본 바와 같이 영산강 유역 장고분들의 주인공과 축조 배경은 다양한 각도에서 논의되고 있는데 논리적인 면에서 보면 현지의 토착 마한 세력이 일본과의 교류를 통해 일본의 전방후원분을 채택하였을 가능성과 일본의 세력자가 영산강 유역으로 진출하였을 가능성 두 가지를 모두 고려해볼 수 있을 것이다.

먼저 첫 번째 가능성에 대해 검토해보자. 당시 이 지역의 중심지인 영암 시종과 나주 반남 등지에는 3세기경부터 6세기에 이르는 시기의 대규모 옹관묘들이 군집되어 있는 반면 대부분의 장고분들은 그 외곽에 해당하는 지역에 단독으로 존재하고 있다. 이는 영산강 유역의 중심세력이 전통적인 옹관묘를 고수하면서 30m 내외 규모의 고분들을 수십 기씩 축조하였던 데 반해 그 외곽의 주변세력들이 5세기 말부터 6세기 중엽에 걸쳐 일본의 전방후원분을 수용하여 일시적, 일회적으로 축조하지 않았다면 나타날 수 없는 현상일 것이다.

이러한 가정대로 주 영산강 유역의 외곽 지역에서 일시적이나마 장고분을 축조하였던 세력이 존재하였다면 그 지역에는 장고분 축조 이전까지 사용되었던 전통적인 고분들이 상당수 존재하였을 것이다. 그러나 현재까지 장고분이 조사된 지역에서는 장고분 이전의 토착적인 고분들을 찾아볼 수 없기 때문에 그 지역에 장고분을 도입해서 사용할 만한 토착세력이 존재하였다고 볼 수 없다. 따라서 첫 번째 가능성, 즉 영산강 유역의 토착세력이 일본과의 교류를 통해 일본의 전방후원분을 채택하였을 가능성은 성립하기 어렵다.

다음으로 두 번째의 가능성에 대해 살펴보자. 이 경우 다시 두 가지로 나누어 생각해볼 수 있을 것이다. 영산강 유역에서 발견되는 장고분들이 일본에서 진출한 세력자에 의해 축조된 것이라면 그 사람들은 당시 영산강 유역에서 일정한 역할을 담당하였거나 아무런 역할이 없이 영산강 유역 토착세력의 영향권에 속해 있을 뿐이었을 것이다.

만약 일본에서 진출한 세력자들이 영산강 유역에서 상당한 역할을 수행하였다면 정치적, 경제적, 군사적 역할을 불문하고 당시 이 지역의 중심지역인 나주 반남 지역이나 일본과의 교류가 용이한 지역으로 진출하여 그들의 전방후원분을 지속적으로 축조함으로써 군집을 이루게 되었을 것이다. 그러나 지금까지 조사된 장고분들은 당시의 중심지역인 나주 반남 일대를 제외한 주변지역에 분포하면서 거의 대부분 단독으로 존재하고 있기 때문에 그러한 가정 역시 성립하기 어렵다.

마지막으로 장고분들이 영산강 유역 토착세력의 영향권에 들어온 왜인의 것일 가능성에 대해 살펴보기로 하자. 이 문제는 앞서 논의한 가정과 정반대가 되는 것이므로 앞 논의의 핵심을 거꾸로 적용해보면 될 것이다. 즉 이들은 당시 영산강 유역의 중심지가 아닌 외곽지대에 산발적으로 존재하면서 상당한 규모의 무덤을 축조한 역량을 후대로 계승시키지 못하고 일회성으로 끝났다는 점에서 이 지역에서 일정한 역할을 하였다고 볼 수는 없을 것이다. 아마도 그 주인공들은 일본에서 들어오되 영산강 유역 토착세력의 승인 아래 당대에 한해 주변의 땅을 빌려 생활하다가 죽음으로써 끝나는 그러한 사정을 가졌던 사람들이었을 것이다.

이 문제에 있어서는 장고분의 매장주체시설인 영산강식 석실이 북규슈형과 히고형으로 구분된다는 점이 중요하다. 이 가운데 광주 월계동 장고분을 비롯한 많은 장고분에서 볼 수 있는 북규슈형 석실은 5세기 4/4분기에서 6세기 1/4분기에 걸쳐 있고, 해남 용두리 장고분 등에서 볼 수 있는 히고형 석실은 6세기 2/4분기에 해당한다. 이 시기는 일본 규슈 아리아케카이有明海 일대의 이와이磐井 세력이 북규슈로 세력을 확대하였다가 곧 기나이畿內의 야마토정권에 통합되었던 시기라는 점이 특별히 주목된다.

이와 같은 사정들을 고려해보면 영산강 유역 북규슈형 석실 고분의 주인공들은 5세기 4/4분기에 이와이 세력의 북규슈 진출로 인해 영산강 유역으로 망명한 북규슈 지역의 세력자로 추정되고, 히고형 석실 고분의 주인공들은 이보다 늦은 6세기 2/4분기에 야마토정권의 지배를 피해 망명한 아리아케카이 지역의 세력자로 추정된다.

영산강 유역의 장고분에 대해 상정해볼 수 있는 여러 가지 가능성 가운데 일본, 특히 규슈 지역의 망명객일 가능성이 가장 높다면 문제는 여기서 끝나지 못할 것이다. 즉 이들이 영산강 유역으로 들어온 직접적인 이유는 일본 내부에 있겠지만 간접적으로는 이들이 영산강 유역의 세력자로부터 거주를 승인 받을 정도의 교류가 있었을 것이기 때문에 그에 대한 해명이 수반되어야만 하는 것이다.

이 문제는 마한의 변천과정을 통해 그 해답을 찾을 수 있을 것이다. 즉 서울에서 건국된 백제의 세력 확장과정에서 적지 않은 마한 세력들이 일본 규슈 지역으로 진출하였으며, 일본으로 진출한 마한 세력들은 같은 뿌리를 가지고 있었던 영산강 유역의 마한 세력과 인적, 물적 교류를 유지해나갔기 때문으로 추정되는 것이다. 한편 히고형 석실을 가진 고분들은 영산강 유역뿐만 아니라 경남 남해안 지역에서도 발견되고 있다는 점에서 그 주인공들은 주로 영산강 유역과 교류하였던 북규슈 세력과는 교류의 폭이 약간 달랐음을 알 수 있다.

필자는 고고학적으로 본 백제의 마한 합병은 3세기 후엽, 4세기 중엽, 6세기 중엽 등 3차에 걸쳐 북쪽으로부터 이루어졌으며 이 과정에서 병합지역의 마한 세력 일부는 남아 있는 남쪽의 마한 지역이나 일본으로 망명하였을 것으로 본 바 있다. 5~6세기 대 영산강 유역의 토착세력을 마한이라고 보는 견해에 대해서는 약간의 이견을 내는 연구자가 없지는 않지만, 영산강 유역에 장고분이 축조될 수 있었던 것은 그 시기까지 영산강 유역이 백제와는 구분되어 있었기 때문이라고 보는 점에 있어서는 대부분의 연구자들이 일치된 견해를 내고 있다.

천관우 선생은 백제와 마한이 죽순과 대나무 사이의 관계처럼 어디서부터 백제이고 어디까지 마한인지 구분하기 어렵다고 하였지만 고고학적으로는 동전의 양면처럼 뚜렷하게 구분되는 면이 없지 않으며 백제가 팽창하는 과정에서 서로 용납될 수 없는 상황에 처한 일부 마한인들은 일본으로 이주했을 가능성이 대단히 높은 것이다.

일본에 들어간 비非백제계 토기는 이중구연토기二重口緣土器(2~3세기), 양이부호兩耳附壺(3~4세기), 조족문토기鳥足文土器(4~5세기)로 대별되고, 가장 이른 시기에 해당하는 이중구연토기의 수량이 적다는 점이 일본 동경박물관의 시라이 가쓰야白井克也 선생에 의해 지적된 바 있는데, 필자는 본격적인 백제 출범 이전까지는 마한보다는 변한과 일본의 교류가 활발하였기 때문에 2~3세기 대 마한의 이중구연토기는 일본에 파급될 기회가 적었을 것이라고 생각하고 있다.

그러나 본격적으로 백제가 출범한 다음부터는 마한과 일본의 교류가 증대되면서 양이부호, 조족문토기, 분주토기의 순으로 일본에 파급되는데 이는 백제의 영역이 3차에 걸쳐 마한 지역으로 확장되는 것과 일치한다. 특히 3차에 해당하는 6세기 중엽 이후부터 영산강 유역의 통A형과 호형의 분주토기를 조형으로 한 새로운 유형의 하니와가 일본에 등장하는 사실은 영산강 유역을 중심으로 한 마지막 마한 지역이 백제에 병합됨에 따라 영산강 유역의 일부 주민들이 일본으로 망명한 사실과 관련되어 있는 것이다.

이와 같은 사실은 5~6세기 대에 '백제-야마토정권'의 교류망과는 구분되는 '영산강 유역-북규슈'의 교류망이 별도로 운영되고 있었음을 말해준다. 전형적인 백제토기는 5세기 후엽 이후에야 비로소 야마토정권의 중심지역에서 출토되기 때문에 토기로 보는 한 3~5세기 동안 백제 중심지역과 야마토정권 중심지역 사이에서 교류관계를 찾아보기 어렵고, 3~5세기에는 영산강 유역과 북규슈 지역 사이에 문화적, 사회적, 정치적 관계가 밀접하였던 반면, 한성백제와 야마토정권의 관계는 약했었다고 보는 일본 교토대학 요시이 히데오吉井秀夫 교수의 견해는 이러한 면에서 타당하다고 생각된다.

7. 맺음말

그동안 영산강 유역의 장고분에 대해 수많은 견해들이 제기되었는데 대부분의 견해들은 장고분을 백제에 의한 마지막 마한권의 해체과정과 직결된 것으로 파악하고 백제의 역할을 결정적인 것으로 보는 입장에서 나왔다. 이는 문화요소의 전파나 주민의 이주를 너무 정치적 시각에서만 보려고 하기 때문에 빚어진 현상이며, 특히 백제와 마한을 지배와 피지배, 정복과 복속이라는 이분법적 입장이나 백제의 일방적인 합병이라는 대세론적 관점에서 바라본 결과였다고 생각된다.

나주 신촌리 금동관을 비롯한 함평 신덕고분 출토 위세품들에 대해서도 백제의 사여를 상정하여 마한이 백제와 공납적 지배관계 혹은 간접지배관계에 있었다고 보기도 하지만 신촌리 금동관과 같은 위세품의 경우 백제 중앙에서는 찾아보기 어려울 뿐만 아니라 기본적인 문양구성이 백제와는 다르기 때문에 독자적인 것으로 보는 견해도 있는 것이다. 설사 이러한 위세품들이 백제에서 사여되었다고 하더라도 백제에서 일본으로 보냈던 칠지도七支刀를 통해 추정할 수 있듯이 지배, 피지배의 관계 속에서 이루어진 것이라고 보기는 어렵다. 오히려 백제의 지배 아래 있지 않았기 때문에 호의품으로 제공되었을 가능성이 높으므로 상호 평화공존을 위한 외교행위의 일환으로 이해하는 것이 합리적일 것이다.

문화요소의 전파나 그 담당자의 이주는 자연환경의 변화에 따른 자발적 이주, 정치적 변화에 따른 강제이주나 망명, 기타 혼인이나 교역, 표류 등과 같은 다양한 이유에 기인하는 일이기 때문에 다각적인 검토를 통해 가장 가능성이 높은 이유를 찾아내야 할 것이다. 불확실한 문헌기록이나 기존의 통설만을 염두에 둔 기계적인 해석은 역사적 사실과 크게 다를 수 있다. 고고학자료는 고고학적인 분석을 통해 고고학적으로 해석되어야 할 것이다. 다만 그 자료가 문헌기록이 남아 있는 역사시대의 것이라면 먼저 고고학적인 해석을 내리고, 그 다음에 그와 관련된 역사학계의 견해와 비교하는 것이 순서일 것이다.

이러한 관점에서 영산강 유역의 장고분들을 모한慕韓문제와 연결 짓는 견해에 대해 간단하게 언급하겠다. 『송서宋書』「왜국전」 등에 나타나는 왜 5왕의 도독제군사호都督諸軍事號와 관련된 문제이다. 당시 송宋은 계속되는 왜 5왕의 '왜백제신라임나가라모한진한倭百濟新羅任那加羅慕韓秦韓'에 대한 도독제군사호의 요청에 대해 '백제'는 인정하지 않았지만 나머지는 왜왕의 요구를 받아들여 왜왕에게 '왜신라임나가라모한진한倭新羅任那加羅慕韓秦韓' 도독제군사호를 부여하였다. 그 가운데 '모한'을 마한으로 보고, 마한이 영산강 유역을 기반으로 5세기 대까지 독자적으로 존재하고 있었기 때문에 이 지역의 장고분들은 일본과의 직접적인 관계 속에서 축조된 것으로 보아야 한다는 견해가 있다.

그동안 조사된 영산강 유역의 고고학 자료를 보면 이 지역의 토착세력들은 백제식 석실이 도입되는 6세기 중엽경까지 나름대로 독자적인 세력으로 존재하였고 그 역사적 실체는 마한이었다고 할 수 있다. 문제는 송이 '도독모한제군사都督慕韓諸軍事'를 인정했다는 것을 근거로 그 시기에 축조된 영산강 유역의 장고분들이 왜와 직결된 것으로 볼 수 있는가 하는 점이다. 당시의 국제관계를 감안해보면 왜의 요청을 받은 송은 자신들과 교류하고 있거나 직접적인 이해가 걸려 있는 백제에 대해서는 왜의 요청을 승인할 수 없었지만, 나머지 세력들은 자신들과는 아무런 이해관계가 없었기 때문에 굳이 왜의 요청을 거부할 필요가 없었던 것일 뿐이다. 따라서 문제의 모한을 왜와 직접적으로 관련되었다고 주장하는 것은 당시의 국제관계를 무시한 견해라 한 것이다. 현재 대한민국에서 행정력이 미치지 않는 북한 영역에 대해 5도지사를 비롯한 각급 책임자를 임명하는 점을 고려해보면 『송서』「왜국전」 등에 나타나는 왜 5왕의 도독제군사호와 관련된 문제는 쉽게 이해될 수 있을 것이다.

일본 고대국가 형성과 백제

연민수

1. 머리말

일본 고대국가 형성사에 있어서 대외관계는 중요한 위치를 차지한다. 일본은 대륙으로부터 격리된 지리적 요인으로 일찍부터 대륙지향적 운동성을 보여왔다. 농경문화가 전래되어 농업공동체 사회가 형성되면서 이러한 운동성은 더욱 활발해져 일본열도의 제諸 집단은 대륙의 선진문물을 수입하기 위해 끊임없이 한일해역을 넘나들게 된다. 『한서漢書』「지리지地理志」, 『후한서後漢書』「왜전倭傳」, 『위서魏書』「왜인전倭人傳」 등에 보이는 왜인들의

延敏洙 동북아역사재단 연구위원.

저서로는 『고대한일관계사』(혜안, 1998), 『古代韓日交流史』(혜안, 2003), 『전쟁과 기억 속의 한일관계』(공저, 경인문화사, 2007)가 있고, 편저서로는 『日本歷史』(보고사, 1998), 『日本古中世 文獻 속의 韓日關係史料集成』(공편, 경인문화사, 2005)이 있다. 논문으로는 「古代日本의 加耶觀의 형성과 변용」(『日本歷史研究』20, 2004), 「日本 正倉院의 百濟遺物과 그 역사적 성격」(『國史館論叢』108, 2006), 「神功皇后 傳說과 日本人의 對韓觀」(『韓日關係史研究』24, 2006) 등이 있다.

통고通交 기사는 대외교류의 실태를 잘 보여주고 있다.

4세기 이후 나라奈良분지에서 흥기, 성장한 야마토大和정권은 주변의 제 집단을 왕권에 흡수하면서 점차 일본열도의 맹주자리를 지켜나간다. 전방후원분前方後圓墳이라는 가시적인 조형물은 왕권의 권위와 권력을 강화시켰고, 지역의 제 호족들과의 연합, 연계를 통해 정치적 네트워크를 형성하게 된다.

이 시기 한반도는 그동안 남북의 완충역할을 했던 낙랑·대방군이 허물어지면서 고구려, 백제, 신라의 영토전쟁이 본격화된다. 삼국의 전쟁은 격렬해지고 상대를 제압하기 위한 군사적 외교가 전개되다가 급기야는 일본열도의 야마토정권에까지 연동되어 왕권과 국가의 존립을 위한 전쟁외교는 중단 없이 계속된다.

백제와 야마토정권의 관계는 이와 같이 격동하는 동아시아의 긴장관계 속에서 나타난다. 4세기 말 가야 지역을 매개로 하여 상대에 대한 정보를 알게 된 이후 양 지역의 왕권은 서로의 필요에 의해 강한 결합력을 갖고 친연관계를 유지해나간다. 왜왕권이 백제에게 기대했던 것은 백제의 선진문물이었고, 백제는 왜왕권과의 군사동맹을 통해 전투요원을 지원받는 일이었다. 이러한 관계는 수많은 인적, 물적 교류를 야기, 확대시켜나갔으며 두 나라를 고대 동아시아사상 유례를 찾기 어려운 불변의 우호국으로 남게 했다.

일본 고대국가 형성기에 해당하는 4세기 말에서 7세기 후반까지의 3백여 년은 왜국에 백제문물이 끊임없이 유입되던 시기였다. 백제의 선진문물은 왜국 지배층의 선호물이자 지향점이었다. 이 시기 전래된 백제의 인적·물적 자원과, 이것이 일본 고대국가 형성사에서 차지하는 위치와 그 역사적 의의에 대해서 살펴보기로 한다.

2. 전쟁과 외교 속에서 형성된 우호관계

백제와 왜국의 국교성립 사정에 대해서는 『일본서기』 신공기 46년~52년 조가 주요 근거가 되고 있다. 신공기에 대해서는 자국중심의 해석안과 연구자 개개인의 편의주의에 의해 제설諸說이 난무하고 있다. 이 사료에서 확인할 수 있는 사실은 가야를 매개로 양국 간의 정보가 전해졌고 통교를 위한 간접적 접촉은 존재했다는 정도이다. 가야 방면으로의 군사적 행동이 백제 중심이건 왜 중심이건 해당 사료의 신뢰성에 의문이 있고, '칠지도七支刀' 기사와 실물 칠지도의 실實 연대는 5세기 후반 이후로 끌어내려야 문헌상의 정합성, 고고학적 자료에 근접한다고 생각한다.

실질적인 백제와 왜국의 결합은 4세기 말 동아시아의 대사건, 고구려의 백제에 대한 군사적 공격에 의해 이루어졌다. 신라, 가야 제국諸國 그리고 일본열도의 왜왕권까지 연동되어 국제전으로 발전한 이 사건은 한반도에서 발생한 최초의 대규모 국제전쟁이었다. 광개토왕 영락永樂 6년에 백제의 58성, 700여 촌이 고구려의 세력권하에 들어가고 왕도 한성漢城이 함락되자 아신왕은 몸을 바닥에 엎드린 채 고구려에 대해 영원히 노예가 될 것을 맹세하고 항복문서를 제출한다. 근초고왕 대에 황색 깃발을 휘날리며 평양성을 공격하고 백제군의 유시流矢가 고국원왕에게 직격탄을 가하여 죽음에 이르게 한 찬란했던 선왕들의 영광이 일시에 무너지는 순간이었다.

『삼국사기』 아신왕 6년(397)조에 "왕이 왜국과 우호를 맺고 태자 전지腆支를 볼모로 삼았다", 광개토왕 비문에도 "백제가 맹세를 어기고 왜와 통했다", 게다가 『일본서기』 응신기 8년(396)조에도 "(백제왕이) 왕자 직지直支를 천조에 보내 선왕의 수호를 닦았다" 라고 기록하고 있다. 고구려, 백제, 왜국 사료에 공통적으로 실려 있는 이 사건은 표현의 방식은 다르지만 왕권과 국가의 중대사로서 인식했고 기억되고 계승되었던 것이다. 5세기를 경계로 발생한 한반도의 전란은 백제와 왜왕권을 불변의 친연관계로 맺어준 특별한 사건이었다. 고대 동아시아에서 볼모를 매개로 한 외교관계는 흔히 있는 일로서 왕권 상호간에 맺어진 정치적 약속이다. 사안에 따라 볼모의 신분도 달라진다. 백제의 경우는 차기 왕위계승자인 태자를 보냈다. 백제에 있어서는 국가의 운명을 건 외교였다. 이것은 왜왕권에 대한 최고의 예우였고, 백제의 긴박한 상황을 말해주는 강렬한 대외 메시지였다.

이에 대해 왜왕권의 반응은 어떠했는가. 광개토왕 비문에도 보이듯이 백제군에 가담하여 고구려의 대방계帶方界를 공격하고, 안라국安羅國, 임나가라任那加羅와 연계하여 신라를 압박하는 등 한반도 남부의 제 세력과의 군사적 연계를 추진하였다. 고구려를 공동의 적으로 하는 백제, 가야 제국, 왜의 연합전선이 형성된 것이다. 고구려의 한반도 남부에 대한 군사적 행동은 바로 일본열도에까지 미쳐 왜왕권이 필요로 하는 문물의 수입에 적지 않은 타격을 준 것이다.

당시 일본열도 수장들의 최대의 정치적 과제는 해외로부터의 철鐵자원의 확보였다. 고대국가 형성기에 있어서 철자원의 중요성은 재언을 요하지 않는다. 전쟁의 우위성을 확보하기 위한 철제 무기의 생산, 농업생산력의 향상에 불가결한 경지의 개발과 관개시설 등 공사의 효율성을 높이기 위해 철자원은 필수였다. 이는 국내 지배체제의 구축에 불가결의 요소였다. 해외로부터 들어오는 철정鐵鋌과 같은 수입원료에 의존하고 있었던 왜왕권의 해외 공급지는 한반도 남부였다. 『삼국지』「위서」 변진조의 "그 나라에 철이 산출되는데, 한韓, 예濊, 왜가 모두 취해갔다"라는 문구는 이를 대변해주고 있다. 4세기 후반에서 5세기에 걸쳐 형성, 강화된 기나이畿內의 왜왕권을 중심으로 한 연합, 동맹관계는 철자원의 획득이 그 주요한 이유라고 생각한다.

『일본서기』 신공기에 백제에서 왜국에 철정 40매를 사여했다는 기사는 철이 왕권차원의 교역품으로 중시되고 있었음을 상징적으로 말해준다.

그러나 4세기말 광개토왕의 남정에 의해 종전과 같은 철의 수입이 제약을 받게 되자 각 지역의 수장층에게 공동의 위기의식을 초래하였다. 주변지역을 아우르며 통합적 국가형성을 지향하고 있던 왜왕권은 외부로부터의 선진적 문물이 필요한 시기였고, 그러한 욕구를 남부 가야 제국으로부터의 문물 수입으로 충족하고 있었다. 그것도 북부 규슈北部九州 등 서일본 지역의 제 호족들의 중계에 의한 것이어서 문물의 수입에 한계가 있었다. 따라서 백제와의 통교가 절실한 시점이었다. 백제의 요청을 받은 왜왕권은 각지의 수장군首長軍을 규합하여 긴급히 파병을 단행하게 된다. 한편 왜국에 파견된 백제왕자 전지는 8년 만에 부왕의 부음을 받고 귀국길에 오른다. 아신왕의 사후, 백제왕권 내부에서는 왕제 간의 권력투쟁이 시작되었다. 왜왕권은 전지를 위해 100여 명의 병력으로 호송할 만큼 태자의 신변보호에 주의를 기울였다. 전지는 국인國人들의 도움으로 왕위에 올랐고, 이 사건 이후 양국관계는 더욱 돈독해졌다. 백제 측의 군사적 동맹세력의 필요성과 왜왕권의 선진문물의 수입이라는 이해관계가 일치한 결과였다.

한반도의 전란 속에서 맺어진 양국관계는 중국의 남조에까지 연결되는 정치, 문화적 교류관계로 확대하게 된다. 이른바 왜의 5왕시대라고 불리는 5세기 대의 왜국은 백제를 매개로 해서 남조의 송宋왕조와 통교를 개시하였다. 왜왕권은 송왕조에 대해 백제를 비롯한 한반도 남부의 국명이 포함된 작호를 요구하게 된다. 마치 한반도 남부에서의 군사권을 요구하는 듯한 이들 작호는 실은 왜왕권을 비롯한 일본열도의 각 지역세력들이 통교하고 있던 한반도의 지역국가명으로 생각된다. 고구려의 남하로 인한 일본열도 제 세력의 공동대응을 보여준 것이다. 478년 송 황제에게 보낸 왜왕 무武의 상표문上表文에 고구려의 백제 공격에 대한 극도의 공포와 증오심을 표출했듯이 백제의 대외노선에 적극적으로 동조하고 있다.

백제는 461년에 개로왕의 동생 곤지昆支를 왜국에 파견하여 백제의 대왜외교를 대행시켰다. 고구려의 남하에 대비한 전략적 파견이었다. 곤지의 16년간의 장기체재는 양국관계를 더욱 결속시켰다. 왜국체재 중에 출생한 곤지의 아들 말다末多가 백제의 동성왕으로 즉위하였고, 그 뒤를 이어서 적장자였던 사마斯摩가 무령왕으로 즉위했다는 것은 백제·왜 관계사상 곤지의 역할과 위상이 어느 정도였는지 말해주고 있다. 백제문화의 황금기라고 할 수 있는 무령왕, 성왕 대의 웅진시대는 백제문물의 왜국전파가 가장 왕성한 시기였다. 곤지의 대왜체재 중에 구축된 양국의 결속력이 문물의 교류를 촉진시켰던 것이다.

백제 성왕 대 왜왕권은 고등종교인 불교를 수용한다. 불교는 지배의 이데올로기를 바꾼 혁신적인 사상이었고, 이의 수용은 백제의 선진문물의 종합체를 수입하는 계기가 된다. 종전의 왕권의 상징물이었던 거대고분의 크기가 극도로 축소하는 것도 바로 이 시점이었다. 왜국에의 문물전파의 주역이었던 성왕은 554년 관산성전투에서 신라군의 공격을 받고 사망하고 만다. 이에 왕권을 잡은 위덕왕은 혜왕자를 왜왕권에 보내 본국의 상황을 전하고 파병을 요청한다. 이때 왜왕권은 1천 명의 병력과 무기, 군마 등 많은 군수물자를 보내며 백제의 위기상황을 적극적으로 도왔던 것이다.

660년 나당연합군에 의해 사비성이 함락되고 의자왕 이하 왕족, 귀족, 백성들이 당으로 끌려가 백제왕실이 붕괴된 상황에서 왜왕권에서는 백제를 지원하기 위해 국가적 총력전을 방불케 할 만큼 대규모의 파병계획이 이루어진다. 백제 멸망의 제1보는 그해 9월 백제사신에 의해 아스카飛鳥조정에 전해졌다. 이에 왜왕권은 같은 해 12월 백제 구원을 위한 계획에 착수하여 준

하국駿河國에 병선의 건조를 명하고 축자筑紫의 나대진娜大津을 본영으로 하는 군대의 출병 준비를 완료한다. 출병을 진두지휘한 인물은 여왕 제명齊明이었다. 70세에 가까운 노령의 몸으로 전쟁을 수행하기 위해 왕도 아스카로부터 규슈의 축자지방까지 장거리 원정을 감행하였다. 백제 구원에 대한 왜왕권 수뇌부의 강렬한 의지의 표현이었다. 제명여왕의 갑작스런 죽음으로 황태자인 중대형中大兄황자가 군정軍政을 장악하고 왜국에 체재 중이던 의자왕자 풍장豊璋에게 5천 명의 병력을 보낸 것을 시작으로, 662년 정월에는 10만 개의 화살을 포함한 막대한 전쟁물자를 보내고 5월에는 수군 170척, 그리고 663년 3월에는 2만 7천 명의 대규모의 병력을 증파한다. 험난한 해역을 건너야 하는 조건하에서 왜왕권의 파병은 추진되었다. 나당연합군을 상대로 이미 재기불능 상태의 백제를 구원하기 위해 이러한 군사적 모험주의를 감행한다는 것은 이해하기 어려운 일이다. 역사적으로 형성된 양국 간 친연관계의 클라이맥스를 보여주는 사실이다.

전쟁을 통해서 형성된 양국의 우호관계는 실리적 차원만으로는 설명하기 어려운 왕권 및 지배층 상호 간의 뿌리 깊은 인연이 있고, 수많은 인적 교류를 통해 형성된 운명공동체의 인식 속에서 이루어졌던 것이다. 백제에서 왜국으로 건너간 수많은 인간군人間群, 유형·무형의 문물들은 이러한 양국관계의 실태를 밝혀줄 것으로 생각된다.

3. 왜왕권의 성장과 백제문물

(1) 문자지식과 학문

고대국가로의 발전에 무엇보다 중요한 것은 문자지식이다. 문자야말로 미개에서 문명으로, 원시에서 고대로 이행하는 매체이자 지표였다. 당시 동아시아 세계의 유일한 문자였던 한자는 중국의 선진문화와 기술을 받아들이는 데 필수적인 수단이었다. 문자는 외교문서의 작성에서부터 조정의 행정문서, 재정의 출납과 징세 등 국가 전반에 걸쳐 사용되었다. 한반도 제국諸國은 일찍부터 중국의 한자를 받아들여 유교와 불교의 수용, 역사서의 편찬, 호적제도의 정비, 율령의 제정 등 고대국가로의 이행에 불가결한 사상과 제도, 문화와 학문 등을 발전시켜 나갔다. 모두가 한자의 수용 없이는 불가능한 것이다.

일본에서의 문자사용이 자료에 확실하게 나타나는 것은 5세기 대로 보인다. 『송서宋書』「왜국전」에 보이는 왜왕 무의 상표문을 시작으로 에다후나야마江田船山고분 출토 대도명, 이나리야마稲荷山고분 출토 철검명, 스다하치방隅田八幡 화상경명 등이 있다. 5세기 후반에서 6세기 초의 연대로 알려져 있는 문자자료들이다. 위 대도명에 보이는 명문을 작성한 '서자書者 장안張安'이란 인물은 백제계 이주민으로 보이고, 화상경명에 보이는 개중비직開中費直과 예인 금주리穢人今州利 역시 한반도계로 추정된다. 왜왕 무의 상표문은 중국의 고전을 인용한 문장도 보이고 있어 유교경전이나 사서四書에 밝은 자가 아니면 쉽게 쓰기 어려운 내용이다. 아마도 왜왕 무의 상표문은 백제 개로왕 대의 대북위對北魏 상표문과의 원전 인용 등의 유사점으로 볼 때 문자지식이 뛰어난 백제계 지식인이 작성했을 가능성이 크다. 『수서隋書』「왜국전」에서는 "문자가 없고 단지 나무에 글을 새겨 새끼줄로 묶었다. 백제에서 불경을 얻고 불법을 존숭한 후에 처음으로 문자를 얻었다"라고 한다. 이 기사는 불교의 수용과 더불어 문자사용이 개시되었다는 의미가 아니라 이 시기를 기점으로 하여 문서행정이 많아졌다는 의미로 해석된다. 적어도 6세기 전반까지는 지배층을 구성하는 일부의 지식인만이 한자를 해독하고 쓸 수 있었고, 문서행정이 본격화되었음을 보여준다. 일본 고대에 어부語

部라고 하여 구사舊辭나 전승을 기억하여 구술하는 것을 업으로 하는 집단(部民)이 생긴 것도 문서행정이 그만큼 늦었다는 것을 말해준다.

문자의 전래는 다양한 문화를 전파시켰다. 그중에서 유학은 고대 동아시아의 정치사상과 학문의 기초로서 일찍이 중국에서 발달하여 주변 제국에 영향을 주었다. 아직기阿直岐와 왕인王仁 전승에서도 보이듯이 오경五經에 밝은 인물들이 왜에 파견되었고, 이는 왜왕권 측의 강한 요구가 전제된 인적 교류였다. 유학儒學에 대한 정보가 5세기 대에 시작되어 6세기 대에는 본격적으로 백제에서 왜로 전파된다. 당시 백제는 중국과의 교류를 통해서 중국의 선진화된 문물을 수입하여 현실정치와 사회에 적용시켜나갔다. 원가元嘉 27년(450)에 비유왕은 송宋에 사신을 파견하여 역림易林, 식고式古, 요노腰弩를 들여왔고, 성왕 대인 중대통中大統 6년(534)과 대동大同 7년(541)에도 양梁에 사신을 보내 『열반경의소涅槃經義疏』와 모시박사毛詩博士 및 공장工匠, 화사畵師를 수입하였다. 또 『북사北史』 「백제전」에 "사람들은 …… 고전과 역사서를 애독하고 있다. 그중에서도 뛰어난 것은 상당히 훌륭한 문장을 지을 줄도 알며 공무公務에도 능숙하였다. 게다가 의학, 무죽莁竹, 귀갑龜甲으로 점치는 일, 상술相術과 음양오행의 법도 알고 있다"라고 하여 유학을 비롯한 중국의 고전과 다양한 학문의 세계를 익히 알고 국가운용의 실무에까지 적용시키고 있었음을 알 수 있다. 중국 남조문화를 직접 체현한 백제는 외교적 전략물자로서 선진문물을 왜에 재차 전수하게 된다. 국제國制의 정비가 체계화되지 않았던 왜왕권으로서는 해외의 선진화된 인적·물적 자원이 긴요하였다. 특히 선진문화를 익히 알고 있는 지식인에 대한 기대가 컸다고 보인다. 인적 자원이야말로 왜왕권에 있어 활용가치가 가장 큰 재산이었다.

일본 고대국가 형성 초기의 문자사용이 한반도계 이주민이 중심이 되었던 만큼 야마토조정 내에서 문서행정을 담당했던 서문씨西文氏와 한반도계 이

주민인 사성史姓 씨족들의 역할을 주목하지 않을 수 없다. 서문씨는 유교경전에 밝은 왕인을 선조로 둔, 조정의 문필과 외교문서 등을 담당한 후히토史 집단이다. 『고사기』와 『일본서기』 응신천황조는 문필씨족인 아직기사阿直岐史의 시조인 아직기와 서문씨인 문수文首, 서수書首의 시조인 왕인 전승을 동시에 싣고 있다. 왕인의 도래에 대해서는 아직기가 먼저 이주한 이후 왜로부터 자신보다 능력이 뛰어난 인물의 추천을 의뢰 받아 온 것으로 되어 있다. 두 사람은 경전과 전적典籍에 통달하여 왜왕자의 스승이 되었고, 이때 왕인은 『논어』 10권·『천자문』 1권 등 11권의 서적을 가져왔다고 전승되어 있다. 서로 인과적으로 되어 있는 두 사람의 전승은 원래 별도로 되어 있던 것이 후대 같은 백제계라는 동족적 의식에 의해 결합된 것으로 보인다.

왕인의 이주의 유래와 시기에 대해서는 일본 중심의 설화적 내용을 제거하고 당시의 국제관계에서 보면, 고구려 광개토왕의 남정으로 백제가 태자 전지를 왜국에 파견하고 왜국에서도 병력을 지원하는 등 양국의 군사동맹이 성립하고 우호관계로 나아가는 시기와도 일치한다. 왕인의 이주는 이후 『일본서기』에 자주 보이는 백제로부터의 제 박사 파견의 원류로 보인다.

왕인의 후예씨족인 서문씨는 사료상에 '동서사부東西史部', '동서제부東西諸部'라고 하는 집단이다. 야마토와 가와치河內에 본거지를 둔 이들 씨족집단은 야마토조정의 문필을 담당하는 실무관료들이었다. 807년에 편찬된 『고어습유古語拾遺』에는 "아지사주와 왕인으로 하여금 출납을 기록하게 하고 …… 소아마지숙네蘇我麻智宿禰에게 삼장三藏(내장內藏, 재장齋藏, 대장大藏)을 관장시키고 동서의 문씨文氏에게 그 장부를 기록하게 했다"고 한다. 율령시대의 학령學令에는 "대학생은 동서사부의 아들을 취하라"고 하고 양노령養老令의 주석서인 『영의해令義解』에는 "전대前代 이래 누세 업을 계승하고 혹은 사관이 되고 혹은 박사가 되었다. 따라서 가바네姓를 하사하여 모두 이를 후히토史라고 한다"라고 하여 문서행정의 실태와 그 실무자의 중시책을 말해준다.

백제계 이주민으로서 서문씨와 같이 왕인을 조상으로 하는 왕진이王辰爾도 문서행정에 발군의 실력을 나타낸 인물이다. 그는 570년 고구려 사신이 가지고 온 국서를 동서의 제 사관이 해독하지 못했을 때, 이를 능히 해결하여 왜왕의 칭찬을 한몸에 받았다는 전승을 갖고 있다. 『회풍조懷風藻』의 서문에서도 일본의 문운文運이 융성함을 술述하면서 "백제가 입조하여 경전 등의 서적을 마구간에서 가르쳐 이끌고, 고구려가 상표하여 서적에 까마귀 깃털로 글자를 기록하다. 왕인은 응신조에 왕경王京에서 지식을 전수하고, 왕진이는 민달조에 왕경의 역전譯田에서 문자를 보급시켰다. 그 결과 사회에 공자의 학풍이 퍼져 사람들은 공자의 학문을 배우게 되었다"라고 하여 백제로부터의 영향을 강조하고 그 배경에는 왕진이가 있었음을 기록하고 있다.

왕진이가 문서행정을 담당하는 사성史姓을 받은 유래에 대해 『일본서기』에서는 "소아 대신 도목숙녜櫂目宿禰가 칙을 받들어 왕진이를 보내어 선부船賦(선박에 관한 세금)를 기록시켰다. 그래서 왕진이를 선장船長으로 삼고 성을 주어 선사船史라고 했다. 지금의 선련船連의 선조이다"라고 기록하고 있다. 그는 이 시기에 문필능력을 인정받아 새로이 사부史部에 편입된 것으로 보인다. 후히토는 원래 후미히토(書人, 文人)의 약칭으로 '문필을 업으로 삼는 사람'이라는 의미이다. 그러나 문필에 재능이 있다고 해서 모두 후히토를 칭하는 것은 아니고 야마토조정의 정치조직 중에서 일정의 자격을 인정받은 가문의 사람들을 부를 때만 사용되는 호칭이다. 이러한 관직명이 제도적으로 정비되어 야마토조정의 신분을 나타내는 가바네로 정착한 것이다. 사성씨족은 거의 한반도계 이주민에게 적용된 것으로 그중에서도 백제계가 압도적으로 많다. 이외에도 왕진이의 일족인 담진膽津을 백저사白猪史로 사성하여 둔창屯倉과 전부田部의 정적丁籍 조사를 담당시키고, 그의 동생 우牛는 진사津史로 사성하여 항만관세의 일을 맡겼다. 이와 같이 야마토조정은 문필에 능력이 있는 백제계 이주 씨족을 조정의 각 관부에 배치시켜 기록과 관련된 업무에 종사케 했고 특히 왕진이 일족은 이 분야에 두각을 나타내었다.

(2) 생산과 기술문화

백제계 이주민 중에는 특정 기술을 보유한 다수의 인물들이 등장한다. 『일본서기』 웅략기 7년(463)조에 서한재기西漢才伎 환인지리라는 자가 모국인 백제로부터 금래재기今來才伎를 맞이하여 동한씨東漢氏에게 관리시켰다고 한다. 이때 온 인물을 보면 도부陶部 고귀, 안부鞍部 견귀, 화부畫部 인사라아, 금부錦部 정안나금, 역어譯語 묘안나라 등 각종 수공업 관련 기술자임을 알 수 있다. 그 분주分註에 의하면 길비신제군吉備臣弟君이 백제에서 돌아와 한수인부漢手人部·의봉부衣縫部·육인부宍人部 등을 바쳤다고 한다. 이들의 이주전승에서 설화성을 배제하면 당시의 백제가 처해 있던 긴박한 상황하에서 파견된 것임을 알 수 있다. 백제의 인적 자원의 파견은 이러한 일련의 과정과 배경하에서 이루어졌다. 백제계 서한재기 환인지리라는 인물이 왜조정에 "저보다 뛰어난 자가 한국韓國에는 많이 있으니, 불러 이용하십시오"라고 요청한 데서도 나타나듯이 왜왕권이 당면한 과제는 생산력 증대를 위한 기술의 확보였다고 보인다. 동한씨의 성장기반이기도 한 이들의 이주는 야마토조정의 직업부민이 생기는 계기가 되었다. 바로 직능별 생산기술 집단으로서의 부제部制는 『주서周書』「백제전」에 보이는 곡부穀部·육부肉部·마부馬部·도부陶部·약부藥部·목부木部 등과 같은 백제의 내관제가 영향을 주었다. 웅략기 14년조에는 한반도 남부에서 이주한 모말재기毛末才伎인 한직漢織과 오직吳織, 바느질에 숙달한 형원兄媛 제원弟媛 등이 있다. 모말재기란 손재주가 있는 재기로 물품을 생산해내는 숙련된 수공업자이다. 봉·직·염·금직 등은 직조·염색과 관련된 백제계 이주민의 기술이다. 특히 생활문화의 대표적 도구인 토기의 제작에 종사하는 도부陶部의 존재는 주목된다. 재래의 연질토기인 토사기土師器에 대신해서 경질의 수혜기須惠器의 제작이 시작된 것이다. 토기문화의 혁명이라 할 수 있는 수혜기의 제작은 한반도 도질토기의 직접적인 영향이다. 여기에는 4세기 말 고구려의 남하에 따른 한반도 남부 주민의 일본열도로의 이주가 주요한 배경으로 추정된다.

안부는 마구류를 제작하는 집단으로 말문화의 보급과 기마풍습의 전래와 관련이 있어보인다. 말문화는 『고사기』에 백제의 근초고왕이 모마·빈마 각 1마리를 보냈다고 하고, 같은 해 『일본서기』에도 백제왕이 아직기를 보내 양마 2필을 바치니 이를 아직기에게 사육시켰다고 한다. 모두가 5세기 초 백제로부터 전래되었다. 안부와는 별도로 마사부馬飼部라는 부민이 존재했는데 양자는 상호 보완적인 관계에 있던 직업집단으로 생각된다. 이들은 말 사육 뿐 아니라 마구의 제작과 군사·교통과도 결합하는, 왕권을 지탱해 나가는 주요한 수단이었다. 고고학적으로도 5세기의 일본의 고분에서 마형 하니와埴輪가 등장하고 마구류가 출토되고 있다. 4세기 말에서 5세기 초에 걸쳐 고구려 광개토왕의 기마병과 전투경험이 있던 왜왕권으로서는 기마전술의 필요성을 절감했을 것이다.

화부는 그림을 전문으로 하는 집단으로 6세기 후반 백제에서 화공 백가白加를 보냈다는 기록이 보인다. 화공의 역할은 불교의 전래와 더불어 중요도가 더해갔다. 역어는 문자 그대로 통역이다. 외교의 현장에서 불가결한 통역은 국가 간의 교류에 필수조건이다. 백제의 대왜외교가 중시되는 5세기 이후에는 왜어倭語에 능숙한 백제의 통역이 존재했음을 알 수 있다.

금부는 금직錦織이라고도 하며 고급 직물을 백제 등 한반도계의 기술로 제작하는 공인집단이다. 능綾과 금錦을 짜기 위해서는 재래의 평직平織에 비해 고도의 기술이 필요하고 날실을 수없이 조작해야 하기 때문에 정교한 베틀을 필요로 한다. 『삼국사기』「백제본기」 전지왕 14년(418)에 왜국에 10필의 백면白綿을 보냈다는 기록은 백제에서 면직류의 생산과 직조기술이 발달하고 있었음을 보여준다. 『삼국지』「동이전」 예조의 "양잠을 하여 면을 만든다"라는 기록에 의거하면 면은 누에고치 실로 추정된다. 『일본서기』 웅략기 7년(463) 분주에 보이는 의봉부는 왜조정에 직속되어 의복의 제작과 재봉에 종사하는 공인집단으로 금부와 함께 국가가 필요로 하는 각종 관복을 납품하였다고 보인다. 또 육인부는 어패류, 식육의 조리에 종사했던 왜조정의 품부이다.

고대국가로의 성장과 발전에 불가결한 요소가 철기문화이다. 생산력의 확대와 왕권의 유지라는 2대의 목표를 수립하기 위해 고대의 지배자들은 철을 획득하려고 끊임없이 왕권외교를 추진해나간다. 철을 생산해내기 위해서는 사철, 철광의 제련과 단조鍛造의 공정을 거쳐 제품의 생산에 이르는 몇 단계의 공정이 필요했다. 철 생산에 필요한 제1단계의 제련기술을 일본열도에서 습득하게 된 시기는 적어도 6세기가 되지 않으면 안 되었다. 그 이전에 일본열도는 철정과 같은 수입원료에 의존하고 있었다. 이 시기까지 제철기술에 대한 정보가 왜왕권에 전해지지 않은 까닭은 외부유출을 방지하려는 철저한 보안이 있었고 생산성과 관련 있는 인적 자원을 국가적 보호하에 두었기 때문으로 생각된다. 『고사기』 응신천황단에 서문씨의 선조인 왕인의 도래 당시 백제국이 공상했다는 수인한단手人韓鍛 탁소卓素는 제철기술자이다. 『일본서기』 신공기 5년에 한반도 남부의 양산·부산 방면에서 건너왔다는 4읍의 한인韓人 시조 중에 인해忍海의 한인이 있고, 『비전국풍토기肥前國風土記』 삼근군조에도 인해의 한인漢人이 병기를 제작했다는 기록이 있다.

이들의 도래시기는 확정하기는 어렵지만 5세기 말 무렵으로 생각되며 6세기 대에는 동한씨 휘하의 한단야부韓鍛冶部로 조직되어 조정에서 필요로 하는 철제품을 공급했다고 보인다. 이때의 한단야란 철정과 같은 철의 소재로 제품을 만드는 기술자를 말한다. 이들의 작업은 철광석으로부터 불순물을 제거하고 순수한 철 성분을 추출하는 제련과는 기술면에서 큰 차이가 난다. 그러나 왜왕권이 얻으려고 한 제련기술과 같은 1급 정보는 전해지지 않았고 단조기술을 통해 철정과 같은 철의 소재가 만들어진 것으로 보인다.

5세기 이후가 되면 기나이 지역을 중심으로 각지에서 농업경영지의 개간이 활발하게 이루어지고 이에 따른 제방, 저수지 등 수리사업과 토목공사가 진행되어간다. 『일본서기』 응신기 7년에는 백제를 비롯한 한반도 제국에서 사람들이 집단적으로 이주해오자 왜조정에서 무내숙네武內宿禰에게 명하여 한인들을 거느리고 연못을 만들게 했다고 한다. 이 연못을 한인지韓人池라고 명명하였다. 『고사기』에는 신라인 등에게 제방과 연못공사의 역役을 담당하게 하여 백제지百濟池를 만들었다고 한다. 공사를 담당한 주체는 백제를 포함한 한반도계 출신이 주류를 이루고 있는데, 명칭은 백제의 국명을 사용하고 있다. 이는 그만큼 백제의 영향이 컸음을 보여주는 사례이다.

한성백제시대의 대표적인 왕성인 풍납토성과 몽촌토성은 그 축성에 있어 막대한 인력과 비용이 투입되고 기술력이 동원된 거대한 토목공사였다. 백제의 축적된 토목기술은 일본열도로 전해졌다. 4~5세기가 되면 기나이의 왜왕권이 각지로 영토확장을 추진하는 과정에서 왕실 직할 농업경영지인 둔창의 설치와 경영을 시작한다. 여기에는 백제로부터 이주한 사람들에 의한 새로운 농업기술과 철제 농기구를 사용한 개간과 경영이 이루어졌다. 이 시기에는 왜왕권의 권력의 상징인 전방후원분이라는 거대고분의 축조가 성행하였다. 고분의 축조는 건축과 토목기술, 각종 철제 도구가 필요하기 때문에 외부의 선진기술 도입이 필수적이었으므로 백제의 도움 없이는 쉽게 추진하기 어려운 일이었다.

악樂과 관련된 문화전파의 예도 보인다. 『일본서기』 흠명기 15년(554)에는 백제에서 보낸 인적 자원 중에서 시덕삼근 · 계덕기마차 · 계덕진노 · 대덕진타 등 4인의 악사 이름이 보인다. 이들은 학문과 선진기술을 보유한 박사들과 함께 일정기간 파견되었다가 임지의 역할이 끝나면 새로운 인물로 교체되는 형태로 왜국에 백제의 문화를 전하였다. 513년에 파견된 오경박사 단양이段楊爾가 3년 후에 한고안무漢高安茂로 교체되고 있고, 흠명기 14년조의 "의박사醫博士 · 역박사易博士 · 역박사曆博士 등은 순번대로 교대하라. 상건上件의 색인色人은 곧 교대할 시기가 되었다. 돌아가는 사신에 딸려 교대하도록 하라. 또 복서卜書, 역역曆譯, 약물藥物 등을 올려라"라는 기록에서도 확인되듯이 백제의 문물전수에는 일정한 규칙이 있었고 이미 이전 시기부터 양국 간에 약속된 문물전수 시스템이 존재하고 있었다고 보인다. 악기 등 음악 역시 이미 5세기 단계에는 이러한 형태로 전수되고 있었다고 생각된다.

(3) 불교와 사상

인도에서 발생한 불교가 중국으로 들어와 한역漢譯 불교화되어 동아시아 제국으로 퍼져나간다. 백제의 불교가 왜국으로 전해진 것은 538년이었다. 『일본서기』 흠명기 13년조에는 백제의 성명왕이 서부희씨西部姬氏, 달솔達率 노리사치계怒唎斯致契 등을 보내 석가불금동상 1구, 약간의 번개幡蓋 및 경론을 보냈다고 한다.

초기 일본불교의 발전에 중요한 역할을 한 백제계 인물로서 사마달등司馬達等이 있다. 이들 일족은 3대에 걸쳐 불상 등의 제작에도 참여하여 불사佛師로서도 명성을 높여간다. 사마달등의 손자이자 다스나多須奈의 아들인 안작조鞍作鳥는 지리불사止利佛師로 알려져 있듯이 불상제작에 커다란 족적을 남겼다. 아스카사飛鳥寺라는 이름으로 잘 알려진 법흥사法興寺는 일본 최초의 가람형식을 갖춘 사찰로서 숭준崇峻 원년(588)에 조영을 시작하였다. 이 사찰의 조영 시 백제에서는 승려 혜총·영근·혜식 및 은솔·수신 등과 함께 불사리를 보냈고, 이어 승려 영조율사·영위·혜중·혜숙·도엄·영개 등을 비롯하여 사공寺工 태량미태·문가고자, 노반박사鑪盤博士 장덕백매순, 와박사瓦博士 마내문노·양귀문·릉귀문·석마제미, 화공畫工 백가 등 많은 인력을 파견하였다. 추고推古 원년(593)에는 탑의 찰주刹柱를 세워 불사리를 안치하고 추고 4년(596)에 준공하였다. 탑의 조영에는 노반사露盤師가, 설계와 시공에는 사사寺司가, 지붕, 벽화, 불상제작에는 각각의 전문가가 투입되었다.

『원흥사가람연기병류기자재장元興寺伽藍緣起幷流記資財帳』에 의하면 왜국의 공사책임자로서 산동한대비직山東漢大費直, 의등가사비직意等加斯費直이 있고, 의노미수意奴彌首, 아사도마수阿沙都麻首, 안작수鞍作首, 산서수山西首 등 각 부분의 전문기술자가 휘하의 공인을 이끌고 조영에 참가하고 있다. 이들은 백제계 기술자로서 최신의 백제기술을 도입하였다. 대신 소아마자蘇我馬子는 그의 아들 선덕신을 사사寺司로 임명하고 고구려승 혜자와 백제승 혜총에게 설법자의 역할을 맡겼다. 아스카사가 준공되던 날 소아 대신을 비롯한 100여 명이 백제옷을 입고 참관하며 모두 즐거워했다고 하듯이, 아스카사의 창건은 백제의 영향이고 아스카사는 백제의 혼과 정신이 깃든 사찰이었다. 『원흥사가람연기병류기자재장』의 장육광명丈六光銘에는 추고 13년에 석가장육 2구 및 협시夾侍를 만들 것을 발원해서 같은 해 17년에 완성하여 법흥사에 안치했다고 한다. 이때의 동불상은 현존하는 아스카 안거원의 아스카대불飛鳥大佛이다. 아스카대불이 완성되고 금당에 안치하려고 했을 때 불상이 금당의 문보다 높아서 당에 모실 수 없게 되자 공인들이 문을 부술

것을 제안했으나 안작조의 지혜로 무사히 안치할 수 있었다고 한다. 이런 공으로 해서 조정으로부터 대인의 관위와 근강국 판전군의 논 20정町을 하사받았다. 안작조의 작품으로는 추고 31년 3월 중에 "사마안작지리불사司馬鞍作止利佛師로 하여금 만들게 하다"라는 조상명이 기록된 법륭사法隆寺의 석가삼존상이 있는데, 아스카시대의 불교조상을 대표할만한 걸작으로 현존하고 있다. 이상과 같이 3대에 걸친 안작씨鞍作氏 일족은 불교의 신앙과 사찰, 불상의 조영에 불후의 업적을 남겼다.

백제 무왕 3년(602)에는 승려 관륵觀勒에 의해 역본, 천문지리서, 둔갑·방술서 등의 서적이 왜국에 전해졌다. 왜조정에서는 3~4명의 서생을 선발하여 역법, 천문둔갑, 방술을 관륵에게 교습케 하여 그 업을 이루었다고 한다. 관륵은 원흥사(법흥사)에 거주하면서 수년째 체재하고 있던 고구려승 혜자, 백제승 혜총과 함께 삼론학三論學의 대가로서 성실론成實論에도 통해 있었고 성덕태자에게 불법을 가르친 스승 중의 한 명이었다. 한편 관륵은 왜국에 온 지 22년째 되는 해인 624년 불교계의 최고위인 승정에 임명되었다. 그의 승정 임명은 교단의 통제기구인 승관제도의 성립을 의미한다. 관륵에 의해 정비된 교단의 통제기구인 승관제의 실시로 왜국의 불교는 안정성을 갖게 되었다.

4. 일본 율령국가의 형성과 백제 망명인

663년 9월 백제부흥운동의 마지막 보루였던 주유성州柔城이 함락되자 백제인들은 왜국의 패잔병과 함께 왜국으로 망명길에 오른다. 백제 최후의 날을 맞이하여 부흥운동을 주도했던 관료들을 비롯하여 많은 백성들은 망국의 아픔을 뒤로한 채 왜선에 몸을 실었다. 그들은 "백제의 이름은 오늘로서 끊어졌다. (조상의) 분묘가 있는 곳을 어찌 또 갈 수 있겠는가"(『일본서기』 천지天智 2년 9월조)라고 절규하고 있다. 망명 백제인들의 삶은 모국의 패망의 현실을 받아들이지 않을 수 없었고, 점차 왜왕권의 통치지배질서에 편입하게 된다.

백제부흥전쟁에 실패한 왜왕권의 당면과제는 나당연합군의 침공에 대비하여 국방태세를 정비하는 일이었다. 나당연합군의 예상침공로인 대마도에서 북부 규슈 그리고 세토내해瀨戶內海와 왕도에 이르는 군사·교통상의 요지에 산성을 쌓고 봉수대를 설치하였으며 수비병을 배치하였다. 산성의 축조는 백제의 달솔관인 답발춘초, 억례복류, 사비복부 등이 지휘·감독하였다. 이들은 백제 5방의 방령을 역임한 야전사령관으로 전투의 실전경험이 있고 군사지식이 뛰어난 백제망명세력들이었다.

천지 10년(671)의 망명 백제인들에 대한 왜왕권의 관위수여식이 행해졌다. 군사지식에 뒤어난 달솔관들에게는 대산하大山下의 관위를 수여하였고, 율령에 밝은 사택소명沙宅紹明에게는 대금하大錦下의 관위와 함께 법관대보法官大輔라는 관직을 내렸다. 이 관직은 대보율령大寶律令에서 식부성式部省에 상당하는 부서로서 지금의 법무차관에 상당하는 고위직이다. 그에 대한 평가는 "사람됨이 총명하고 밝은 슬기를 지녀 당시 사람들이 수재라고 칭하였다"라고 하고, "이에 천황이 놀라며 은혜를 베풀어 외소자위外小紫位를 추증하고 본국의 대좌평大佐平의 위계도 거듭 추증하였다"라고 특기할 정도로 대학자로서 대우 받고 있었음을 알 수 있다. 자위의 관위는 대신 이상에게만 수여되는 것으로 추증이라고 해도 파격적인 대우이다. 또 귀실집사鬼室集斯에게는 학직두學職頭라는 관직을 수여하였다. 학직두는 율령제하에서 식부성 산하 대학료의 장관에 해당한다. 오늘날 국립대학 총장의 지위이다. 대학에 입학하는 기준은 5위 이상의 자손 및 문서행정을 담당하는 동서사부의 아들로 한정되어 있다. 예외적으로 8위 이상의 아들로 특별히 능력이 출중한 자는 청원에 의해 들어갈 수 있었다. 따라서 대학이란 귀족만이 입학할 수 있는 특권이자 엘리트코스였다. 학직두는 인품과 학식이 뛰어나지 않으면 발탁되기 어려운 관직으로 여기에 임명된다는 것 자체가 명예로운 일이었다. 백제 망명인을 이 자리에 세웠다는 자체가 놀라운 일이다. 이것은 귀실집사의 개인적인 능력이 우선이었겠지만, 백제의 선진지식과 교육제도를 이입시키려는 왜왕권의 의도에서 나왔다고 생각된다.

학사學士로서 대우大友황자의 저택에서 빈객으로 학문적 교유를 한 인물도 적지 않다. 대우황자는 천지천황의 왕자로서 671년에는 태정대신의 지위에 올라 유력한 왕위후보자였지만 천지의 사후 대해인大海人황자와 벌인 권력싸움에서 패해 자결한 인물이다. 목소귀자木素貴子는 병법에 밝은 군사전문가로, 그가 학사로서 당대의 최고 권력층과 환담을 나눴다는 것으로 볼 때 문무를 겸비한 탁월한 능력을 보유했으며 왜조정에서도 그를 신임하고 있었다고 여겨진다. 길대상吉大尙도 목소귀자와 같이 학사로서 대우황자의 빈객으로 교유하였다고 하여 그의 학식이 뛰어났음을 말해주고 있다.

백제 의자왕의 마지막 혈육이었던 선광善光 일족은 백제의 부흥을 기대하며 왜왕권에 적극적으로 협력해나갔다. 하지만 시간이 흐를수록 그들의 희망은 멀어져갔다. 한반도에서의 신라의 세력은 안정화되어갔고 왜조정도 동아시아에서의 고립을 피하기 위해 신라와의 교섭을 재개했던 것이다. 이런 상황에서 백제왕족이 선택할 수 있는 일은 왜왕권에 봉사하면서 체제에 흡수되어 가는 일이었다. 왜왕권에 포섭된 백제왕족은 지통조持統朝(687~696) 때에 '백제왕百濟王'이라는 특별 가바네를 하사 받는다. 이것은 백제왕족에 대한 특별배려였지만, 백제왕족을 왜왕의 신하로 위치시키고 왜왕권의 질서하에 포섭한다는 다분히 정치적인 의도에서 나왔다고 보인다. 이후 일본 율령국가시대에 백제왕씨는 다방면에 걸쳐 활약했다. 8~9세기를 통하여 귀족의 반열에 들어간 5위 이상의 관위를 받아 중앙과 지방의 고위관료도 수없이 배출하는 등 명문가로서 확고한 지위를 구축하였다.

이와 같이 왜왕권에서는 백제 망명세력들의 백제에서의 관위와 관직 등을 고려하고 학문과 기술 등 제각기 소유하고 있던 경험과 능력에 따라 관련분야에 종사하게 하였다. 특히 백제부흥운동의 실패에 따른 위기의식을 반영하듯이 병법에 밝은 자들을 군사적인 업무에 종사시켰고, 전쟁의 부상이나 질병에 필요한 의술·제약기술을 보유한 인물들을 등용시켰다. 이것은 당시의 시대적 상황을 반영한 것으로 국가의 당면한 과제를 해결하기 위한 당연한 조치였다고 보인다.

5. 맺음말

이상 일본 고대국가 형성과정에 있어서 백제의 역할과 위치에 대해 살펴보았다. 양국 간 친연관계의 직접적 계기는 한반도 제국의 전란으로 서로의 필요에 의해 결합되었다. 백제에서 왜왕권에 기대했던 것은 군사력이었고, 이에 부응하듯 왜왕권에서는 병력, 군수물자 등 군사력과 관련된 것을 제공하여 군사동맹국으로서의 강한 유대관계를 맺어간다. 양국은 이러한 역사적 교류 속에서 고대 동아시아 최고의 우방으로 수백 년간 친연관계를 지속해나갔다.

백제에서 왜국으로 전해진 전략문물의 종류도 다양하다. 문자지식의 전수자 왕인과 아직기를 비롯하여 왕진이 등은 왜왕권 내에서 문서행정의 선구자로서 백제의 선진적 기록문화를 전수하고 정착시켜나갔다. 문자행정이야말로 미개에서 문명으로, 원시에서 고대사회로 이행해나가는 매체이자 척도였다. 문화의 수용은 이들 문자지식에 의해 수용되는 것으로 정치제도, 기술문화, 유학과 같은 사상과 학문, 종교 등 모든 문화는 문자를 매개로 해서 진행되어갔다. 특히 5~6세기 일본의 국가형성기에 해당하는 시기에는 문물수입을 거의 전적으로 백제에 의존하였다. 백제에서 건너온 기술자집단을 모체로 왜왕권의 각종 직업집단인 부민제가 형성되었고 이들에 의해 생산되는 물품은 국가와 조정에 조달되었다.

왕권 내부의 심각한 갈등과 분열을 통해 수용된 불교는 왜국 지배층의 이념과 의식을 새롭게 바꾸어놓았다. 불교문화의 수용에 의해 재래의 고분문화에 대한 전환이 이루어졌고 새로운 사상과 제도의 수용이 가능해졌다. 백제로부터 수많은 승려계층과 사찰의 조영과 불상의 제작, 그림, 음악 등과 관련된 인력이 파견되고 그들이 정주함으로써 왜왕권의 문화의 질적 수준은 크게 향상되어갔다.

백제의 멸망은 왜왕권에 있어 대규모의 선진인력을 확보할 수 있는 기회였다. 왜왕권이 단행한 백제부흥전쟁으로 대량의 인명과 물적 손실을 보았지만, 결과적으로 그들이 기대한 수많은 인적 자원을 얻었다. 백제로부터 망명한 이들 백제인들이야말로 왜왕권의 새로운 국가건설을 향한 촉매제였으며 주역이었다. 이들의 학문과 지식, 기술은 그대로 왜국에 이식되어 일본의 천황제 율령국가의 형성에 주요한 기반이 되었다.

| 한국사 시민강좌 제45집 |

(2009년 8월 발간 예정)

■ **특집—놀이와 축제의 한국문화사**

한국 고대의 제천의식과 연희 | **서영대**

고대 아시아 속의 한국 놀이문화 | **전경욱**

고려 연등회 팔관회와 향읍 공동체 | **이태진**

인형극, 제의에서 오락까지 | **허용호**

조선시대 궁중 의례의 禮樂 | **송지원**

조선시대 촌락 공동체와 제의 연희 | **이해준**

조선후기 도시 발달과 공연문화 | **사진실**

굿놀이의 기원과 전승 현황 | **서대석**

근현대 판소리 연희자의 고난과 영광 | **유민영**

한국 전통놀이문화의 현주소 | **박전열**

■ **한국의 역사가**

이능화 | **이기동**

■ **역사의 진실을 찾아서**

고구려 고분벽화의 세계 | **전호태**

■ **한국사학에 바란다** | **박맹호**

■ **역사학 산책**

한국 연희 연구의 현재와 미래 | **서연호**

일본의 마쓰리 문화 현황 | **김운용**

한국사 시민강좌

연2회 발행

제 1 집 ~ 제 22 집 특집 주제

제 1 집 • **특집** — 植民主義史觀 批判

제 2 집 • **특집** — 古朝鮮의 諸問題

제 3 집 • **특집** — 廣開土王陵碑

제 4 집 • **특집** — 世界 속의 韓國思想

제 5 집 • **특집** — 韓國史上의 分裂과 統一

제 6 집 • **특집** — 農民과 國家權力

제 7 집 • **특집** — 開化期 自主와 外壓의 갈등

제 8 집 • **특집** — 高麗의 武人政權

제 9 집 • **특집** — 朝鮮 후기의 商工業

제 10 집 • **특집** — 韓國史上의 理想社會論

제 11 집 • **특집** — 任那日本府說 批判

제 12 집 • **특집** — 解放政局

제 13 집 • **특집** — 변혁기의 帝王들

제 14 집 • **특집** — 한국의 風水地理說

제 15 집 • **특집** — 韓國史上의 女性

제 16 집 • **특집** — 조선시대의 科學技術

제 17 집 • **특집** — 해방 직후 新國家 構想들

제 18 집 • **특집** — 한국 大學의 역사

제 19 집 • **특집** — 日本의 大韓帝國 침탈의 不法性

제 20 집 • **특집** — 韓國史學, 무엇이 문제인가

제 21 집 • **특집** — 오늘의 북한 역사학

제 22 집 • **특집** — 부정축재의 사회사

제 23 집 ~ 제 45 집 특집 주제

제 23 집 • **특집** — 한국의 문화유산, 왜 자랑스러운가

제 24 집 • **특집** — 족보가 말하는 한국사

제 25 집 • **특집** — 20세기 한국을 움직인 10대 사상

제 26 집 • **특집** — 역사적으로 본 한국의 오늘과 내일

제 27 집 • **특집** — 단군, 그는 누구인가

제 28 집 • **특집** — 한국인의 해외 이주, 그 애환의 역사

제 29 집 • **특집** — 양반문화의 재평가

제 30 집 • **특집** — 정신적 유산을 남긴 사람들

제 31 집 • **특집** — 실패한 정치가들

제 32 집 • **특집** — 한국인의 기원

제 33 집 • **특집** — 한국사에서의 보수 · 진보 읽기

제 34 집 • **특집** — 한국을 사랑한 서양인

제 35 집 • **특집** — 고려의 멸망과 조선의 건국

제 36 집 • **특집** — 국운을 좌우한 외교정책

제 37 집 • **특집** — 책의 문화사

제 38 집 • **특집** — 대한민국 건국사의 새로운 이해

제 39 집 • **특집** — 고려사회 속의 인간과 생활

제 40 집 • **특집** — 한국사의 15개 대쟁점

제 41 집 • **특집** — 역사와 소설, 드라마

제 42 집 • **특집** — 역사상 한국인의 해외 견문록

제 43 집 • **특집** — 대한민국을 세운 사람들

제 44 집 • **특집** — 최신 발굴자료로 본 백제사

제 45 집 • **특집** — 놀이와 축제의 한국문화사

『한국사 시민강좌』 편집위원회

편집위원 : 민 현 구
유 영 익
이 기 동
이 태 진
(가나다순)

한국사 시민강좌 2009년 제1호 〈 제44집 〉

2009년 2월 12일 1판 1쇄 인쇄
2009년 2월 20일 1판 1쇄 발행

편집인 『한국사 시민강좌』 편집위원회
발행인 김 시 연

발행처 (주) 일 조 각
서울특별시 종로구 신문로2가 1-335
전화 (02)733-5430~1(영업부), (02)734-3545(편집부)
팩스 (02)738-5857(영업부), (02)735-9994(편집부)
www.ilchokak.co.kr
등록 1953년 9월 3일 제 300-1953-1호(구 : 제 1-298호)

ISBN 978-89-337-0557-5 03900
ISSN 1227-349X-44

값 9,000 원